Douglas Henrique Antunes Lopes
Gustavo Bonin

intersaberes

ELEMENTOS DE ESTÉTICA MUSICAL

intersaberes

Rua Clara Vendramin, 58 . Mossunguê
CEP 81200-170 . Curitiba . PR . Brasil
Fone: (41) 2106-4170
www.intersaberes.com
editora@intersaberes.com

Conselho editorial
Dr. Alexandre Coutinho Pagliarini
Dr.ª Elena Godoy
Dr. Neri dos Santos
M.ª Maria Lúcia Prado Sabatella

Editora-chefe
Lindsay Azambuja

Gerente editorial
Ariadne Nunes Wenger

Assistente editorial
Daniela Viroli Pereira Pinto

Preparação de originais
Gilberto Girardello Filho

Edição de texto
Caroline Rabelo Gomes
Letra & Língua Ltda. - ME
Millefoglie Serviços de Edição

Capa e projeto gráfico
Charles L. da Silva
New Africa/Shutterstock (imagem)

Diagramação
Cassiano Darela

Designer responsável
Charles L. da Silva

Iconografia
Maria Elisa Sonda
Regina Claudia Cruz Prestes

Dados Internacionais de Catalogação na Publicação (CIP)
(Câmara Brasileira do Livro, SP, Brasil)

Lopes, Douglas Henrique Antunes
  Elementos de estética musical / Douglas Henrique Antunes Lopes, Gustavo Bonin. -- Curitiba : Editora Intersaberes, 2023. -- (Série educando para a música)

  Bibliografia.
  ISBN 978-85-227-0403-3

  1. Música - Filosofia e estética I. Bonin, Gustavo. II. Título. III. Série.

22-140623   CDD-780.1

Índices para catálogo sistemático:
1. Música : Filosofia e estética 780.1

Cibele Maria Dias - Bibliotecária - CRB-8/9427

1ª edição, 2023.

Foi feito o depósito legal.

Informamos que é de inteira responsabilidade dos autores a emissão de conceitos.

Nenhuma parte desta publicação poderá ser reproduzida por qualquer meio ou forma sem a prévia autorização da Editora InterSaberes.

A violação dos direitos autorais é crime estabelecido na Lei n. 9.610/1998 e punido pelo art. 184 do Código Penal.

SUMÁRIO

9 Prefácio
12 Apresentação
14 Como aproveitar ao máximo este livro

Capítulo 1
17 introdução à estética

19 1.1 Campo de estudos da estética
25 1.2 Tradições platônica e aristotélica: os pilares divergentes de uma filosofia da arte
34 1.3 Estética moderna
36 1.4 Kant e o idealismo alemão
40 1.5 Hegel e a filosofia da arte

Capítulo 2
50 Linguagem da canção

51 2.1 Premissas gerais
53 2.2 Elos entre melodia e letra: a figurativização entoativa
56 2.3 Dêiticos e tonemas
70 2.4 Elasticidade entoativa e eixo entoativo
74 2.5 Unidades entoativas
81 2.6 Concentração e expansão melódicas

Capítulo 3
98   Presenças musicais da canção

- 99   3.1 Arranjo e acompanhamento
- 110   3.2 Núcleo e instrumentos musicais: combinações timbrísticas
- 123   3.3 Núcleo e estilos cristalizados
- 131   3.4 Núcleo e estilos não cristalizados
- 134   3.5 Práticas da canção
- 146   3.6 Estéticas da oralização e da musicalização

Capítulo 4
162   Autonomia estética da música instrumental

- 163   4.1 Premissas gerais
- 165   4.2 Corpo e instrumento musical
- 176   4.3 Escritas e representações musicais
- 189   4.4 Formas e formações instrumentais
- 203   4.5 Percursos do som à nota e da nota ao som
- 220   4.6 Práticas e estéticas da música instrumental

Capítulo 5
240   Reflexões sobre as relações entre música e sociedade

- 242   5.1 Perspectiva estética em György Lukács
- 249   5.2 O mundo como vontade e como representação em Schopenhauer: as relações entre ética e estética
- 253   5.3 Nietzsche e o caso Wagner
- 258   5.4 Arte e sociedade: a Escola de Frankfurt
- 261   5.5 Walter Benjamin e a obra de arte na era de sua reprodutibilidade técnica

Capítulo 6
272 Estéticas contemporâneas

274 6.1 Herbert Marcuse, Eros e civilização
278 6.2 Uma estética para a descolonização da cultura latino-americana
283 6.3 Cosmovisão africana e as relações entre ética e estética
286 6.4 Filosofia *pop* de Deleuze e Guattari

294 Considerações finais
296 Referências
309 Bibliografia comentada
313 Respostas
316 Sobre os autores

Ao suor e ao sangue de milhares de brasileiros que, pela falta de humanidade e de irresponsabilidade das autoridades, tiveram suas vidas ceifadas na pandemia de Covid-19 entre 2020 e 2021.

Às nossas famílias, que tiveram paciência para que nos dedicássemos a mais este título e relevaram o tempo que empregamos para a pesquisa e para a escrita.

Aos professores Marcos Ruiz, Jeimely Heep Bornholdt e Alyson Siqueira, pela confiança e paciência.

À equipe da Editora InterSaberes, pela orientação e atenção despendidas ao longo do processo de escrita desta obra.

"Porque a sonoridade não é um objeto que protege o ato do sujeito, é o material ideal para o pensamento que se coloca, por assim dizer, na presença de si mesmo e na liberdade de seu ato."

Gisèle Brelet (1949, tradução nossa)

Prefácio

Conta um tradicional *itan* – conjunto de canções e mitos de transmissão oral dos povos iorubás – que duas crianças, os *ibejis*, foram os únicos seres que conseguiram enganar Iku, o temível senhor da morte. E o fizeram, reza a lenda, por meio da música.

Em outra perspectiva cultural, não menos significativa, conta-se que, na tradição mitológica da Grécia Antiga, para cada arte havia uma entidade mágica protetora, uma musa. Diz-se que as musas exerciam esse seu divino ofício de proteção das artes cantando e tocando instrumentos melódicos. Não à toa a palavra *música* deriva da atividade dessas personagens míticas. Vale a menção, ainda, de que, por serem filhas do deus mais poderoso dos céus com a deusa da memória, o trabalho "musical" das musas serve para não deixar nossa sensibilidade (a estética) esquecer-se do poder das artes.

Este trabalho de Douglas Lopes e Gustavo Bonin, professores, filósofos e músicos, realiza uma indispensável exposição teórica sobre diferentes aspectos da estética que se tornaram fundamentais para o aprendizado e a compreensão da música. Sem intencionar, os autores, a seu modo, mobilizam forças semelhantes àquelas descritas pela mitologia de diferentes povos, a saber, contribuem para que a morte se afaste e para que não esqueçamos.

Está comprovado que a ativação de nossa dimensão estética pela música tem o poder de, no plano da promoção de nossa saúde física e mental, afastar-nos da morte, haja vista o fundamental trabalho dos musicoterapeutas, a quem esse livro também se destina. No entanto, a morte pode aparecer em outros planos "menos físicos" de nossas vidas, como aquele resultante da falta de instrução e estudo das artes, com o objetivo de despertar e aperfeiçoar nossas sensibilidades. Com isso, este livro, voltado graciosamente à educação musical, tem muito a "afastar a morte" simbolizada pelo que o filósofo e músico alemão Theodor Adorno chamava de "regressão da audição" no contexto atual de acentuada industrialização da arte. Cabe lembrar que, para Adorno, esse fenômeno, *in extremis*, ajuda a nutrir a pobreza de experiências estéticas que levam as pessoas à morte, física ou cultural, provocadas cotidianamente pelas violências, pelas barbáries, pelos fascismos.

De outra maneira, há na música um poder de síntese civilizacional, um respiro, uma transpiração pulsional que, para muitas escolas do saber, é conceituada em uma arte especial – seja na corporalidade e na cognição, seja na sensibilidade e na interlocução. Por vários prismas, o imediatismo estético passivo-ativo da música como manifestação humana de fato alavanca e transcende a sociedade e o indivíduo. Alguns exemplos desse fenômeno podem ser encontrados no decorrer da história. Em uma forma instrumental erudita, os apontamentos autossuperativos das "dores da vida" por meio da música foram muito bem descritos por Nietzsche. Já em formas mais conjunturais, tal síntese cultural autossuperativa foi demonstrada pelo contexto de nascimento e desenvolvimento de gêneros de canção tão universais como o *blues*, o *jazz* e, no Brasil, especialmente, nas diversas vertentes do samba. O espírito de todos esses aspectos é tocado e esmiuçado com primor nas páginas que se seguem, sob a lente estética.

Este livro colabora para que o trabalho das musas não se deixe silenciar ou não se faça esquecer. Tratar didaticamente dos diferentes momentos históricos da estética musical, da linguagem e dos elementos da canção, das características da música instrumental e da relação da arte com os mais variados temas da sociedade do modo como o fazem os autores auxilia na indispensável formação de sensibilidades mais ricas, diversas e criticamente aprimoradas. Os conhecimentos teórico-conceituais que aqui se propõem, aliados a outros elementos formativos, "fazem lembrar" que a arte em geral e a música em específico podem ser diferentes daquilo que é produzido, propagado e consumido de maneira massificada pela indústria e, sobretudo, "fazem lembrar" que a música ainda é indispensável para a vida (Nietzsche diria que sem ela a vida seria um erro).

Márcio Jarek
Universidade Federal do Rio de Janeiro (UFRJ)

Igor Alexandre Menezes
Universidade Federal do Paraná (UFPR)

Apresentação

Do ponto de vista estético, a música é uma das linguagens artísticas mais permeáveis à percepção humana, principalmente por sua predominância sensível. Por isso, são raras as sociedades que não expressam suas características mais sensíveis e identitárias em práticas musicais, tanto pela canção quanto pela música instrumental. Graças à estabilidade e à qualidade que as tecnologias de gravação alcançaram, os objetos sonoro-musicais, ao lado dos audiovisuais do cinema, são os que mais circulam na sociedade atual.

Reconhecendo isso, no Capítulo 1, apresentamos a concepção geral de estética, bem como a essencialidade da arte na vida humana. Para tanto, recorremos a conceitos fundamentais, como os de Platão, Aristóteles, Baumgarten, Kant e Hegel, a fim de problematizar o papel da linguagem musical no âmbito da discussão estética.

Para compor um percurso de estudo e compreensão das potencialidades estéticas da linguagem musical, comentamos como ocorrem os efeitos de sentido primeiramente na canção (Capítulos 2 e 3), nas interações entre melodia e letra e, por fim, na música instrumental (Capítulo 4). Todas elas têm uma força musical que constrói os efeitos estéticos que sentimos e experienciamos quando ouvimos uma música, uma força que é característica da linguagem, a qual descrevemos neste livro.

Começamos com o estudo da canção em virtude de seu alto grau de circulação na sociedade. Utilizamos a metodologia de análise da relação entre melodia e letra proposta pelo cancionista e pesquisador Luiz Tatit. Ele parte de uma base metodológica, a semiótica de origem francesa, a qual também aplicamos nas investigações sobre a música instrumental. Em cada um dos capítulos, observamos, com base em mecanismos de construção, de que maneira os efeitos estéticos são construídos em dada prática social.

Para alcançarmos o objetivo de entender a obra de arte inserida no âmbito da sociedade, dedicamos o Capítulo 5 à análise de algumas das concepções filosóficas que lançam luz sobre essa questão, tais como as propostas por György Lukács, Theodor Adorno e Walter Benjamin. Evidenciamos que as concepções estéticas não se referem única e exclusivamente àquelas desenvolvidas na Europa, fato que explica a necessidade de se valorizar a cultura local. E, no Capítulo 6, versamos a respeito das estéticas contemporâneas da estética musical, recorrendo a autores como Marcuse, Deleuze e Guattari.

Esperamos que as categorias e ferramentas de percepção que oferecemos nesta obra sirvam para que professores e estudantes de música possam abrir novos horizontes de escuta. A prática de educação musical, de uma educação das estéticas musicais, é importante para que a diversidade sonora e musical do mundo possa mobilizar e inventar novas percepções.

COMO APROVEITAR AO MÁXIMO ESTE LIVRO

Empregamos nesta obra recursos que visam enriquecer seu aprendizado, facilitar a compreensão dos conteúdos e tornar a leitura mais dinâmica. Conheça a seguir cada uma dessas ferramentas e saiba como elas estão distribuídas no decorrer deste livro para bem aproveitá-las.

Introdução do capítulo

Logo na abertura do capítulo, informamos os temas de estudo e os objetivos de aprendizagem que serão nele abrangidos, fazendo considerações preliminares sobre as temáticas em foco.

Síntese

Ao final de cada capítulo, relacionamos as principais informações nele abordadas a fim de que você avalie as conclusões a que chegou, confirmando-as ou redefinindo-as.

Atividades de autoavaliação

Apresentamos estas questões objetivas para que você verifique o grau de assimilação dos conceitos examinados, motivando-se a progredir em seus estudos.

Atividades de aprendizagem

Aqui apresentamos questões que aproximam conhecimentos teóricos e práticos a fim de que você analise criticamente determinado assunto.

Bibliografia comentada

Nesta seção, comentamos algumas obras de referência para o estudo dos temas examinados ao longo do livro.

Capítulo 1
INTRODUÇÃO À ESTÉTICA

Douglas Henrique Antunes Lopes

É impossível tratar de estética musical sem antes ter como referência o conceito de estética que se aplica a todas as artes. Por essa razão, neste capítulo, apresentaremos a concepção de estética em seus termos gerais, a fim de discutir o papel da beleza e da arte na vida humana. Essa primeira abordagem será importante para que você, leitor(a), se familiarize com esse campo de investigação. Além disso, discorreremos sobre as tradições platônica e aristotélica, admitindo-as como os pilares da discussão estética no pensamento ocidental, mas sem desconsiderar outras abordagens diferentes da grega clássica.

Ainda, analisaremos alguns dos elementos fundamentais da estética moderna, ressaltando a contribuição de Alexander Baumgarten para a delimitação da estética no âmbito da investigação filosófica e para o estabelecimento de um campo da filosofia que se dedica a esse conceito.

Discutiremos as contribuições de Immanuel Kant na superação de problemáticas filosóficas clássicas que nos levam a reformular as compreensões acerca da arte.

Ademais, buscaremos na obra hegeliana os elementos importantes que influenciam toda a filosofia contemporânea, a exemplo da relação que Hegel estabelece entre beleza e verdade, apontando a beleza como matéria para reflexão filosófica. Por fim, refletiremos sobre a compreensão hegeliana de dialética, que influenciou obras como as de Marx e dos pensadores da Escola de Frankfurt.

1.1 Campo de estudos da estética

Como tudo o que envolve as tradições filosóficas, a estética tem origens muito antigas, embora tenha passado por transformações. Os gregos do período clássico não usavam precisamente o termo *estética* para delimitar um campo de estudos; o termo designava uma "filosofia do belo". Antes de versarmos detidamente sobre as tradições clássicas, convém clarificarmos a etimologia da palavra *estética*, que vem do grego *aisthêtiké*, proveniente do adjetivo *aisthêtikós*, que diz respeito ao que pode ser compreendido pelos sentidos. Logo, tal termo se vincula às possibilidades de conhecer pelas sensações.

O primeiro a usar a palavra *estética* para se referir ao estudo da arte ou da beleza foi o pensador alemão Alexander Baumgarten (1993), no século XVII, que a delimitou como disciplina filosófica. Acerca disso, ele esclarece:

> A beleza universal do conhecimento sensível consistirá no acordo dos pensamentos entre eles, abstração feita da ordem e dos signos que os exprimem; sua unidade enquanto fenômeno, é a Beleza das Coisas e dos Pensamentos. Devemos distinguir a beleza do conhecimento, a qual é a primeira e principal porção, e a beleza dos objetos e da matéria, com que aquela é frequentemente confundida, ainda que a significação da palavra "coisa" seja geralmente aceita. (Baumgarten, 1988, p. 128, tradução nossa)

Baumgarten não se refere a uma empiria, no sentido tradicional das discussões de teoria do conhecimento. No entanto, o autor está preocupado com os processos de percepção da beleza, distinguindo essa área dos debates acerca de uma gnoseologia.

Apresentadas a etimologia e a delimitação da estética como disciplina de acordo com a compreensão de Baumgarten, faremos um recuo no tempo para demarcar o início dos estudos sobre beleza.

Ariano Suassuna (2012), célebre pensador, dramaturgo e escritor brasileiro, menciona que, tradicionalmente, nos períodos clássicos, havia certo consenso em chamar a estética de estudo do belo, sendo o belo uma característica da realidade externa, pertencente à natureza ou inerente aos objetos. Portanto, a percepção da beleza independeria do sujeito que percebe o objeto.

Nessa perspectiva, o belo compreendia tanto a natureza quanto a arte, de modo que predominava a beleza da natureza antes da beleza artística. Havia, assim, uma espécie de hierarquia na percepção da beleza.

Essa concepção foi alterada somente com o idealismo alemão. Destaca-se nessa corrente o filósofo Georg Wilhelm Friedrich Hegel, que discutiu a valorização da beleza artística em vez da natural, pois as produções artísticas, de acordo com o pensador germânico, teriam sua origem no espírito.

Igualmente, as ideias de Immanuel Kant acerca da estética promoveram uma ampliação do campo de investigação. Ele não se preocupava apenas com o belo, mas também com o sublime. Diante disso, a ampliação desse horizonte de estudos incluiu novas problemáticas. Por exemplo, ao retomarmos as contribuições de Aristóteles em sua *Poética*, percebemos que o Estagirita considerava gêneros da literatura como a tragédia e a comédia, os quais, apesar de não proporcionarem exatamente obras "belas", foram incluídos no campo de estudos da estética.

Depois de Kant, os pensadores passaram a sustentar que a estética não deveria ser uma filosofia do belo e da arte, mas sim uma "ciência do belo e da arte". Diante disso, devemos atentar para algumas diferenças no campo conceitual, pois o belo passaria a ser um dos elementos a serem considerados pela ciência estética, e não seu elemento exclusivo. A esse respeito, Suassuna (2012, p. 14-15) assim argumenta:

> O nome Estético passou, então, a designar o campo geral da Estética, que incluía todas as categorias pelas quais os artistas e os pensadores tivessem demonstrado interesse, como o Trágico, o Sublime, o Gracioso, o Risível, o Humorístico etc., reservando-se o nome de Belo para aquele tipo especial, caracterizado pela harmonia, pelo senso de medida, pela fruição serena e tranquila – o Belo chamado clássico, enfim.

Após certas contestações sobre a estética tratar de elementos que não apenas a beleza, os estudos da área passaram a abranger uma pluralidade de categorias para além do belo, passando a ser considerada o conjunto das percepções humanas acerca da arte.

Convém assinalar que reduzir o estudo estético ao campo da beleza excluiria as produções de diversos artistas que recorrem mais ao "feio", ao "caótico" e ao "grotesco", às obras mais dionisíacas do que apolíneas, para provocar múltiplas reações em seus espectadores, as quais seriam impossíveis de realização se se calcassem apenas na beleza. No caso da música, isso permeia os debates sobre gêneros musicais, por exemplo, no que diz respeito à distinção entre música erudita ou popular. Se a música clássica pode ser qualificada como apolínea, a contracultura produziu elementos diametralmente opostos, como o *punk* ou o *hip-hop*, que podem recorrer à violência, ao feio ou ao grotesco para expressar suas críticas aos padrões sociais hegemônicos.

Não são raras as discussões acerca do que possa ser ou não classificado como arte; aliás, é provável que você já tenha participado de algum debate sobre o assunto. Convencionalmente, entendia-se que uma obra deveria ser completamente fabricada pelo artista, nomeada e assinada por ele. Marcel Duchamp contestou esses pré-requisitos ao constituir o movimento dadaísta, apresentando ao público obras como *A fonte* (Figura 1.1), que consiste em um mictório invertido e por ele assinado. Portanto, Duchamp nem mesmo "construiu" sua obra, apenas modificou sua posição convencional, deu-lhe um nome e a assinou. Essa atitude colocou em xeque as tradições hegemônicas sobre produção artística até o início do século XX e ampliou as possibilidades de produção artística e da provocação de sensações naquele que consome a arte.

Para refletirmos sobre as contribuições e o impacto do dadaísmo na arte, poderíamos admitir que, não fossem os adeptos dessa corrente, dificilmente teriam existido obras como as de Vik Muniz, nas artes plásticas, de Paulo Leminski, na literatura, e do Tropicalismo, na música. A contemporaneidade evidenciou que não basta imitar a natureza, é preciso desconstrui-la, a fim de examinar as coisas a partir de perspectivas mais amplas.

Figura 1.1 – *A fonte*, de Marcel Duchamp

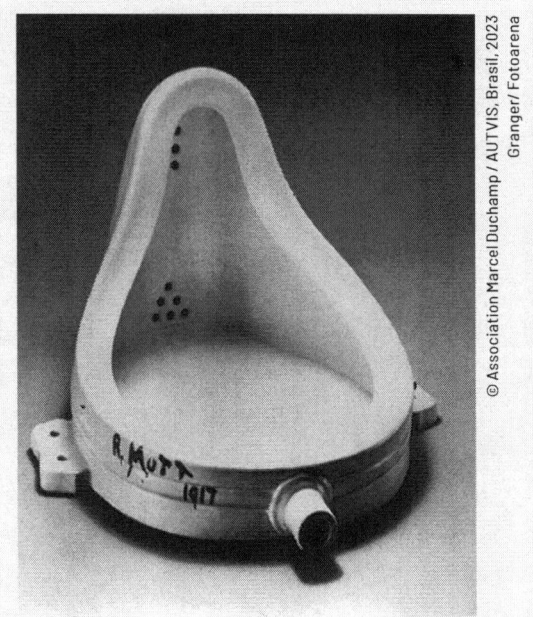

DUCHAMP, M. **A fonte**. 1917. 1 porcelana: 23,5 × 18 × 60 cm. Coleção de Arturo Schwartz, Milão.

Assim como as obras e os critérios para a produção artística se transformaram, as filosofias tradicionais sofreram grandes impactos. Nesse horizonte, Suassuna (2012) afirma que a estética é uma espécie de reformulação da filosofia convencional, a qual se abre para estudos inaugurais acerca da arte. Sobre isso, o autor argumenta:

> A Estética é então, conforme vimos, essa espécie de reformulação da Filosofia inteira em relação à Beleza. Por isso, no campo da Estética, estudamos, entre várias outras coisas, as relações entre a Arte, o conhecimento e a Natureza; a possibilidade de

penetração filosófica do real; aproximamo-nos da essência da Beleza, cujos fundamentos pressentimos, e assim por diante. É, portanto, uma verdadeira visão do mundo em relação à Beleza que temos de empreender, na Estética; e, em vista da complexidade do campo estético, não admira que o grande problema com que nos defrontamos ao enfrentá-lo, a primeira grande opção ante a qual temos de nos decidir, seja aquela criada pela tentação irracionalista. Nós nos perguntamos se tem algum sentido indagar e afirmar, num campo onde dominam o gosto, com suas inúmeras variações, e a chamada relatividade do juízo estético. Mais ainda: somos tentados a perguntar que vantagem existe, para a Arte e a Beleza, em serem dissecadas friamente por um frio conhecimento abstrato. "A Arte e a Beleza", parecem nos dizer os irracionalistas, "são tão sagradas, vivas e fecundas quanto a vida, e submetê-las às especulações da Estética é matá-las no que elas têm de mais nobre e atraente". (Suassuna, 2012, p. 16)

A estética, portanto, deve superar o irracionalismo de nossas sensações mais cruas, sem se tornar, porém, uma ciência fria e objetiva, como aquelas relacionadas às ciências naturais. Trata-se, assim, de considerar a beleza ou outros elementos, tais quais a feiura ou o grotesco, sem retirar deles o que lhes é inerente.

Ainda, cumpre à estética abordar elementos como a objetividade ou a subjetividade da beleza. Assim, a percepção do belo é inerente à obra de arte ou reside naquele que a percebe? Isso conduz ao problema do gosto: Por que os indivíduos têm reações distintas a determinada obra de arte?

Além disso, devemos levar em conta as diferenças entre a arte popular (aquela produzida como manifestação da cultura ordinária) e os produtos padronizados da indústria cultural.

Para aprofundarmos o debate sobre essas e outras questões, verticalizaremos nossas análises com base em autores e obras que contribuíram para os estudos da estética no decorrer da história da filosofia.

1.2 Tradições platônica e aristotélica: os pilares divergentes de uma filosofia da arte

Nesta seção, apresentaremos brevemente a visão a respeito do objeto de nossa análise demonstrada por dois grandes pensadores considerados pilares do pensamento ocidental. Boa parte das problemáticas ditas *clássicas* na filosofia deita raízes nas reflexões desenvolvidas por Platão e Aristóteles, tais quais a política, a justiça, a natureza humana, a psiquê, a ciência, o conhecimento e, não poderia ser diferente, as questões relacionadas à arte e à beleza. Já mencionamos que os gregos do período clássico não demarcaram esses estudos com o nome de estética. Não obstante, foram eles os precursores das investigações e dos debates empreendidos até hoje. Num primeiro momento, exporemos as contribuições de Platão. Na sequência, analisaremos o trabalho de Aristóteles no que diz respeito à sua poética. Por fim, evidenciaremos de que forma as filosofias de ambos se aproximam e se distanciam dos estudos sobre a beleza.

Platão viveu entre 427 a.C. e 347 a.C. na cidade-Estado de Atenas. Proveniente de uma família aristocrática, o pensador participou da vida política da cidade, e pôde conhecer outros lugares. Em uma de suas viagens, foi à Sicília, onde teve contato com a escola pitagórica.

Foi o discípulo mais proeminente de Sócrates, o qual não produziu escritos – a filosofia socrática foi difundida ao longo dos séculos graças aos escritos de seus discípulos, principalmente de Platão e de Xenofonte. Por esse motivo, é difícil distinguir a filosofia socrática da platônica, razão pela qual alguns estudiosos chamam-nas simplesmente de filosofia socrático-platônica.

Platão escrevia em forma de diálogos (nos quais Sócrates sempre era o personagem principal). Ele sempre é retratado como um debatedor perspicaz, aplicando o método conhecido como *maiêutica* (ou ironia), que consiste em conduzir o raciocínio do interlocutor por meio de perguntas, demonstrando, durante esse percurso dialógico, as contradições das ideias do oponente, bem como suas limitações ou sua ignorância.

O trabalho mais famoso e mais estudado de Platão é *A república*, que se centra na idealização de uma cidade perfeita. Nesse livro, discutem-se temas essenciais, como a justiça, a verdade e, certamente, o papel da arte e a dimensão da beleza.

Tendo em vista que a obra de Platão apresenta Sócrates como personagem principal de todos os seus diálogos, para abordar essa tradição, aqui a designaremos como *socrático-platônica*. Nessa corrente filosófica, o problema do belo e da arte é permeado pela noção de essência e pela relação com o sagrado, havendo, por isso, uma perspectiva mística. Dessa forma, a arte está relacionada com o sensível por meio de seu elemento de *Eros*, de modo que a beleza não se encontra exclusivamente relacionada à arte.

Essa filosofia da arte iniciada na tradição socrático-platônica contém um paradoxo, pois contém uma condenação àquilo que é designado por "belas artes" e "literatura" – mais especificamente, a poesia. A esse respeito, Jean Lacoste (1986, p. 9) assim argumenta:

Se a filosofia da arte começa com Platão, ela principia, paradoxalmente, por uma condenação das "belas-artes" e da poesia. Seria simplista demais ver em Platão um filisteu ou um "Boécio". Ateniense, ele tinha diante dos olhos muitas obras de arte, o Partenon, por exemplo, concluído pouco tempo antes de seu nascimento. Em seus diálogos, aliás, ele menciona com frequência pintores e escultores, antigos ou modernos (Dédalo, Zêuxis, Fídias etc.) [...]. Por outro lado, ele recebera, como todos os jovens nobres gregos, uma educação que conferia um lugar eminente aos poetas. O próprio Sócrates fala da "amizade respeitosa" que nutria por Homero [...]. Enfim, os diálogos não são, eles mesmos, verdadeiras obras de arte? No entanto, Sócrates baniu o poeta [...] e repudiou simultaneamente a pintura muda e os discursos escritos [...]. E apenas a arte egípcia é perdoada aos olhos do Estrangeiro das Leis [...], porque uma legislação severa lhe fixou regras imutáveis.

Nesse âmbito, de acordo com a compreensão platônica, a música ocuparia o mesmo papel de outras artes, tratando-se, assim, de uma cópia da realidade sensível. Portanto, ela se distanciaria da essência verdadeira e universal depositada apenas nas Ideias.

Ressalvamos que, na obra platônica, inexiste qualquer conceito relativo às "belas artes", mas constam menções à "arte" como *tékhnê*. Tais alusões surgem em vários sentidos, a exemplo da arte da política, da arte da retórica etc., de modo que a pintura, a poesia e a música não ocupam espaços específicos de definição.

Platão, na totalidade de sua obra, debruça-se sobre a necessidade da busca pela essência. Essa é uma problemática ontológica, isto é, do estudo da existência ou do ser, entendido como algo perfeito e imutável no campo das Ideias. Conforme essa tradição, tudo o que percebemos na realidade sensível é mera cópia do que há no mundo das Ideias:

O ser, definido como Ideia, é permanente e opõe-se, por conseguinte, a mudança e ao devir. Ora, os objetos fabricados (.fá skeúê), os "utensílios" (uma cama, por exemplo), também possuem uma forma permanente que nos faz reconhecê-los quando os vemos. O "utensílio", o qual deve ser utilizado pela comunidade dos homens (o "povo", o dêmos), é fabricado por um artesão, um operário do povo (dêmiourgós). Este fabrica a cama com os olhos fixos na Ideia de cama, no que deve ser uma cama para ser uma cama. O artesão não produz a própria Idéia e, antes de fazer praticamente o móvel, o artesão deve considerar a Idéia à qual seu trabalho está subordinado. Nesse sentido, o artesão é um bom imitador, na medida em que torna presente nos sentidos uma Idéia limitada. (Lacoste, 1986, p. 11)

Imagine, por exemplo, que um pintor decida fazer uma pintura de uma mesa. A teoria socrático-platônica considera que tal mesa é apenas uma cópia imperfeita da ideia única, imutável e perfeita de mesa. Assim, o que o pintor realiza é uma cópia da cópia, imitação da imitação, estando ainda mais afastado da ideia essencial de mesa. Então, a poesia e a música também são como imitações da realidade sensível. Portanto, todas as artes, sendo elas imitações, estão ainda mais afastadas da ideia essencial dos objetos do que a realidade sensível. Daí deriva o conceito de *mimesis* (imitação) segundo a abordagem socrático-platônica.

Para clarificar essa teoria, recorremos à obra *Ceci n'est pas une pipe* (*Isso não é um cachimbo*), de René Magritte (1929). Observe-a com atenção (Figura 1.2).

Figura 1.2 – *Ceci n'est pas une pipe*, de René Magritte

MAGRITTE, R. **Ceci n'est pas une pipe**. 1929. 1 óleo sobre tela: 63,5 × 93,98 cm. Museu de Arte do Condado de Los Angeles, Los Angeles, Estados Unidos.

Ao apresentar a imagem de um cachimbo e enunciar na pintura que não se trata de um cachimbo, o pintor remete à ideia de *mimesis*, pois, de fato, não se trata de um cachimbo, mas sim da pintura de um.

Em síntese, a perspectiva platônica é peculiar e paradoxal, pois mesmo sendo a primeira a considerar o estudo da beleza, ela o faz colocando as formas de arte em um horizonte a ser evitado: o do afastamento das essências. Na primeira impressão, é comum que o leitor que se dedica à produção de arte se oponha à tradição socrático-platônica. No entanto, foi ela a primeira a demarcar reflexões sobre a dimensão da beleza.

Aristóteles, que viveu entre 384 a.C. e 322 a.C., foi o mais célebre discípulo de Platão e divergiu amplamente das concepções de seu mestre. Foi filho de Nicômaco, médico pessoal do Rei Amintas III; talvez seja de seu pai que tenha herdado o apreço pela observação atenta da natureza. O Estagirita estudou em Atenas na academia de Platão e, posteriormente, fundou seu liceu, dedicado à formação da aristocracia ateniense. Durante sua vida, foi o tutor de Alexandre Magno da Macedônia. Considerado o pai de vários campos do conhecimento, como a lógica, a física e a zoologia, Aristóteles também estudou as formas narrativas, sobretudo a tragédia e a comédia.

Diferentemente de Platão, que se opunha à percepção dos sentidos nos processos de construção do conhecimento, Aristóteles defendia que os sentidos figuram os primeiros passos dos processos de conhecer. Em seu livro *De Anima*, o filósofo afirma que nada há no intelecto que antes não tenha passado pelos sentidos (Aristóteles, 2006), o que demarca claramente a distância entre a teoria aristotélica e o platonismo, a qual também se revela no tratamento da questão da arte e da beleza. Acerca disso, Suassuna (2012, p. 28) afirma:

> Aristóteles abandona inteiramente o idealismo platônico, no que se refere à beleza, como em outros campos. Segundo seu pensamento – cujo organismo genial foi chamado por Bergson de "a filosofia natural do espírito humano" – a beleza de um objeto não depende de sua maior ou menor participação numa Beleza suprema, absoluta, subsistente por si mesma no mundo suprassensível das Essências Puras. Decorre, apenas de certa harmonia, ou ordenação, existente entre as partes desse objeto entre si e em relação ao todo.

O tratado de Aristóteles sobre a beleza se perdeu; a despeito disso, é possível levantar alguns dos elementos de suas contribuições sobre o tema nos textos de *Poética*. Trata-se de anotações que o filósofo usava nas aulas ministradas por ele em seu liceu sobre teatro. Nesses escritos, está registrada sua definição de beleza: "A Beleza – seja a de um ser vivo, seja a de qualquer coisa que se componha de partes – não só deve ter estas partes ordenadas, mas também uma grandeza que obedeça a certas condições"(Aristóteles, 2008, p. 82). Afastando-se da percepção clássica acerca da beleza que vigia entre os gregos, Aristóteles indicava algo mais abrangente: que a noção de beleza incluiria outras categorias além do belo.

A beleza, na teoria aristotélica, compreende elementos como a harmonia, a grandeza e a ordem. Por exemplo, se um organismo é muito pequeno, não é possível afirmar que seja belo, pois a visão dele é obstada. Outrossim, se fosse algo enorme, também há dificuldades de perceber o todo de seus elementos.

Assim, o aristotelismo compreende que, proveniente do caos, o mundo, em suas transformações, passou a ser lapidado pela harmonia. A realidade presente, portanto, revela resquícios de caos, os quais são combatidos de modo contínuo pela harmonia, até que ela se imponha completamente.

Nessa dinâmica, as expressões artísticas contribuem para a transformação do caos em harmonia, o que se revela como a produção do belo. Quando um compositor articula os sons da realidade de maneira harmônica, está realizando esse processo. Por exemplo, a música *O trenzinho caipira*, de Heitor Villa-Lobos, faz os sons dos instrumentos se assemelharem ao trem andando pelos trilhos. Logo, tais sons, perceptíveis de maneira crua na realidade, recebem uma configuração harmônica que constitui a percepção da dimensão da beleza.

Temos, ademais, de expor a concepção aristotélica de arte. Com relação a esse aspecto, ressaltamos que sua *Poética* tem papel fundamental na história do pensamento e da crítica literária. Como já indicamos, apesar de dar centralidade à tragédia e à comédia, a obra contém conceitos fundamentais relativos ao belo e à beleza, apresentando um horizonte teórico para caracterizar a arte e os processos que lhe são inerentes. Sob essa ótica, considera-se que, quando se cria ou produz uma obra de arte, esta imita a realidade de alguma forma. A esse processo Aristóteles também denomina *mimese*.

Por exemplo, quando um texto de tragédia remonta vivências, levando em consideração elementos da beleza como a harmonia, o espaço e o tempo, a narrativa é construída de modo que imite determinados contextos. Ante a imitação, o público alcança a catarse, que é uma espécie de "purificação" sentida pelos espectadores durante e após uma representação dramática. Nesse sentido, no caso da tragédia, por meio do horror e da tristeza, busca-se chegar à emoção teatral. Assim, a arte possibilita a purificação das emoções (de modo que o que era inconsciente passa a ser consciente), bem como a obtenção de elementos racionais para compreender o que parecia impossível. A respeito dessa afirmação, Oliveira (2009, p. 110) argumenta:

> A experiência estética avizinha-se da esfera da contemplação, essa atividade tão nobre quanto especificamente humana, e que, pelo mesmo motivo, nos aproxima da divindade. Em concórdia com a doutrina moralizante de Platão, Aristóteles vê na arte um meio de purificar as paixões: a contemplação da arte permite ao homem uma catarse; o prazer gerado pela arte é inocente (*ablabés*), e a catarse (gerada por intermédio da poesia ou da música) dá matiz racional às paixões, permitindo ao homem o controle inteligente e benéfico sobre elas. Sob o prisma da ética, é grande o avanço que Aristóteles lhe concede, se pensarmos no ponto em que Sócrates a deixou.

A abordagem aristotélica acerca da arte possibilita, portanto, pensar em diversos desdobramentos do conceito de catarse partindo da questão subjetiva, como meio de racionalizar as emoções e desvelar um sem-número de conflitos humanos, como a doença, a violência, a saudade e a morte, além daqueles que são inconscientes e do campo da psiquê. Ainda, é essencial o debate sobre o uso da arte como ferramenta para a educação, pois ela propicia o conhecimento de acontecimentos humanos, bem como das emoções derivadas deles. Nessa perspectiva, além dos aspectos subjetivos, é possível considerar a arte em seu papel social, suscitando a empatia e a problematização ética sobre os dramas humanos.

Para esclarecer esse aspecto, citamos uma das mais emblemáticas tragédias gregas, *Édipo rei*, de Sófocles, também comentada por Aristóteles em *Poética*. Édipo era filho de Laio, o rei de Tebas, e de Jocasta. Conta a lenda que Édipo estava fadado a matar o pai e a se casar com a mãe. Esse enredo trágico, clássico da literatura universal, evoca o determinismo e questiona se o ser humano pode ou não construir seu destino. A esse respeito, o antropólogo Joseph Campbell (1997), referência nos estudos de mitologia, indica que muitas das estruturas das narrativas do período grego clássico reverberam até hoje nas formas de contar estórias. Para além do campo artístico, o mito de Édipo serviu de matriz para a composição da psicanálise freudiana, dada sua profundidade em desvelar alguns dos dramas humanos mais profundos, tais como nossos impulsos vitais, o medo da morte, a ânsia por vingança e as relações contraditórias que podemos travar no interior de nossas famílias.

1.3 Estética moderna

Como mencionamos anteriormente, o primeiro pensador a adotar o termo *estética* para se referir ao estudo da beleza e da arte foi o filósofo alemão Alexander Baumgarten. Ele foi professor nas universidades de Halle e de Frankfurt. Sua principal contribuição foi delimitar um campo de investigação para o estudo da estética como disciplina filosófica.

O pesquisador Marcus Vinicius Corrêa Carvalho (2010) revela que Baumgarten expôs a relação entre três domínios – a arte, a beleza e a sensibilidade –, os quais eram tratados distintamente até então. Assim, Baumgarten inaugurou certas possibilidades de investigação acerca de uma problemática clássica: a da relação entre arte e conhecimento, o que também implica pensar as relações entre arte e educação.

Os esforços de Baumgarten estavam relacionados à organização de problemáticas antigas na história do pensamento. Assim, a novidade apresentada pelo filósofo não repousa necessariamente em um conteúdo original, mas sim na possibilidade de se desenvolver uma metodologia científica para estudar questões como as normas de representação artísticas e da beleza, as quais foram expostas desde a Antiguidade. Trata-se, assim, de condensar as exposições já manifestadas em obras como as de Platão, Aristóteles e Horácio. Dessa maneira, a estética seria mais do que uma análise poética restrita e se ampliaria para abordagens mais gerais.

A teoria de Baumgarten, mais do que uma reflexão sobre os padrões tradicionais da beleza, apresenta-se como uma filosofia que analisa as características do sentir. A esse respeito, Carvalho (2010, p. 73) indica algumas definições importantes, a saber:

estética, etimologicamente, refere-se à percepção e estrutura; a partir de Baumgarten, uma ciência da sensibilidade, como ele a definiu em suas Meditações: "a ciência do modo sensível de conhecimento de um objeto". Essa definição se completou no capítulo primeiro de sua Metafísica, intitulado "Psicologia empírica", mais precisamente na segunda seção deste capítulo, nomeado "A faculdade de conhecimento inferior": "a ciência do modo de conhecimento e de exposição sensível é a estética (lógica da faculdade de conhecimento inferior, gnosiologia inferior, arte da beleza do pensar, arte do análogo da razão).

Essas definições são possíveis por um pressuposto importante, a **percepção** não é entendida por Baumgarten como uma matéria para o conhecimento, mas a **sensação**, ela mesma é uma forma de conhecimento, uma possibilidade completa de compreensão do objeto. Assim, a sensação pode ser compreendida como uma ciência, e a percepção sensível adquire um ponto de vista autônomo sobre o universo. A estética, portanto, torna-se uma **epistemologia da sensibilidade**. A beleza passa a ser compreendida como uma das faculdades possíveis da percepção sensível. Se a sensação é também uma forma de conhecimento, a beleza pode ser entendida como uma forma de verdade, e a estética passa a ser uma teoria do belo.

Baumgarten recorreu à estruturação lógica de sua Estética a fim de legitimá-la. No entanto, segundo ele, não poderíamos reduzir o conhecimento puramente à lógica. Ele reclamava o caráter necessário e irredutível da estética, argumentando que à lógica dever-se-ia ajuntar outro modo de conhecimento: o saber não intelectual que as belas artes fornecem e que a estética descreve. Nesse sentido, a estética não seria uma etapa da educação filosófica, porém um domínio autônomo e irredutível, um horizonte indispensável do saber. A estética seria a ciência da perfeição do conhecimento sensível e a arte de seu aperfeiçoamento. As mais perfeitas percepções sensíveis seriam as mais belas, logo, as mais verdadeiras. (Carvalho, 2010, p. 75)

Depreende-se, então, que a percepção da música também ocorre pelo sentido da audição, e sua harmonia é capaz de produzir a sensação da beleza e de criar representações que escapam às teorias tradicionais da abstração, na medida em que estas são capazes de se articularem enquanto pensamentos.

Diante do exposto, fica esclarecido por que a teoria da beleza estava vinculada às teorias da arte, pois esta se refere ao espaço da beleza destinado à produção das representações. Nesse ponto, convém fazer uma ressalva: Baumgarten não distinguiu as noções de pensamento e representação; em vez disso, utilizou tais termos como sinônimos.

As contribuições de Baumgarten, portanto, são importantes porque permitem a sistematização dos estudos de estética e abrem novas possibilidades de investigação, e essa abertura ainda vigora. Isso significa que o campo da estética se expandiu para domínios que transcendem o estudo da obra de arte ou das belezas naturais. Logo, reflexões inerentes a tais esferas não seriam possíveis sem que Baumgarten tivesse formulado essa sua abordagem inaugural.

1.4 Kant e o idealismo alemão

Immanuel Kant nasceu e viveu toda a sua vida em Königsberg, na Alemanha. Conhecido por sua disciplina e seu rigor, tanto na vida pessoal quanto nos estudos, o filósofo é considerado o pai da filosofia contemporânea, pois superou impasses entre as doutrinas racionalista e empirista em sua obra *Crítica da razão pura* (Kant, 1987; 1988), fundamental para a teoria do conhecimento. Suas contribuições no campo da ética também são essenciais, das quais destacamos os livros *Crítica da razão prática* e *Crítica do juízo* (Kant, 2002; 1995).

A primeira de suas críticas é dedicada a estabelecer um estatuto racional do conhecimento científico. Na segunda, ele se volta para o estabelecimento de fundamentos racionais acerca da moralidade, sustentando a necessidade da razão autônoma. Por fim, na última, Kant se ocupa do estabelecimento de uma universalidade para o senso estético. Salientamos que, se nas duas primeiras críticas não há espaço para o sentimento, na *Crítica do juízo* ganha centralidade o senso estético.

De acordo com Fernando Pessoa e Ricardo da Costa (2016), quando Platão "expulsou" os poetas da cidade ideal em sua *República*, ele condenou a arte à associação com a ilusão e a falsidade. Tal perspectiva separa a razão da imaginação, de modo que a primeira é entendida como conhecimento, e a segunda é vista como erro. Somente com Kant é que se resgatou a ideia de imaginação como algo produtivo, o que demandou distinguir a imaginação do tipo investigação daquela do tipo imitação. Eis que a **imaginação produtiva** seria aquela que antecede a experiência da representação, apresentando o objeto de maneira originária. Já a **imaginação reprodutiva** derivaria de uma experiência sensível, assim como a representação de uma experiência anterior. Em resumo, a primeira seria a habilidade de fazer uma apresentação original do objeto, isto é, a qual cria a imagem dele; e a segunda seria derivada, ou seja, reproduziria a imagem de um objeto antes concebido.

Segundo Kant (1987), a **imaginação produtiva** é capaz de representar uma imagem proveniente de uma experiência sensível do objeto, vinculada às dimensões de tempo e espaço. Desse modo, ela é considerada a **fundação da sensibilidade pura e do conhecimento a priori**. Logo, Kant resgatou a imaginação do contexto da ilusão e dos erros e lhe atribuiu um papel essencial na construção do conhecimento. Acerca das contribuições teóricas de Kant em sua *Crítica ao juízo*, Pessoa e Costa (2016, p. 74) arrolam algumas distinções conceituais importantes, a saber:

> Em sua Crítica da faculdade de julgar (1791), Kant caracteriza o belo distinguindo-o do agradável (como uma satisfação imediata, porém empírica), do útil (o que se sustenta em uma finalidade externa ao objeto considerado) e do perfeito (o que implica a subordinação do objeto a um conceito já determinado anteriormente). Se retirarmos o deleite que um objeto proporciona aos nossos sentidos, a utilidade de sua serventia e a perfeição que o subordina a um conceito, o que sobra do objeto? Sobra o que Kant chama de sua forma, à qual só temos acesso através do "desinteresse". O desinteresse é a possibilidade de nos relacionarmos com o objeto sem termos uma finalidade para fora desse relacionamento, que de antemão já direciona o seu aparecimento em uma determinada perspectiva (interesse). Desprovido de qualquer finalidade, seja ela do agrado, da utilidade ou do conhecimento, ao desinteresse o objeto aparece para a imaginação em sua pura forma. O conceito de forma em Kant não é apenas o oposto do conceito de matéria, compondo o binômio matéria e forma, mas possui também o significado de figura (Gestalt), a estrutura organizadora que configura a imagem no aparecimento da coisa. Para Kant, a forma é o que mostra os fenômenos do espaço e do tempo.

Nesse contexto, a faculdade da imaginação é compreendida por Kant como um elemento receptivo e espontâneo ao mesmo tempo, o que possibilita ao homem a compreensão de elementos não objetivos, ou seja, não designados pelos conceitos – e que, apesar disso, também se tornam objeto de conhecimento. Tal perspectiva da imaginação também é aplicável à obra de arte, de modo que o belo pode ser encontrado tanto na obra de arte quanto na natureza, promovendo o que Kant (1987) chamou de **ideias estéticas**. De acordo com o filósofo, a ideia estética é uma representação da imaginação, sendo capaz de compreender objetos de modo racional ou não conceitual. Assim, ela é proveniente do **jogo livre das faculdades da intuição e da imaginação** (Kant, 1987). Nessa ótica, a característica particular da estética se refere à imaginação produtiva.

Vale mencionar que obras de arte, manifestações artísticas como a música, a literatura e a poesia, podem recorrer a palavras para a consolidação da sensação estética, mas não é possível confundi-las com a racionalidade conceitual defendida por Kant. Os poetas, por exemplo, podem recorrer à desconstrução da racionalidade para provocar a experiência estética.

Kant admitiu que a percepção estética compõe o conhecimento ao conferir à imaginação a relevância que nunca havia atingido na história do pensamento. Não obstante, quando dedicou sua *Crítica do juízo* somente para a problemática do belo, o filósofo alemão reforçou a tradição socrático-platônica, pois não vinculou a estética à dimensão da verdade.

O trabalho de Kant continua a ser objeto de investigação de vários pesquisadores, entre os quais figura Daniel Omar Perez. No entanto, a obra do filósofo começou a sofrer interpelações logo após ter sido publicada, com destaque para o idealismo alemão, corrente filosófica que surgiu no final do século XVIII e perdurou até o início do século XIX. Os principais pensadores dessa corrente foram Johann Gottlieb Fichte, Friedrich Wilhelm Joseph von Schelling, Johann Gottfried von Herder e o já citado Hegel, os quais fazem oposição às proposições kantianas. Neste escrito, concentraremos nossa atenção no pensamento de Hegel, pelo fato de este ser considerado o mais importante desses filósofos.

1.5 Hegel e a filosofia da arte

O alemão Georg Wilhelm Friedrich Hegel fez inúmeras contribuições à história da filosofia. Sua obra *Fenomenologia do espírito* é um dos grandes marcos do idealismo alemão. Acerca disso, assim enuncia Suassuna (2012, p. 47):

> Hegel foi, sem dúvida, o maior dos pensadores idealistas alemães do século XIX. Assim, não é para diminuir sua importância que afirmamos que ele se limitou praticamente a aprofundar e sistematizar com mais rigor o pensamento de Schelling. De fato, como acentua Bernard Bosanquet, não existe nada na filosofia hegeliana que não se encontre, nem que seja por oposição ou sugestão, na filosofia de Schelling.

Para Hegel, a unidade da ideia de aparência é o fundamento da essência do belo e de sua expressão na arte. Temos de assinalar que a noção de ideia em Hegel é análoga à noção de absoluto para Schelling. Nesse âmbito, a beleza é entendida como o infinito representado de modo finito ou, ainda, como a possibilidade de representar uma ideia a partir dos sentidos.

Ao contrário da obra kantiana ou dos resquícios da tradição socrático-platônica nela inseridas, Hegel concebeu uma relação entre verdade e beleza. Antes de prosseguirmos com essa exposição, convém distinguir as duas concepções.

A verdade é entendida como a Ideia considerada em si mesma, em suas premissas gerais, pois sua forma não se coloca de modo exterior e sensível, ou seja, ela existe para a razão como ideia universal – nos momentos em que a verdade é apresentada de modo imediato para a consciência por meio da realidade exterior, de modo que a ideia não é somente verdadeira, mas bela. Assim, a beleza é a manifestação sensível da ideia.

Outra crítica de Hegel à obra kantiana se refere à natureza não conceitual da arte. Por ser racionalista e idealista, Hegel não vislumbrava a possibilidade de que a beleza fosse um universal sem conceito, como indicava Kant:

> Numerosos são aqueles que pensam que a Beleza em geral, precisamente por ser bela, não se deixa encerrar em conceitos e constitui, por esse motivo, um objeto que o pensamento é incapaz de apreender. Nós pensamos, pelo contrário, que só a Verdade é conceituável, pois só ela se fundamenta no conceito absoluto, ou, mais exatamente, na Ideia. Ora, sendo a Beleza um certo modo de exteriorização e representação da Verdade, por todas as suas faces ela se oferece ao pensamento conceitual, quando este possua, verdadeiramente, o poder de formar conceitos. (Hegel, 1999, p. 199-200)

Dessa forma, a ideia é considerada a própria verdade, em seu universalismo ainda não objetivado. Pelo contrário, a ideia na condição de beleza expressa na arte se coloca como uma realidade individual. Assim, é fundamental que a ideia seja correspondente à realidade concreta. Isso significa que ideia e realidade devem estar profundamente adaptadas uma à outra. Desse modo, é possível extrair conceitos da ideia universalizável expressa objetiva e individualmente. Acerca disso, Suassuna (2012, p. 48) declara: "A Ideia, ou Espírito Absoluto, 'comunica à Natureza toda a plenitude de seu ser' [...]. Enquanto considerada em si mesma, é a Verdade. Considerada enquanto representada e exteriorizada no concreto, isto é, sob seu aspecto estético, é a Beleza, ou Ideal, como prefere Hegel".

Outra problemática relevante no idealismo alemão, também abordada por Hegel, diz respeito àquela que envolve a liberdade e a necessidade. Nessa ótica, a liberdade é considerada pelo filósofo a modalidade suprema do espírito, ou seja, trata-se daquilo que a subjetividade abarca de mais elevado em si mesma. Ainda, a liberdade se mantém no âmbito estrito da subjetividade e não é exteriorizada. Assim, o indivíduo se confronta com o que não é livre, isto é, com a realidade objetiva – a necessidade. Dessa forma, é necessário conciliar esses elementos diametralmente opostos. A liberdade se refere à autonomia e à universalidade, mas também se encontra na subjetividade dos conflitos com aquilo que é individual, a exemplo dos sentimentos e das paixões. Tais oposições se desdobram em conflito e contradição, o que pode despertar o nascimento do desespero e do sofrimento. O espírito humano, portanto, coloca-se em perene ambiguidade. Com isso, a possibilidade de superação ocorre entre a união da ideia e do absoluto. Acerca do absoluto, eis o que assinala Agostinho (2013, p. 154):

> Hegel anuncia objetivo da exposição de sua filosofia "só o absoluto é verdadeiro, ou só o verdadeiro é absoluto". E, só é possível rejeitar esta proposição mediante a distinção entre um conhecimento que não conhece o absoluto (como a filosofia Kantiana que postula a impossibilidade de conhecer a coisa em si) e o conhecimento em geral que embora incapaz de apreender o absoluto é capaz de

formular outras verdades. Ou seja, esta proposição só pode ser negada quando estabelecemos limites ao que pode ser conhecido e distinções entre o conhecimento e outras formas de apreensão do absoluto. Aqui se delineia a função que o conceito de absoluto desempenhará na filosofia hegeliana, a de restabelecer as relações entre a efetividade e a universalidade do conceito, entre a razão e a coisa em-si, entre o saber e o real. O conceito de absoluto visa romper com a cisão instaurada pela filosofia moderna no cerne de nossa experiência histórica.

Segundo a filosofia hegeliana, arte, religião e filosofia se referem a elementos fundamentais no horizonte do homem e à busca pelo que seja absoluto. Assim, a arte tem o papel de espiritualizar a sensibilidade, ao passo que a religião deve interiorizar o que a arte possibilita contemplar exteriormente. Assim, se levarmos em conta a dialética hegeliana e os processos de tese, antítese e síntese, a filosofia seria a síntese entre a arte e a religião – portanto, abarcaria ambas.

De acordo com Hegel (1999), tudo o que é real é passível de ser conhecido, ou seja, o mundo é dilacerado em uma relação contraditória entre a realidade e a ideia absoluta, de modo que o homem se destina a ser uma ponte que liga esses dois extremos. Trata-se, portanto, de um papel trágico.

Acerca das contradições, vale nos determos à dimensão da **dialética hegeliana**, pois ela será basilar para tratarmos dos autores a serem discutidos mais adiante nesta obra.

A palavra *dialética* é proveniente do grego *dialetiké* – o radical *dia* diz respeito à "interação", e *létika* remete a *logos*, que significa "razão". Assim, *grosso modo*, a dialética representa uma "troca de razões" ou "de ideias", ou, mais amplamente, a "troca de estágios".

A expressão tradicionalmente engloba outro conceito importante, o de *devir*, usado por Heráclito para designar movimento, transformação. Ao contrário da perspectiva socrático-platônica, que, como expusemos, sustentava que a verdade somente poderia ser atingida em uma realidade suprassensível, estática e universal, Heráclito argumentava que a única coisa perene na realidade seria o movimento, a transformação. A afirmação de que é impossível a um homem entrar duas vezes no mesmo rio, de Heráclito, sintetiza sua perspectiva de maneira bastante precisa: o mundo está em constante transformação, todas as coisas estão em perene modificação de estados.

As influências da filosofia heraclitiana chegaram até Hegel, que, como comentamos, entendia que o homem se submete a uma ambiguidade constante entre o absoluto e a realidade que se lhe impõe necessariamente, sendo ele a ponte entre esses dois extremos. Tendo como fundamento a filosofia heraclitiana, na sustentação de seu idealismo, Hegel compreendia haver uma lógica capaz de abranger os fenômenos em transformação, assim como as operações do intelecto. A essa perspectiva ele chamou de dialética, de modo que a razão se relaciona e se adequa à realidade, seguindo as mesmas regras. Esse movimento conta com alguns estágios, a saber: o primeiro é chamado de *tese* (ou afirmação); o segundo, de *antítese* (ou negação); e há, ainda, um terceiro, denominado *síntese* (ou superação). Os três estágios são demarcados por uma contradição entre eles. Para clarificar, recorreremos ao exemplo botânico do próprio Hegel (1999, p. 61): "O botão desaparece no desabrochar da flor, e poderia dizer-se que a flor o refuta; do mesmo modo que o fruto faz a flor parecer um falso ser-aí da planta, pondo-se como sua verdade em lugar da flor: essas formas não só se distinguem, mas também se repelem como incompatíveis entre si [...]".

Assim, o botão pode ser entendido como o estágio denominado *tese*; a formação da flor, que deixa de ser o botão, em um movimento de contradição ao estágio anterior, é entendida como a *antítese* (do botão); finalmente, a formação do fruto, designada como *síntese*, refere-se à superação dos estágios anteriores, embora carregue consigo elementos deles.

Hegel representou um marco na história do pensamento ocidental. Além de ter sido expoente do idealismo alemão, sua filosofia influenciou vários outros clássicos, entre os quais destacamos Karl Marx, que propôs uma inversão da dialética hegeliana, pois entendia que não é a razão absoluta que demarca a lógica de funcionamento da realidade, mas sim que a dialética é o modo de funcionamento da própria realidade, a qual o intelecto é capaz de entender. Nessa perspectiva, Marx chamou sua teoria de *materialismo histórico-dialético*, da qual investigaremos alguns desdobramentos na sequência deste livro.

Síntese

Neste capítulo, travamos contato com o conceito de estética e refletimos sobre o papel da beleza e da arte na vida humana, temática fundamental desde a Antiguidade clássica. Também expusemos as contribuições de Platão e Aristóteles acerca da arte e identificamos suas obras como pilares da reflexão filosófica e que até hoje nos atingem.

Além disso, analisamos as contribuições de Baumgarten no que diz respeito à delimitação do conceito de estética, inaugurando um campo específico da reflexão filosófica dedicado ao estudo da percepção da arte e da beleza.

Abordamos, ainda, a obra de Kant com relação à superação de problemáticas clássicas na filosofia, o que viria a impactar também o campo da estética.

Por fim, discutimos a filosofia de Hegel, filósofo que estabeleceu uma relação entre beleza e verdade e que, com efeito, ensejou a formação de um campo específico da filosofia que tivesse na arte sua matéria-prima para a reflexão.

Atividades de autoavaliação

1. Sobre o campo de estudos da estética, analise as proposições a seguir.
    I) O primeiro pensador a usar o termo *estética* para o estudo da arte foi Platão.
    II) Apesar de não terem usado o termo *estética* para se referirem aos estudos do belo, Platão e Aristóteles apresentaram abordagens fundamentais para esse tema.
    III) Alexander Baumgarten formalizou o campo da estética como disciplina filosófica.
    IV) A estética como disciplina filosófica se dedicou, inicialmente, aos estudos da arte e da beleza.

    Agora, assinale a alternativa que indica somente a(s) afirmativa(s) correta(s):

    a) I e II.
    b) I e III.
    c) I e IV.
    d) I, II e III.
    e) II, III e IV.

2. A respeito das concepções de Baumgarten sobre o estudo da estética, indique a alternativa correta:
   a) O estudo de estética se confunde com o empirismo.
   b) Apesar de a estética se referir às sensações, ela se distingue do empirismo.
   c) Beleza e verdade não têm vinculação nas tradições ocidentais.
   d) Baumgarten entendia que o belo não é universalizável, pois está relacionado ao gosto.
   e) Pelo fato de a beleza ser universalizável, os sujeitos são incapazes de ter gostos distintos.

3. Sobre a estética platônica, analise as proposições a seguir.
   I) Para Platão, a arte é a pedra basilar que possibilita o conhecimento da verdade por meio dos sentidos.
   II) De acordo com Platão, a arte é uma imitação, distanciando-se da verdade.
   III) Conforme a teoria platônica, os poetas são as figuras políticas mais importantes da república.
   IV) Aristóteles seguiu os mesmos passos de seu mestre Platão ao abordar a filosofia da arte.

   Agora, assinale a alternativa que indica somente a(s) afirmativa(s) correta(s):
   a) I e II.
   b) I e III.
   c) I e IV.
   d) I, II e III.
   e) II.

4. Considerando a filosofia da arte em Aristóteles, assinale a alternativa correta:
   a) Aristóteles complementou a teoria platônica.
   b) Apesar de Aristóteles, assim como seu mestre Platão, considerar a arte mera imitação, as teorias de ambos são divergentes.
   c) Aristóteles entendia que a arte é imitação e que, portanto, afasta-se da concepção de verdade.
   d) Para Aristóteles, a tragédia é o pior dos gêneros, pois provoca terror no público.
   e) Aristóteles considerou que a literatura não poderia ser designada como arte.

5. Sobre a filosofia da arte em Hegel, indique a alternativa correta:
   a) O idealismo hegeliano pode ser considerado neoplatônico.
   b) Arte e verdade são conceitos relacionados.
   c) Hegel delegou à estética um âmbito secundário em relação à verdade.
   d) Para Hegel, a arte não se vincula à formação das ideias.
   e) De acordo com Hegel, é impossível haver uma disciplina relacionada à filosofia da arte.

Atividades de aprendizagem

1. Segundo Suassuna (2012), a estética é capaz de reformular nossas sensações mais cruas. Segundo você, o que ele quis dizer com essa afirmação?

2. Alexander Baumgarten é reconhecido por delimitar o campo de estudo da estética. Isso significa que antes dele não havia estudos sobre a arte? Justifique sua afirmação.

Atividade aplicada: prática

1. Escolha a cena de um clássico do cinema que seja reconhecida por sua trilha sonora, a exemplo do duelo apresentado no final do filme *Três homens em conflito* (1966), dirigido por Sérgio Leone. Em um programa de edição, remova a faixa de áudio e insira uma nova faixa que dê novos sentidos à cena.

Capítulo 2
LINGUAGEM DA CANÇÃO

Gustavo Bonin

A canção costuma ser o primeiro acesso às manifestações sonoras para a maioria das pessoas. No Brasil, por exemplo, ela faz parte de momentos felizes e tristes da história do país, configura papéis sociais, revela afetos coletivos, desenha práticas sociais e formas de vida etc. Cada identificação que temos com o que se canta é um elo interpessoal que se estabelece. Somos movidos pelo modo como a voz e os valores de quem canta se entremeiam durante as canções que ouvimos.

É por conta do importante papel na caracterização da identidade cultural e afetiva do Brasil que escolhemos iniciar pela canção as investigações sobre as variedades estéticas nos contatos da linguagem musical e em seu interior. E tendo em vista as outras práticas musicais em todo o mundo, de outros tempos até agora, é possível entender a canção como uma das principais vias para as apreensões musicais.

Nessa ótica, apresentaremos seus mecanismos de funcionamento e observaremos como alguns estilos e estéticas escolhem determinados elementos para se constituírem.

2.1 Premissas gerais

Como ponto de partida, é importante qualificarmos a canção como uma linguagem que tem tanto **presenças da fala** quanto **presenças musicais**, ou seja, ela se constrói no contato entre a linguagem da fala e a musical. Para uma definição mais concisa, assumimos que seu "núcleo de identidade" (Tatit, 1986, p. 3) está na interação entre uma **melodia** e uma **letra**, a qual é orientada tanto por uma **força entoativa** quanto por uma **força melódica**.

Dessa maneira, é por causa da junção de fala e música que a canção se configura como uma linguagem com organizações específicas, não sendo somente música nem apenas poesia. Na realidade, o ato do cancionista ou compositor de canção está em seu artesanato particular de moldar a interação entre melodia e letra de maneira orientada tanto pelos contornos entoativos da **fala** quanto pelas estabilizações **sonoras** e **musicais**. Isso envolve, portanto, asseverações conclusivas, suspensões interrogativas, reiterações melódicas, faixas melódico-entoativas, bem como acentos rítmicos e prosódicos e a cena enunciativa construída etc.

Essa é a concepção de canção adotada pelo pesquisador e cancionista Luiz Tatit. Tomaremos por base toda a sua produção desde a década de 1980 e as leituras que outros pesquisadores fizeram de seu trabalho. Em paralelo, levaremos em conta referências voltadas aos percursos históricos e sociológicos, a fim de contemplar um espectro amplo dos estudos sobre a canção, mesmo que sem grande detalhamento.

Ao adotar esse modo de observar as práticas populares e líricas da canção, não nos interessa aqui enfatizar suas diferenças, mas sim ao que há de comum em suas estruturas de funcionamento. Não aplicaremos uma metodologia de bases distintas para observar as duas práticas, ou um olhar mais "musical" na prática lírica de canção, mesmo que sua *performance* e sua literatura privilegiem esse percurso. Adotando uma mesma base metodológica, observaremos que, para além de uma mudança no registro do canto, lírico ou popular, há uma troca fundamental de ponto de vista: se na canção popular há prevalência da **letra** e da fala, com sua **força entoativa**, na canção lírica predomina a **melodia**, com sua **força melódica** e **musical**. Isso permite analisar canções que se encontram nos pontos extremos (quase só fala e quase só melodia), além de canções situadas no meio desse *continuum*, em um ponto de equilíbrio entre melodia e letra.

Identificar as oscilações na linguagem da canção, suas construções e desconstruções, seus limites e limiares, certamente favorecerá a abordagem de alguns movimentos estéticos com base em seus próprios mecanismos de funcionamento. Por fim, nas últimas seções, versaremos sobre o modo de organização social das práticas cancionais, revelando paralelos estéticos entre diversas épocas.

2.2 Elos entre melodia e letra: a figurativização entoativa

A escuta da canção raramente leva em conta apenas uma das faces de seu "núcleo de identidade" (Tatit, 1986, p. 3): apenas **melodia** ou apenas **letra**. Em geral, há a predominância de uma delas na percepção, mas costuma não haver exclusividade. Por isso, descreveremos aqui como um contorno melódico se relaciona com aquilo que se diz e vice-versa. No entanto, antes de enumerar o conjunto de estratégias possíveis dessa interação, discorreremos sobre o contrato que se estabelece entre os sujeitos implicados pela canção, porque "é inevitável, quem escuta uma canção ouve alguém dizendo alguma coisa de uma certa maneira" (Tatit, 1986, p. 6).

O "alguém" a que Tatit se refere recebe uma visada dupla, e convém separar essas instâncias. Esse "alguém" costuma ser, ao mesmo tempo, o **cancionista** (o cantor, o compositor ou mesmo o cantor-compositor) e o **personagem** (ou interlocutor, narrador etc.) da canção. É normal atribuirmos aquilo que se diz na canção àquele que a canta, mesmo que isso aconteça mais na canção popular e menos na lírica, na qual o que se diz na letra acaba sendo atribuído às escolhas do compositor. Entendemos que tanto na canção popular quanto na lírica, ainda que existam predominâncias diferentes, o ouvinte estabelece um elo na escuta e isso ocorre tanto pela conjunção dele com uma **figurativização de oralidade**, que constrói um "sujeito que fala" projetado pela canção, quanto pelas apreensões sonoras orientadas pela **força melódica**. Na relação com o cancionista, a escuta passa por um reconhecimento do estilo de cada autor, o que implica, por óbvio, a escuta de mais de uma canção de seu repertório e que pode ou não ter temáticas ou "personagens" (sujeitos) parecidos.

Assim, há ao menos **dois níveis** do mesmo contrato estabelecido no momento da escuta, seja ela em uma *performance* ao vivo, seja em uma gravação (Tatit, 1986): (i) um primeiro nível em que se estabelece uma interação entre o **cancionista** destinador (cantor ou cantor/compositor) e o **ouvinte** destinatário; (ii) outro nível em que há uma identificação entre os personagens "eu" **interlocutor** e "tu" **interlocutário** (projetado na letra da canção).

Outros detalhes sobre a cena enunciativa comentaremos quando abordarmos os dêiticos. Por ora, frisamos que, quando fazemos referência a sujeitos, estamos tratando das "vozes" projetadas por uma canção, e não às características de personalidade do cancionista em si; mesmo porque nunca chegaremos à personalidade da pessoa de carne e osso que canta e/ou compõe a canção.

Segundo a semiótica discursiva de base greimasiana (Greimas; Courtés, 2008), metodologia utilizada por Tatit, cada **texto**[1] (livro, poema, música, canção etc.) projeta vozes enunciativas em níveis

---

1 A acepção de *texto* para a semiótica discursiva (que estuda a relação entre um plano de expressão e um plano de conteúdo) equivale ao que outras metodologias de pesquisa costumam chamar de *objeto*.

diferentes e em um contexto específico construído apenas por aquele objeto (o texto). Essas vozes são projetadas na **imanência** do texto. Para se conhecer o estilo de um cancionista, é preciso observar as semelhanças e as diferenças entre ao menos dois textos – ou canções – do mesmo autor.

Aqui, entendemos ser imprescindível retomar a concepção de figurativização da fala à qual já aludimos, pois ela ajuda a explicar como se constroem os sujeitos na canção. Quanto mais o cancionista recria no canto as irregularidades da fala coloquial (como a usamos no dia a dia em qualquer troca interpessoal plausível), mais ele constitui na canção um "sujeito falante". Sobre esse tema, Tatit (2016, p. 164, grifos do original) leciona:

> ***Figurativização***, como vimos, significa criar contornos vocais ao mesmo tempo inusitados e plausíveis dentro do contexto sonoro de uma canção específica; significa criar **efeitos de locução** a partir de letras que segmentam o *continuum* melódico convertendo-o em *unidades entoativas*, em modos de dizer reconhecíveis pelos ouvintes; significa, enfim, produzir a **ilusão enunciativa** sem a qual a canção viraria uma proposta puramente musical.

São os efeitos de locução que possibilitam perceber e construir sujeitos que têm valores, objetivos, afetos etc. Isso pode parecer não ter tanta força na canção lírica; e em parte isso é verdade. O canto lírico tem a presença relevante de uma força **melódica** na *performance*. Pela maneira particular de entoar e cantar a **letra**, o canto conduz as relações entre melodia e letra de um modo mais sonoro e musical. Não obstante, na etapa de composição, os autores de canções líricas têm as mesmas preocupações prosódicas e figurativas em seu ato de criação, ou seja, levam em conta a relação entre os acentos rítmico-melódicos e os prosódicos; eles se preocupam com o fato de as finalizações melódicas corresponderem ou não aos desenhos prosódicos da fala; escolhem a melhor região vocal para moldar o conteúdo de determinada letra etc., mesmo que esse não seja o elemento central. Também os cantores líricos têm essas preocupações, ainda que, no fim, haja maior zelo com os resultados sonoros e musicais da canção.

Para ilustrar as estratégias que constroem essa **figurativização da fala** nas canções, citamos alguns exemplos considerando os indicadores selecionados por Marcelo Segreto (2019, p. 61, grifo do original):

> Se considerarmos o conjunto da obra de Tatit, no que concerne à figurativização, constataremos o reconhecimento de cinco principais recursos composicionais indicadores dessa presença da entoação da fala no processo criativo dos cancionistas: os **dêiticos**, os **tonemas**, a **elasticidade melódica**, a **faixa entoativa** e o recorte das **unidades entoativas**[2].

Para cada um desses indicadores, apresentaremos tanto canções líricas quanto populares. Por enquanto, destacaremos apenas o que há de comum entre as duas práticas, ou seja, evidenciaremos seus efeitos de locução. No fim, na última seção, pormenorizaremos o que as diferencia, suas *performances* e suas etapas criativas.

2.3 Dêiticos e tonemas

Os **dêiticos** são as marcações de **pessoa**, **tempo** e **espaço** que constroem a cena enunciativa projetada *pela* e *na* canção. Eles

---

2   Nesta obra, substituímos *elasticidade melódica* e *faixa entoativa* por *elasticidade entoativa* e *eixo entoativo*, respectivamente.

representam os indicadores que o cancionista utiliza para estabelecer uma relação mais próxima ou mais distante entre os sujeitos implicados na prática cancional.

Já comentamos brevemente sobre os dois níveis de comunicação fundamentais nas canções. Vale especificar agora que há uma hierarquia entre eles: é a partir do primeiro nível, o da relação entre o enunciador cancionista e o ouvinte, que se projeta na canção o segundo nível, o da interação entre personagens, um "eu" interlocutor e um "tu" interlocutário. As relações de maior ou menor proximidade entre os sujeitos, ou mesmo de fusão[3] entre eles, ocorrem tanto nas interações de mesmo nível quanto nas relações entre os dois níveis.

As indicações de tempo e espaço ajudam a instaurar uma situação mais concreta de locução específica. Em resumo, há a caracterização de **pessoa**, um "eu" (interlocutor e/ou cancionista) em relação mais próxima ou mais distante com um "tu" (interlocutário e/ou ouvinte), que estabelece uma cena enunciativa ancorada em um **quando** (tempo) e um **onde** (espaço) no contexto da canção.

Eis, então, os prometidos exemplos[4]. Uma das maneiras mais explícitas de convocar o "tu" interlocutário, ou o "personagem" projetado pelo ouvinte, é o uso de vocativos (Figura 2.1).

• • •
3   É a fusão entre o cancionista, ou o cantor, e o "eu" interlocutor; aquilo que leva o ouvinte a confundir a personalidade do "personagem" com a personalidade do cantor.
4   Os exemplos serão apresentados com o apoio de partituras convencionais. No entanto, é importante destacar que o canto não segue uma organização rítmica tão rígida como a que está escrita na partitura. Luiz Tatit propõe um modo diferente de representar as alturas e os perfis melódicos, a qual pode ser encontrada em toda a sua produção.

Figura 2.1 – Dêitico vocativo no início de frase da canção *Carolina*, de Chico Buarque

Fonte: Buarque, citado por Segreto, 2019, p. 62.

Tatit (1986, p. 17) comenta que os dêiticos vocativos têm função de "chamamento". Trata-se, portanto, de uma estratégia. No exemplo, ao se explicitar o "tu" – Carolina –, confirma-se uma maior proximidade entre os sujeitos, tanto entre os "personagens" projetados na canção (interlocutor e interlocutário) quanto entre interlocutário e ouvinte. Isso também acontece quando a personagem Rosina chama "Lindoro" na canção de Rossini e Sterbini:

> "Ah, Lindoro,
> Mio tesoro"
> (Rossini; Sterbini, 1983)
>
> "Ah, Lindoro,
> Meu tesouro"[5]

---

5   Nesta obra, quando as canções utilizadas forem originalmente provenientes de língua estrangeira, inseriremos a tradução livre logo abaixo do texto original, em tamanho menor, para facilitar a visualização do leitor.

Figura 2.2 – Dêitico vocativo no início de "Contro un cor che Accende Amore", da ópera *Il barbiere di Siviglia* (Giaochino Rossini e Cesare Sterbini)[6]

Vivace.

Ah, Lin-do-ro, mio te - so - ro,

Fonte: Rossini, 2023.

Em geral, os vocativos em início de frase e separados por pausas dos outros segmentos produzem maior ênfase. Quando são usados no meio ou no fim de uma frase, com maior frequência em uma região mais grave do que no segmento anterior, têm caráter menos enfático, "como se a melodia assinalasse que está entre vírgulas" (Tatit, 1986, p. 17). Um exemplo pode ser observado na canção "Nessun Dorma" e outro em *Leãozinho*, de Caetano Veloso:

> *"Tu pure,*
> *O Principessa,*
> *Nela tua freda stanza"*
>
> *"Nem mesmo você,*
> *Ó Princesa,*
> *No teu quarto frio"*

...
6   As canções líricas geralmente têm mais de um autor. Dessa maneira, indicaremos o compositor da melodia e o letrista, que costuma ser um poeta ou um libretista etc.

Figura 2.3 – Dêitico vocativo no meio da frase em "Nessun Dorma", da ópera *Turandot* (Giacomo Puccini, Franco Alfano, Giuseppe Adami e Renato Simoni)[7]

[Partitura musical com letra: "Tu pure, o Prin-ci-pes - sa, nel-la tua fred-da stan - za"]

Fonte: Puccini, 2023.

Figura 2.4 – Dêitico vocativo no meio da frase na canção *Leãozinho*, de Caetano Veloso

[Partitura musical com letra: "Gos-to mui-to de te ver, Le-ão-zi-nho, Ca-mi-nhan-do so-bo sol"]

Fonte: Veloso, citado por Segreto, 2019, p. 63.

Os imperativos, como os constantes na canção *Negro amor*, como em "**Vá**, se **mande**, **junte** tudo / Que você puder levar" (Dylan; Veloso; Cavalcanti, 1977, grifo nosso), atuam geralmente de modo mais enérgico para provocar um tipo de fusão entre o "tu" interlocutário e o ouvinte. Essa é uma versão de *It's all over now, Baby Blue*, de Bob Dylan (1973), que contém imperativos muito explícitos nos segmentos:

> "*Leave your stepping stones behind*
> *Something calls for you*

• • •
7   Citamos os dois autores que escreveram o libreto de *Turandot*, Giuseppe Adami e Renato Simoni, além do nome do compositor Franco Alfano, pois Giacomo Puccini iniciou a composição da ópera, mas não pôde terminá-la antes de sua morte.

> Forget the dead you've left
> They will not follow you"
> (Dylan, 1973)
>
> "As pedras do caminho
> Deixe para trás
> Esqueça os mortos
> Eles não levantam mais"
> (Veloso; Cavalcanti; Cavalcanti, 1977)

Como já mencionamos, as marcações de tempo e espaço fazem a cena ganhar mais concretude, principalmente se forem próximas ao "eu" interlocutor da canção, como a referência a um *aqui* e *agora* presente no refrão da canção "Aqui e agora", de Gilberto Gil (1977). Mas há também relações mais distantes, como um tempo do "**Quando** eu vim para esse mundo / eu não atinava em nada", da *Modinha para Gabriela*, de Dorival Caymmi (a ser examinada adiante), ou um espaço do "**Lá**, em Vila Isabel / Quem é bacharel / Não tem medo de bamba", em *Feitiço da Vila*, de Noel Rosa (1968a, grifo nosso).

Para entender os jogos de proximidade e distanciamento entre os sujeitos implicados, é importante considerar cada marcação dêitica – pessoa, tempo e espaço – separadamente. Observemos o exemplo de "Modinha para Gabriela", de Dorival Caymmi:

> (i) "Quando eu vim para esse mundo
> (ii) Eu não atinava em nada
> (iii) Hoje eu sou Gabriela"
> (Caymmi, 1975)

Nesse trecho da canção de Caymmi em (i) verificamos: um tempo mais afastado, o *quando* ou o *naquele momento* em que ela veio ao mundo; um *"eu"* interlocutor mais próximo do cancionista; e um espaço do *aqui*, nesse mundo. Logo, tem-se um *eu, aqui naquele tempo*. Já em (iii), depreendemos um tempo mais próximo, *hoje*; e o mesmo *"eu"* interlocutor/cancionista que agora se apresenta como Gabriela; portanto, um *eu Gabriela aqui e agora*.

Cada pequena mudança pode reconfigurar as proximidades e, por consequência, mudar o modo e a intensidade do contrato estabelecido entre os sujeitos. Examinemos, então, a organização dos dêiticos na canção "Dido's lament":

(i) *"When I am laid, am laid in Earth*
(ii) *May my wrongs create*
(iii) *No trouble, no trouble in, in thy breast"*
(Purcell; Tate, 1986)

"Quando eu estiver sob terra
Que meus erros não criem
Problemas, problemas, em teu peito"

Figura 2.5 – "Dido's Lament", da ópera *Dido and Aeneas* (Henry Purcell e Nahum Tate)[8]

[partitura: When I am laid, am laid in earth, may my wrongs cre-ate no trou-ble, no trou-ble in thy breast]

• • •
8   Para todos os casos em que não expressamos a fonte da partitura logo abaixo da imagem, entenda-se que tais partituras foram produzidas pelos autores.

Em (i), notamos um tempo do *quando então* (*when*), um pouco afastado; um *"eu"* que corresponde ao interlocutor/cancionista; e um espaço indeterminado, pois não há especificação se a "Terra" (*Earth*) está em um *aqui* ou em um *lá* da canção. Dessa maneira, há um *eu no quando então* em um espaço *indefinido*. Em (iii), o interlocutor ainda expõe o "tu"(*thy*), o que faz emergir com mais clareza o interlocutário. Conclui-se, portanto, que cada canção tem, em toda a sua extensão, seus ajustes de proximidade.

2.3.1 Tonemas

Simplificadamente, o *tonema* corresponde à parte final dos perfis melódicos da entoação oral, ou seja, faz parte da **elasticidade vertical** das alturas. Segundo Navarro Tomas (citado por Tatit, 2002), os perfis entoativos se manifestam na **fala** por meio de três fases: (1) uma **ascendência**, que inicia o argumento e põe dada energia em jogo; (2) uma **manutenção** intermediária dessa energia e desse argumento, podendo haver pequenas oscilações; e (3) uma **descendência**, que dissipa a energia e conclui o argumento.

A energia entoativa é a que produz as **tensões** maiores ou menores nos discursos – guarda relação com o fato de se poder falar o mesmo de maneira mais enfática ou mais branda. A canção, de modo geral, é gerida por uma "figurativização entoativa"(Tatit, 2007, p. 158), ou seja, por uma equivalência às leis entoativas que regem os discursos coloquiais. Por isso, procura compatibilizar a melodia e a letra com os modos de conduzir a energia entoativa dos componentes orais das línguas naturais.

Com relação às *performances*, a prática de canção popular tem a tendência natural de aproximar mais seu canto das falas do cotidiano, ao passo que a prática de canção lírica tende a distanciar mais seu modo de fala. Há exceções canônicas, como os recitativos na ópera ou mesmo em parte no *sprechgesang* de Schoenberg. Faremos as devidas ponderações quando abordarmos as estéticas de oralização e de musicalização na linguagem da canção.

O reconhecimento das inflexões melódicas nas canções é uma chave muito importante para se compreender seu funcionamento. Por isso, os tonemas ajudam a perceber a sutileza dos graus de compatibilidade entre segmentos, frases e enunciados de melodia e letra. Tais inflexões devem ser atribuídas sempre ao enunciador, ou seja, ao cancionista destinador, porque são suas escolhas que criam o modo de dizer dos personagens da canção.

Com base nas categorias intenso e extenso, propostas pelo linguista dinamarquês Louis Hjelmslev (1991), Tatit (1997) propõe uma divisão na forma de atuação e identificação dos tonemas nas canções. No sentido **intenso**, que corresponde à **função localizante**, observaremos apenas a parte final dos segmentos: se termina de modo ascendente, suspensivo ou descendente. Já no sentido **extenso**, que diz respeito à sua **função globalizante**, analisaremos como as finalizações interagem com os segmentos anteriores.

Eis os exemplos:

> "Essa **ladeira**
> Que ladeira é **essa**?"
> (Gil, 1985, grifo nosso)

Figura 2.6 – Tonemas em *Ladeira da preguiça*, de Gilberto Gil

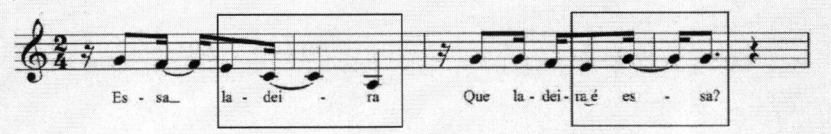

Fonte: Gil, citado por Segreto, 2019, p. 66.

Se observarmos apenas o primeiro segmento e, por enquanto, desconsiderarmos o segundo, será possível reconhecer um tonema descendente e conclusivo, ou uma **finalização** (Tatit, 2002). Se a canção terminasse aqui, haveria um encerramento do assunto, pois reconheceríamos o perfil entoativo de uma afirmação como ele é utilizado na fala coloquial. Em geral, o falante termina sua argumentação valendo-se de uma descendência melódica; com isso, há uma **distensão** da energia presente no segmento. A finalização representa o modo mais facilmente apreensível na percepção da canção, até mesmo por seu caráter fisiológico. As cordas vocais distendem ao se direcionarem para as regiões mais graves, ao passo que tensionam ao se encaminharem para as regiões mais agudas.

Entretanto, se examinarmos apenas o segundo segmento, como se não houvesse o primeiro, teremos um tonema ascendente, interrogativo e continuativo, ou uma **prossecução** (Tatit, 2002). Caso a canção iniciasse aqui, haveria uma espera pela continuidade do assunto, pois reconheceríamos o perfil entoativo de uma interrogação como ela é utilizada na fala coloquial. Em geral, o falante faz uma pergunta ou provoca um ponto de tensão na fala por meio de uma ascendência melódica. Com isso, há um aumento de **tensão**, um crescimento da energia presente no segmento. A prossecução é um modo continuativo de entoar, pois, ao chegar a um ponto de tensão, ela constrói a expectativa de uma resolução.

Nos dois parágrafos anteriores, fizemos a análise **intensa** dos tonemas de cada segmento. No entanto, se tomarmos agora o segundo tonema levando em conta sua relação **extensa** com o primeiro segmento, admitiremos que a primeira descendência dá mais ênfase ao crescimento de energia do segundo tonema. A afirmação da "ladeira" e, logo depois, o questionamento sobre "que ladeira é essa?" eliminam a finalização conclusiva e inscrevem uma **asseveração** continuativa (Tatit, 2002), uma vez que a força de sua descendência provoca, por contraste, mais destaque à energia ascendente do tonema final.

Logo depois, a canção segue para um desfecho ainda mais forte e conclusivo. A frase seguinte, "Essa é a ladeira da preguiça", é a resposta da pergunta anterior, "Que ladeira é essa?" (Gil, 1985). Portanto, a frase final produz uma **distensão** da energia acumulada e conduzida pelos dois segmentos que analisamos anteriormente. Por isso, é por meio dos traços entoativos (tonemas) que a relação entre melodia e letra faz seus **ajustes tensivos**, construindo, assim, um modo específico de conduzir a energia ao longo de segmentos, frases e enunciados. É com base nesses ajustes que se delineiam os traços de conteúdo, indicações afetivas, passionais etc.

Depois de termos explicado os tonemas ascendente e descendente, analisaremos o suspensivo:

> "Ma mère ne croira jamais
> Que je suis restèe à longtemps à chercher
> Ma ceinture perdue"
> (Debussy, 1897-1898)
>
> "Mamãe não crerá jamais
> Que estou há muito tempo a procurar

Meu cinto perdido"

Figura 2.7 – Tonemas em *Trois Chansons de Bilitis – Le Flûte de Pan* (Claude Debussy e Pierre Louys)

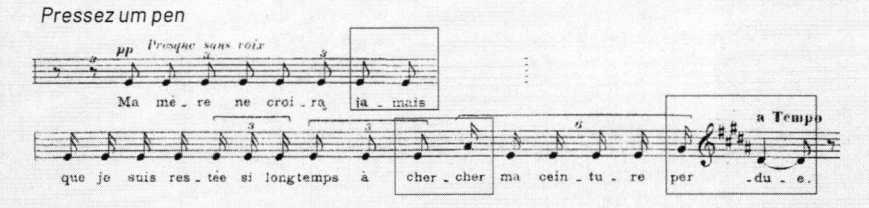

Pressez um pen

Fonte: Debussy, 1897-1898.

Por não haver uma **distensão** da energia que está suspensa pela manutenção da altura, o tonema suspensivo presente na palavra *jamais* é caracterizado por um aumento gradativo de energia que pede uma resolução, apenas com menos força do que os tonemas ascendentes. Ele pode ser definido pela noção de **suspensão** (Tatit, 2002). Em geral, o caráter suspenso das alturas reverbera no conteúdo "como algo inacabado" (Tatit, 2002, p. 172), a exemplo de hesitações, insinuações, reticências etc.

Se colocarmos todos os tonemas em relação, teremos um tonema ascendente na palavra "procurar" (*chercher*) e, depois, um tonema descendente de finalização na palavra "perdido" (*perdue*). Portanto, a condução entoativa, até a chegada no primeiro tonema ascendente, produz um aumento gradativo da ênfase que marca o conteúdo de "procurar", para resolver, quase categoricamente, que já estava "perdido" aquilo que se procurava. Há, de fato, uma hesitação do sujeito "eu" que subjaz ao pronome possesivo "minha" (*ma*), já que o objeto perdido insinua um evento que deve permanecer velado.

Uma finalização mais categórica, com mais ênfase, pode ser produzida pelo uso reiterado do tonema suspensivo, como é o caso do exemplo a seguir:

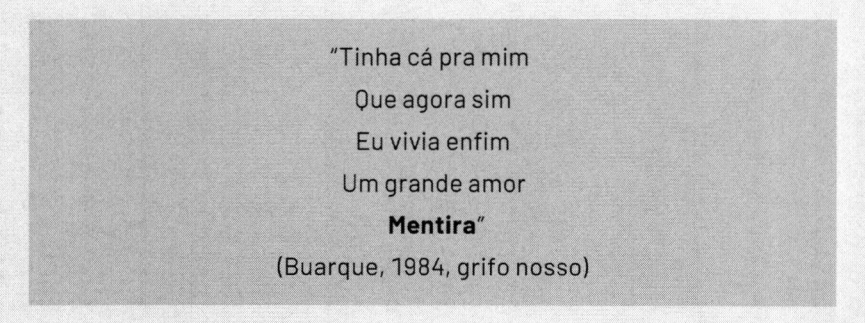

> "Tinha cá pra mim
> Que agora sim
> Eu vivia enfim
> Um grande amor
> **Mentira**"
> (Buarque, 1984, grifo nosso)

Figura 2.8 – Tonemas em *Samba do grande amor*, de Chico Buarque

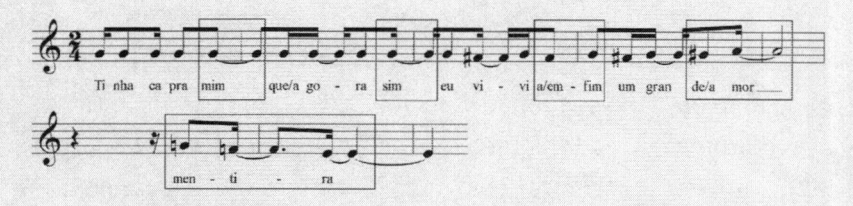

Ao fazer um pequeno mapeamento, inferimos que: (1) os dois primeiros tonemas são suspensivos, nas palavras "sim" e "mim"; (2) o terceiro fica entre ser suspensivo e asseverativo; (3) o quarto é um tonema ascendente e prossecutivo; e (4) o quinto tonema é conclusivo e de finalização.

Ao observarmos simplesmente a condução de energia, percebemos que os três primeiros tonemas reforçam, pela manutenção das alturas, o aumento de tensão provocado pelo quarto tonema, que é, de fato, o ascendente. O terceiro tonema é ambíguo porque coloca o acento silábico na nota (Sol3), que corresponde à mesma altura do tonema suspensivo anterior, ao mesmo tempo que faz uma pequena ascendência (Fá#3 e Sol3) que é parte do próximo tonema, o verdadeiro tonema ascendente.

A rima silábica ("sim", "mim" e "enfim") também é um traço sonoro reiterado que colabora para a construção desse arco crescente de tensão, confirmando que o quarto tonema conclusivo tem o caráter de uma resolução categórica, reforçada pela quebra de expectativa no conteúdo. O sujeito "eu", subjacente ao pronome "mim", constrói a expectativa crescente de viver um "grande amor" que se resolve, categoricamente, em uma "mentira". A quebra de expectativa do conteúdo, estratégia comum em piadas, confere um valor cômico ao trecho.

Para o estudante de música, o par tensão-resolução é chave importante para entender os percursos da harmonia e para compreender os perfis que as melodias desenham. Por ora, interessa-nos focar no enlace entre melodia e letra, mas, nesta obra, discutiremos alguns casos em que o **arranjo** da canção – propriamente o lugar das **presenças musicais** – pode confirmar ou contestar o sentido dos tonemas.

Reconhecer os efeitos dos tonemas tem como resultado positivo identificar como os traços entoativos, em sua configuração local (intensa), articulam-se na globalidade e na extensão de frases e enunciados para produzir os **caminhos** e os **ajustes tensivos**. É principalmente a partir do modo de conduzir a energia nas unidades entoativas que se consegue retirar os conteúdos afetivos e emocionais das canções.

2.4 Elasticidade entoativa e eixo entoativo

Nesta seção, apresentaremos dois aspectos da entoação que também reforçam a regência da **figurativização da fala**. Explicaremos como ocorre a **elasticidade horizontal** da entoação, regida por uma adequação da letra a uma melodia estabelecida, ou, de outro modo, por uma subversão da melodia em prol do segmento linguístico. Em seguida, mostraremos como identificar a altura ou o **eixo entoativo**, que, por consequência, estabelece as faixas entoativas nas canções.

Em geral, os cancionistas partem de um desenho melódico-entoativo para então adequar os segmentos linguísticos que farão parte das canções. É comum que esse desenho melódico seja, num primeiro momento, associado a uma letra provisória, a qual, por vezes, é chamada de "letra monstro". Depois de ter esse perfil entoativo, independentemente de estar ou não completo, o cancionista vai adequando o acento das novas palavras aos acentos rítmicos e melódicos. No entanto, ele às vezes escolhe subverter a melodia estabelecida acrescentando mais letra e, com efeito, mais ou menos notas ou, até mesmo, novos desenhos melódicos. Isso geralmente acontece na repetição da melodia com uma nova letra. Explicaremos em detalhes:

> (i) "Eu sei e você sabe já que a vida quis assim"
> (ii) "Assim como uma nuvem só acontece se chover"
> (Jobim; Moraes, 1958)

Figura 2.9 – Elasticidade em *Eu não existo sem você*, de Tom Jobim e Vinicius de Moraes

```
Eu      sei  e   vo   cê   sa   be   já   que    a   vida quis a   ssim
A       ssim co  mo/u ma   nu   vem  só/a con    te  ce   se   cho ver
```

A elasticidade entoativa desse segmento é **nula** porque é a letra que se condiciona ao desenho melódico. A letra do segmento (i) corresponde ao início da canção, ao passo que (ii) diz respeito ao momento em que a canção retorna a seu início melódico depois de percorrer toda a sua extensão. É mais comum encontrar esse modo de adequação entre os cancionistas, principalmente no estilo de Tom Jobim. No entanto, também se adota um movimento contrário, ou seja, a melodia é submetida aos segmentos linguísticos:

> (i) "*Il m'a dit:*
> (ii) *Quand il eut achevé*"
> (Debussy; Louys, 1962)
>
> "Ele me disse:
> Quando ele terminou"

Figura 2.10 – Elasticidade em *Trois Chansons de Bilitis – Le Chevelure* (Claude Debussy e Pierre Louys)

[partitura musical]

Il m'a dit:

Quand il eut achevé _____

Fonte: Debussy, 1897-1898.

Na canção de Debussy e Louys, em (i), há três notas, uma para cada sílaba; em (ii), seis notas. Dessa maneira, a melodia precisa se adaptar a uma irregularidade que é comum às falas do cotidiano, já que não costumamos adequar nossas falas a uma rítmica, ainda mais considerando tamanho e desenho específicos de melodia. Existem recorrências assim apenas nos **tonemas**.

Em alguns cancionistas, como Jorge Ben Jor, o recurso de adequar a melodia aos segmentos linguísticos ajuda a caracterizar seu estilo entoativo. Um exemplo muito claro dessa estratégia se faz notar na canção *Fora da ordem*, de Caetano Veloso (1991). O autor coloca as unidades "Reflete todas as cores / Da paisagem da cidade / Que é muito mais bonita / E muito mais intensa / Do que o cartão postal" no lugar do que antes era apenas "Foi encontrado na ruína / De uma escola em construção", ou seja, ele canta cinco segmentos no que antes eram apenas dois, o que é marcado inclusive por uma interrupção no arranjo do disco *Circuladô*, de 1991.

Seguiremos, agora, para a interpretação do eixo central das faixas entoativas nas canções.

O **eixo entoativo** é caracterizado pela presença de uma altura central, um ponto que é alternado por intervalos próximos (2as ou

3ᵃˢ), sejam ascendentes, sejam descendentes. A nota do eixo corresponde ao lugar onde se encontram as sílabas tônicas dos segmentos linguísticos. A partir dela, podemos contar, em geral, uma 4ª ascendente e uma 4ª descendente para identificar a **faixa entoativa** do trecho. No exemplo a seguir, há um trecho da canção *Detalhes*, de Roberto Carlos e Erasmo Carlos (citados por Segreto, 2019, p. 73, grifo nosso):

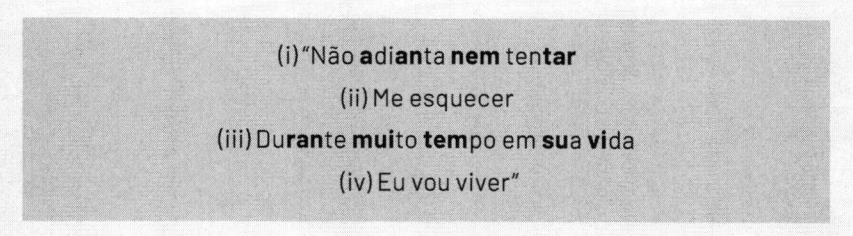

> (i) "Não **adian**ta **nem** ten**tar**
> (ii) Me esquecer
> (iii) Du**ran**te **mui**to **tem**po em **sua vi**da
> (iv) Eu vou viver"

Figura 2.11 – Faixa entoativa em *Detalhes*, de Roberto Carlos e Erasmo Carlos

Fonte: Carlos; Carlos, citados por Segreto, 2019, p. 73.

Tanto em (i) quanto em (iii), é possível observar que os acentos vocálicos estão sempre ligados ao eixo de Fá#3, o que Tatit (2007, p. 95, grifo nosso) chamou de "linha mestra":

> Durante muito tempo em sua vida

Figura 2.12 – Linha mestra em *Detalhes*

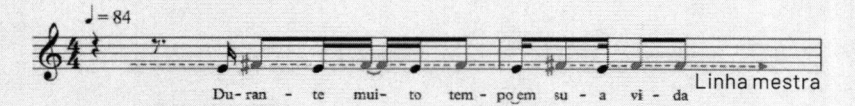

♩ = 84

Du - ran - te mui - to tem - po em su - a vi - da — Linha mestra

Fonte: Carlos; Carlos, citados por Segreto, 2019, p. 73.

A presença de um eixo que se mantém na mesma altura é um recurso figurativo que remete diretamente aos contornos entoativos da fala. Em geral, falamos com pequenas alterações de altura, mas elas são tão imperceptíveis que, na realidade, parece que durante os discursos estamos falando sempre no mesmo eixo. Por essa razão, o eixo entoativo é um recurso que gera maior proximidade com os discursos coloquiais. As maiores mudanças de altura na fala, como já explicitamos, estão nos tonemas.

2.5 Unidades entoativas

As unidades entoativas são os recortes linguísticos que o cancionista faz na melodia. Para isso, ele considera o acordo ou não entre as acentuações vocálicas, rítmicas e melódicas, configura seus tonemas, observa a necessidade ou não de produzir uma elasticidade entoativa etc.

Como propõe Segreto (2019), ele compõe as organizações nos níveis da **sílaba**, da **palavra** e da **frase**, geralmente de modo intuitivo. Mesmo em um único trecho melódico, o autor pode operar alguns tantos recortes distintos, por vezes com mais unidades, por vezes com menos, "quase nos explicando que sua principal missão consiste em extrair das melodias unidades entoativas até então virtuais" (Tatit, 2016, p. 82). São as **unidades entoativas** e seus mecanismos internos que organizam a extensão global de uma canção.

Levando em conta as características gerais da percepção dos registros melódicos, ou seja, da elasticidade vertical das alturas sonoras, é razoável admitir que boa parte das melodias poderia receber uma letra. Bastaria que um cancionista encontrasse modos entoativos de recortar tal *continuum* melódico. Se, por exemplo, pensarmos na prática da parceria na canção, o que o letrista faz ao receber uma melodia pronta é identificar as possibilidades entoativas ali presentes de um modo apenas atualizado na melodia. Já o melodista que recebe uma letra pronta reconhece nela os lugares nos quais poderá fazer as ligações melódicas entre os versos, suas segmentações e pausas, ou seja, "as continuidades e descontinuidades do discurso" (Segreto, 2019, p. 85). Para esclarecer, observe o exemplo:

(i) *"apprends-moi ton langage*

(ii) *apprends-moi-z à parler*

(iii) *apprends-moi la manière*

comment il faut aimer

(iv) *comment il faut aimer"*

(Berio, 1971)

"ensina-me sua linguagem

ensina-me a falar

ensina-me o caminho

de como amar

de como amar"

Figura 2.13 – Unidades entoativas em *Folk Songs – Rossignolet du bois* (Luciano Berio)[9]

[Partitura musical com as unidades entoativas marcadas:
1ª unidade entoativa: "ap-prends-moi ton lan-ga-ge"
2ª unidade entoativa: "apprends - - moi-z"
3ª unidade entoativa: "à par-ler ap-prends-moi la ma-niè-re comment il faut ai-"
4ª unidade entoativa: "-mer comment il faut ai-mer"]

Fonte: 6Notas, 2022.

> (i) *"faut chanter des aubades*
> *deux heures après minuit*
> (ii) *faut lui chanter: la belle*
> (iii) *c'est pour vous réjouir*
> (iv) *c'est pour vous réjouir"*
> (Berio, 2022)
>
> "deve cantar o amanhecer
> duas horas depois da meia-noite
> deve cantar para ele: a bela
> é para te fazer feliz
> é para te fazer feliz"

• • •
9   Luciano Berio é mais conhecido por ser um compositor de música contemporânea. No entanto, no exemplo indicado, ele partiu de letras de origens folclóricas (domínio público) de países diferentes para compor as canções de *Folk Songs*, de 1964. Por isso, não citamos o letrista da canção. A tradução que fizemos dessa letra não está ajustada aos contornos melódicos, pois serve apenas para fins de exemplificação.

Figura 2.14 – Unidades entoativas em *Folk Songs – Rossignolet du bois* (Luciano Berio) II

[partitura musical com quatro unidades entoativas indicadas, com a letra: "faut chan-ter des au-ba-des deux heu-res a-près mi-nuit faut lui chan-ter: la bel-le c'est pour vous ré-jou-ir c'est pour vous ré-jou-ir"]

Fonte: 6Notas, 2023.

Escolhemos um mesmo trecho melódico em que Berio recorta diferentemente as unidades entoativas. Nos dois exemplos, há ao todo quatro unidades entoativas. No trecho I, as duas primeiras unidades são de tamanhos parecidos, a terceira é bem maior, e a quarta é igual à segunda. Já no trecho II, os recortes são diferentes: a primeira unidade é maior, e as outras três, menores.

Berio mantém a melodia nos dois trechos, apenas a recorta de modos diferentes, o que confere à *performance* pontos distintos de articulação do canto. Observando-se atentamente o trecho II, nota-se que ele inseriu uma pequena elasticidade no interior da primeira unidade entoativa. Para adequar a palavra "horas" (*heures*), ele decidiu adicionar uma nota, o Si3.

Outros detalhes poderiam ser aqui explorados, como a relação de acordo entre os acentos vocálicos e melódicos. Contudo, de modo geral, é esse tipo de irregularidade nos recortes entoativos que produz mais **figurativização da fala** na canção, porque, como já mencionamos, não há uma estabilidade rítmica ou durativa em situação de locução coloquial. Na realidade, como aponta Tatit (1982), é até mesmo necessária alguma irregularidade na expressão da fala para que os interlocutores consigam se concentrar principalmente no conteúdo do que se diz, e não no modo como é dito. O modo como se articula a sonoridade da fala é, em maior parte, descartada em prol de seu conteúdo. Em contrapartida, é ofício das práticas artísticas construir expressões que durem e que fiquem marcadas na memória do público.

A seguir, expomos um exemplo utilizado tanto por Tatit (1982) quanto por Segreto (2019), o samba *Feitiço da Vila*, de Noel Rosa:

> (i) "Que faz dançar os galhos do arvoredo
> (ii) e faz a lua nascer mais cedo"
> (Rosa, 1968a)

Figura 2.15 – Unidades entoativas em *Feitiço da Vila* (Noel Rosa) I

Fonte: Rosa, citado por Segreto, 2019, p. 76.

> (i) "Sol
> (ii) Pelo amor de Deus
> (iii) Não venha agora
> (iv) Que as morenas vão logo embora"
> (Rosa, 1968a)

Figura 2.16 – Unidades entoativas em *Feitiço da Vila* (Noel Rosa) II

Fonte: Rosa, citado por Segreto, 2019, p. 77.

A canção tem quatro apresentações desse mesmo trecho melódico, sempre com letra e recortes diferentes. Escolhemos o primeiro e o terceiro trechos dessa melodia. Por comparação, podemos observar que há mais recortes no excerto II. O que antes eram apenas duas unidades passa a ser quatro. Na quarta apresentação, inserem-se outros recortes:

> (i) "Mas
> (ii) Tenho que dizer
> (iii) Modéstia parte
> (iv) Meus senhores
> (v) Eu sou da Vila"
> (Rosa, 1968a)

Figura 2.17 – Unidades entoativas em *Feitiço da Vila* (Noel Rosa) III

[partitura musical com as seguintes unidades entoativas:
1ª unidade entoativa: "Mas"
2ª unidade entoativa: "te-nho que di-zer"
3ª unidade entoativa: "mo-dés-tia à"
4ª unidade entoativa: "par-te Meus se-nho-res"
5ª unidade entoativa: "eu sou da Vi-la"]

Fonte: Rosa, citado por Segreto, 2019, p. 78.

Tatit (1982) aponta que esse trecho é construído por uma grande **descendência conclusiva**, que vai do primeiro Dó4 ao último Mi3. É como um grande tonema de finalização que tem suas oscilações internas. Tal conclusão é reforçada pelo acréscimo de unidades entoativas, que vai de apenas duas, na primeira apresentação, para cinco unidades, na quarta e última exposição. Com isso, o enunciador cancionista produz um crescente de argumentação locutiva que é reiterado pelo conteúdo, já que o sujeito "eu" implicado na letra busca convencer o "tu", projetado pelos "senhores" e até pelo "Sol", das qualidades da "Vila Isabel".

Tatit (1982) afirma que, em geral, quanto maiores forem a diversidade e a quantidade de recortes entoativos, mais próximo da fala o trecho ou a canção estarão. No caso de Noel Rosa, o conteúdo corrobora essa estratégia, mas pode haver canções em que o conteúdo atenue a eficiência desse recurso.

Assim, finalizamos a apresentação das principais estratégias de figurativização da fala que o cancionista costuma utilizar para produzir seus efeitos de locução plausíveis, ou seja, os graus de proximidade com o registro de fala reconhecível no cotidiano. Devemos ter em mente que essa proximidade não se refere a uma imitação da fala, mas a uma maior ou menor presença dela na canção.

Cada cancionista aplica, em sua obra, alguns modos de dizer, construindo, assim, uma marca estilística de que o ouvinte pode gostar mais ou menos, o que, por ora, não importa. Até aqui, basta saber reconhecer como ele utiliza algumas estratégias para construir as **presenças da fala** em suas canções.

Nas próximas seções, apresentaremos os recursos que empregados na outra face do "núcleo de identidade" da canção – a melodia – para produzir os graus de **presença melódica** e explicaremos como ela serve de parâmetro para construir as **presenças puramente musicais** nas canções.

2.6 Concentração e expansão melódicas

Para explicar como a **força melódica** atua no núcleo da canção, precisamos observar como seus modos de estabilização sonora funcionam. Já informamos que a expressão sonora da fala cotidiana é irregular e provisória e, em maior parte, é descartada logo depois que a mensagem é transmitida. É nesse ponto que a melodização atua com seus mecanismos de regularização e estabilização. Não estamos afirmando aqui que o cancionista, em seu ato de criação, segue da fala para a melodia. Na realidade, mesmo nas parcerias em que a melodia ou a letra já estão prontas, o autor geralmente considera duas faces ao mesmo tempo e, durante a composição, ajusta os graus de figurativização da fala e de melodização.

Simplificando, a força melódica atua na relação entre melodia e letra por predominância de: (1) **identidade**, repetição e conjunção; ou de (2) **alteridade**, diferença e disjunção (Tatit, 2007). São raros os casos de canção que, em seu percurso total, tenham apenas uma das duas atuações melódicas citadas. Habitualmente, ocorre um jogo de interações, predominâncias e, mais usualmente, uma alternância entre as partes que constituem a canção: A, B, C, refrão etc.

Nas canções em que se sobressaem os caminhos de **identificação**, verificam-se sujeitos que alcançam a conjunção com seus objetos de valor; há reiteração temática e motívica nos desenhos melódicos, por vezes com pequenos desdobramentos; e, em geral, constatam-se andamentos rápidos, figuras rítmicas de curta duração, manutenção de faixa melódico-entoativa, ênfase nos acentos vocálico-melódicos, além de refrão e partes suplementares. Essa atuação da força melódica foi chamada por Tatit (2007) de *tematização* (ou *concentração*).

Nas canções em que predominam os caminhos de **diferenciação**, verificam-se sujeitos que terminam em disjunção com seus objetos de valor; há uma ideia de diluição e não fixação temática, ou mesmo uma "desigualdade temática" (Tatit, 2008, p. 21); e, em geral, constatam-se andamentos lentos, figuras rítmicas de longa duração, transposição entre faixas melódico-entoativas, "valorização das durações vocálicas" (Tatit, 2008, p. 21), e organização menos segmentada da forma da canção, ou seja, mais contínua e gradativa. Essa atuação da força melódica foi chamada por Tatit (2007) de *passionalização* (ou *expansão*).

A percepção de uma melodia pura é, em geral, condicionada a uma faixa de extensão relativamente curta, por volta de um pouco mais de uma oitava. Isso não significa que o ouvinte escuta apenas nessa pequena extensão sonora, mas essa faixa, que é sempre relativa ao centro melódico e que se estabelece logo no início da melodia, pode ser mantida ou ultrapassada. Quando ela é mantida na canção a partir de um **eixo entoativo**, há mais proximidade com as entoações coloquiais; quando é ultrapassada, há uma quebra que confere diferentes sentidos nas canções. A seguir, ilustraremos esses casos com exemplos dessas estratégias de estabilização conduzidas pela força melódica.

2.6.1 Concentração melódica

A estabilização alcançada por relações melódicas concentradas busca sua eficácia principalmente nas repetições, o que produz efeitos de previsibilidade. Nas canções em que essa estratégia predomina, cria-se uma expectativa melódica que geralmente é correspondida e reforçada por sujeitos que alcançam ou já iniciam em união com suas metas e objetos de valor. Na canção *O que é que a baiana tem?*, de Dorival Caymmi (1939), o termo *baiana* está em conjunção com os objetos que ela têm: o "torso de seda", os "brincos de ouro", a "corrente de ouro" etc.

> "Tem torso de seda, tem
> Tem brincos de ouro, tem
> Corrente de ouro, tem
> Tem pano da costa, tem"
> (Caymmi, 1960)

Figura 2.18 – Tematização em *O que é que a baiana tem?*, de Dorival Caymmi (1939)

```
         1ª unidade entoativa              2ª unid.

    Tem    tor    so     de    se    da,    tem_____
    Tem    brin   cos    de    ou    ro,    tem_____
    Cor    ren    tes    de    ou    ro,    tem_____
    Tem    pa     no     da    cos   ta,    tem_____
```

A análise desse trecho revela que os quatro segmentos da letra são estabilizados por apenas um fragmento melódico que contém as mesmas alturas e a mesma quantidade de notas. Levando em conta que ela é geralmente cantada em um andamento rápido – semínima, por volta de 90 bpm –, há figuras rítmicas curtas em que os acentos das palavras, que são os objetos do sujeito "baiana", são sempre enfatizados nas balizas métricas do compasso, nos pulsos 1 e 2.

Por ter um caráter também oral, a organização dos agrupamentos rítmicos das *performances* de canções não pode ser fielmente escrita em uma notação musical. Por isso, elas são sempre transcritas de uma forma aproximada. Mesmo na música instrumental de concerto, as grafias têm suas diferenças quando são realizadas nas *performances*. A partitura é um dos meios para se acessar uma das inúmeras possibilidades combinatórias dos sistemas sonoros e musicais para fins variados: didáticos, performáticos, de registro, de análise etc.

O pequeno trecho da canção de Caymmi é um exemplo bastante claro das relações de concentração melódica, destacando-se: (1) um sujeito "baiana" que está em conjunção com seus objetos de valor; (2) reiteração temática e motívica da melodia (alturas e quantidades de notas iguais; (3) andamento rápido; (4) figuras rítmicas de curta duração; (5) manutenção de apenas uma faixa melódico-entoativa (4ªJ descendente); e (6) ênfase no acordo entre acentos vocálicos e melódicos.

Quando mencionamos a concentração melódica, não estamos nos referindo ao tamanho da melodia, mas às identidades criadas tanto por elos locais quanto por elos extensos que são reiterados. Dessa maneira, pode haver, por exemplo, uma relação concentrada entre 2, 8, 12 alturas etc. A concentração depende da relação de identidade entre todos os parâmetros mencionados.

Contudo, são raros os casos tão puros como o de Caymmi, que parece ter sempre uma simplicidade precisa e coerente no uso dos recursos cancionais. Os autores costumam mesclar as dosagens de concentração e expansão nas canções ou mesmo equilibrá-las com as operações de figurativização que já comentamos. No exemplo de Caymmi, notam-se duas unidades entoativas separadas pela linha tracejada. Essa distinção entoativa marca um traço de oralização que aproxima a canção da fala.

No exemplo que segue, verifica-se uma ação mais forte dessa atuação figurativa:

III – *DIE ROSE, DIE LILIE, DIE TAUBE*
"Die Rose, die Lilie, die Taube, die Sonne,
die liebt ich einst alle in Liebeswonne.
Ich lieb sie nicht mehr,
ich liebe alleine die Kleine, die Feine,
Die Reine, die Eine" (Schumann; Heine, 1960)

III – A ROSA, O LÍRIO, A POMBA
"A Rosa, o Lírio, a Pomba, o Sol,

> a todos amei extasiado.
> Não os amo mais,
> Amo apenas a Pequena, a Delicada,
> A Pura, a Única"
> (Tradução de Helma Haller)

Figura 2.19 – Unidades melódicas em *DichterLiebe* (Robert Schumann e Heinrich Heine) I

Destacamos, na análise desse exemplo, o recorte das unidades melódicas que estão organizadas em duas quadraturas clássicas, ou seja, quatro fragmentos em cada uma. A estabilização melódica se concentra na interação entre seis alturas ou dois pequenos grupos de três alturas. O quinto e o oitavo segmentos estão um pouco diferentes.

No geral, há: (1) um sujeito "eu" em conjunção com o amor que ele sente pela "pequena", "delicada", "pura", "única"; (2) reiteração temática e motívica da melodia (alturas e quantidades de notas iguais); (3) andamento rápido, semínima por volta de 100 bpm; (4) figuras rítmicas de curta duração; (5) transposição de faixa melódico-entoativa; e (6) ênfase no acordo entre acentos vocálicos e melódicos, nos pulsos 1 e 2.

Como comentamos anteriormente, as canções tendem a apresentar uma dosagem entre as estratégias de estabilização melódica; no exemplo ora em foco, há um trecho maior de canção, revelando uma **transposição de faixas melódico-entoativas**. Nos primeiros três fragmentos melódicos, o eixo se estabelece entre Ré4 e Si3; e no quarto fragmento, ele fica entre Sol3 e Mi3, o que se configura como uma distância de 7ª menor na junção dos quatro fragmentos. Essa é uma característica que adiciona um pequeno traço complementar de **expansão melódica** ao trecho, inclusive porque a distância maior é alcançada por graus próximos (2ªˢ). A medição da elasticidade vertical da melodia é uma estratégia que precisa ser vista na extensão de trechos maiores. Além disso, enfatizamos nesse trecho alguns traços movidos pela **força entoativa**:

III - *DIE ROSE, DIE LILIE, DIE TAUBE*

(i) "*Die Rose*

(ii) *die Lilie*

(iii) *die Taube*

(iv) *die Sonne,*

(v) *die liebt ich einst alle in Liebeswonne.*

(vi) *Ich lieb sie nicht mehr,*

(vii) *ich liebe alleine die Kleine,*

(viii) *die Feine,*

(ix) *Die Reine,*

(x) *die Eine*"

(Schumann; Heine, 1960)

Figura 2.20 – Unidades entoativas em *DichterLiebe* (Robert Schumann e Heinrich Heine) II

As unidades entoativas são recortadas de modo que, por vezes, se enquadram nos recortes melódicos, e, por vezes, não. Dessa maneira, Schumann e Heine inserem graus de figurativização ao fazerem recortes entoativos irregulares. Ademais, tanto a sexta quanto a décima unidades – antes, quinto e oitavo fragmentos melódicos – recebem uma elasticidade vertical entoativa para corresponder aos segmentos linguísticos. Na sexta unidade, é retirada a última altura, o Dó#4, e na décima unidade, é acrescentada uma altura, o Fá#3[10].

Portanto, a estabilização sonora a partir da concentração melódica conta com determinadas estratégias que, em conjunto,

...
10 É possível considerar que a elasticidade melódica é efetuada ou no quarto fragmento melódico (quinta unidade entoativa) ou no oitavo fragmento melódico (décima unidade entoativa). Isso ocorre porque, comparando-se as organizações rítmicas de todo o trecho, verifica-se mais recorrentemente a relação de colcheia-duas-semicolcheias em cada pulso. Entretanto, entendemos que a alteração é feita na décima unidade apenas em função da apreensão linear da canção.

relacionam-se predominantemente por identidade. Quando analisamos uma canção inteira, precisamos encontrar as medidas que confirmem a tendência à identidade ou que realcem os caminhos da alteridade. Até este ponto, verificamos a relação entre uma predominância de concentração melódica e traços de figurativização entoativa, bem como um resíduo de expansão melódica.

2.6.2 Expansão melódica

A estabilização alcançada por relações de expansão melódica busca sua eficácia principalmente nos vínculos à distância, o que produz, por consequência, efeitos de longos percursos que costumam ser alcançados de modo súbito e, complementarmente, de modo gradual, passo a passo. As canções em que predomina essa estratégia costumam ter sujeitos que terminam em disjunção com suas metas e seus objetos de valor. Para exemplificar, apresentaremos a canção *Noturno*, de Graco Silvio e Caio Silvio, conhecida na voz de Raimundo Fagner. Nela, o sujeito "eu", após uma ou algumas histórias de desilusão amorosa (a letra não especifica), termina em disjunção com o amor.

Para fins didáticos, descreveremos o caminho até o ponto de chegada e de maior intensidade do percurso de expansão melódica. Primeiramente, detalharemos a estratégia de transposição das faixas melódico-entoativas.

A canção tem três partes, A, B e refrão. Do início do A até sua metade, há uma faixa entoativa que está entre o Lá2 e o Mi3, ou seja, em uma região médio-grave; no fim de A, ela transpõe a faixa para uma extensão entre Si3 e Mi3, uma região médio-aguda; na parte B, ela alterna entre duas faixas, entre Lá3 e Mi3, médio-aguda, e Lá3 e

Ré4, aguda; por fim, no refrão, ela mantém a alternância entre essas duas faixas apresentadas em B, porém, há um pequeno aumento de intensidade depois da repetição do refrão, no lugar de maior força passional da canção.

Figura 2.21 – Faixas melódico-entoativas em *Noturno*, de Caio Silvio e Graco Silvio

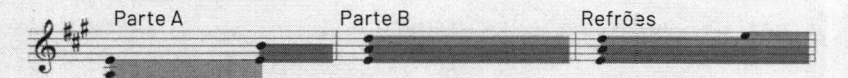

Na Figura 2.21, há uma representação simples das balizas e regiões que configuram as faixas melódico-entoativas. Nela, explicitamos que o percurso total da canção explora mais de uma faixa, e essas ultrapassagens globais, bem como as alternâncias internas, são características da expansão melódica. Convém, então, observar mais detalhadamente a transição para o ponto mais intenso do refrão:

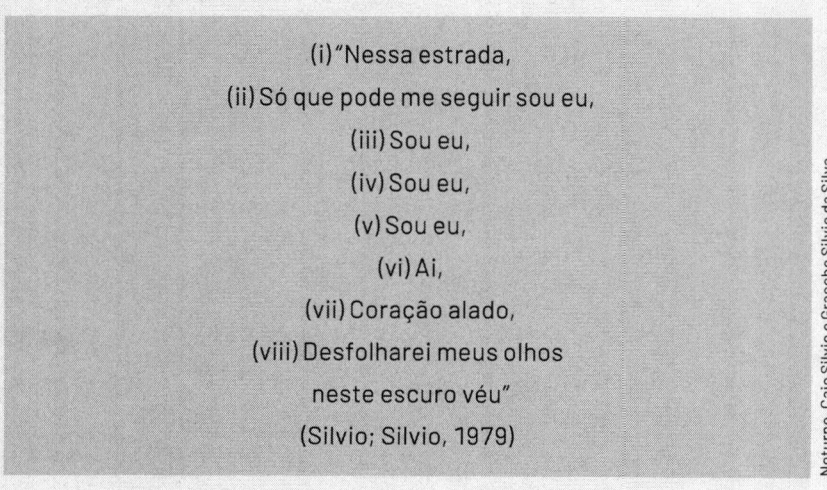

(i) "Nessa estrada,
(ii) Só que pode me seguir sou eu,
(iii) Sou eu,
(iv) Sou eu,
(v) Sou eu,
(vi) Ai,
(vii) Coração alado,
(viii) Desfolharei meus olhos
neste escuro véu"
(Silvio; Silvio, 1979)

Noturno, Caio Silvio e Graccho Silvio da Silva. Editora Oros Edições (Sony)

Figura 2.22 – Unidades entoativas em *Noturno*, de Caio Silvio e Graco Silvio

Nas cinco primeiras unidades, há uma alternância entre as duas faixas entoativas já citadas, aguda e médio-aguda; e na sexta, na sétima e na oitava unidades, encontra-se a faixa mais aguda da canção. Por conta do andamento lento, há figuras de longa duração em que há predominância de durações vocálicas estendidas nas vogais e, por fim, inexiste recorrência temática ou motívica nesse trecho.

Em síntese, há: (1) um sujeito "eu" em disjunção com o amor; (2) diluição motívica ou uma desigualdade temática; (3) andamento lento, semínima por volta de 80 bpm; (4) figuras rítmicas de longa duração; (5) transposição de faixa melódico-entoativa; (6) presença de refrão; e, por fim, (7) ênfase nas durações vocálicas. São recursos que se relacionam predominantemente por diferença, ou seja, por alteridade.

Expansão melódica não guarda relação com o tamanho da melodia, mas com as alteridades criadas tanto por elos locais quanto por elos extensos que são distintos. Dessa maneira, é possível ocorrer, por exemplo, uma relação de expansão entre duas alturas. A expansão depende da relação de alteridades entre todos os parâmetros expostos.

Há, ainda, outros dois traços locais que intensificam os graus de expansão melódica: a **configuração intervalar** e a **elasticidade melódica horizontal**. As faixas melódico-entoativas são observadas entre trechos maiores, ao passo que os intervalos fornecem informações locais. Geralmente, nesse tipo de estabilização melódica da canção, há grandes saltos intervalares e, complementarmente, graus próximos (2as e 3as). Vale examiná-los no exemplo dado.

Na terceira unidade, encontra-se o maior salto súbito, uma 7ª menor, de Mi3 para Ré4, o que enfatiza no fragmento "Sou eu" a presença de um elo mais próximo entre o interlocutor "eu" e o cancionista. Depois, há dois saltos de 4ª justa importantes:

1. um do Lá3 passando pelo Si3 para o Ré4, na primeira unidade, ponto onde se inicia o crescimento de tensão do trecho; e
2. um salto de Si3 para Mi4, da quinta para a sexta unidade, que é, de fato, a grande transição.

Por fim, há dois saltos que têm sua força diluída pela presença de graus próximos no caminho entre suas extremidades:

1. um de 7ª menor, entre o Ré4 da primeira unidade até o Mi3 da segunda unidade, que produz uma grande asseveração conclusiva antes do maior salto do trecho, a 7ª menor da terceira unidade; e
2. um de 5ª justa, entre o Mi4 da sexta unidade e o Lá3 da oitava unidade, a grande diluição depois do pico.

Desdobramos o termo *elasticidade melódica*, cunhado por Luiz Tatit, em dois para diferenciar duas situações, a saber: (1) *elasticidade entoativa*, quando há subjugação da melodia às adições ou subtrações de segmentos melódico-entoativos; e (2) *elasticidade* melódica (horizontal), quando há subjugação da letra às adições de contornos melódicos. Tal estratégia decorre do fato de que a **elasticidade melódica horizontal**, regida pela força melódica, e não pela força entoativa, ocorre mais especificadamente em casos como o que marcamos no pequeno quadrado tracejado na quinta unidade entoativa do exemplo anterior. Ali, a vogal /e/ do fragmento "Sou eu" é estendida por mais cinco alturas.

Na canção lírica, é comum chamar esse procedimento simplesmente de **melisma**, que nada mais é do que a adição de alturas às **durações vocálicas**. No entanto, há limites para que o acréscimo das alturas deixe de ser uma elasticidade melódica e passe a ser uma melodia pura. Além de estar mais presente em canções com predominância de expansão melódica, a elasticidade melódica costuma aparecer nos tonemas e com tamanho reduzido. As canções de Renato Russo contam com diversos exemplos desse recurso. Trataremos da inserção desses tipos-limites no próximo capítulo.

Tanto a configuração intervalar quanto a elasticidade melódica integram as estratégias de expansão melódica. Contudo, vale lembrar que sempre haverá dosagens entre os modos de estabilização melódica de uma canção[11]. Há, por exemplo, um traço central da estratégia de concentração melódica: o recurso reiterativo do refrão.

O pequeno fragmento melódico recoberto pela letra "neste escuro véu" é parte da conclusão da oitava unidade, porém, concomitantemente, ele tensiona uma preparação para as diversas

. . .
11   O exemplo mais utilizado por Tatit para apresentar como os dois modos de estabilização melódica são usados em uma mesma canção é em *Garota de Ipanema*, de Tom Jobim e Vinicius de Moraes. Nela, didaticamente, destacamos a concentração na parte A, e a expansão na parte B. Análise mais detalhada é empreendida no livro *Elos de melodia e letra* (Tatit; Lopes, 2008).

repetições do refrão por meio de um tonema ascendente. É como se ele fosse um elo que finaliza a unidade entoativa do ponto de maior intensidade da canção e, simultaneamente, inicia o caminho para retornar ao mesmo ponto que é preenchido pelo segmento "Ai, coração alado". A estratégia de reiteração do refrão opera por identidade, ou seja, por meio de uma concentração melódica extensa. Resta, então, tratarmos das operações entoativas desse trecho.

Do mesmo modo como reconhecemos no exemplo de Schumann, é a irregularidade dos recortes entoativos que fornece mais proximidade com o fluxo dos discursos coloquiais. A maioria das unidades entoativas do trecho tem tamanho proporcional entre elas. No entanto, as unidades três, quatro e cinco são recortadas em pequenos segmentos. É o mesmo caso da unidade entoativa da interjeição "ai". Essa quebra de proporcionalidade entre as unidades aproxima da fala cotidiana a relação entre melodia e letra.

Para finalizar, na canção *Noturno*, constata-se a relação entre uma predominância de expansão melódica, traços de figurativização entoativa e concentração melódica pelo refrão. Dessa maneira, a estabilização sonora a partir da expansão melódica conta com determinadas estratégias que, em conjunto, relacionam-se predominantemente por alteridade. Com essa análise, aproximamo-nos de um mapeamento mais completo dos mecanismos de interação da linguagem cancional.

Síntese

Apresentamos, neste capítulo, as principais estratégias de interação entre melodia e letra. Detalhamos aspectos independentes da construção das presenças da fala e das presenças melódicas para, ao final, analisarmos os efeitos de sentido que são resultado da interação entre as presenças em jogo. No próximo capítulo, versaremos sobre os novos caminhos que esta proposta metodológica começa a desenhar.

Atividades de autoavaliação

1. Quais são as categorias que auxiliam na identificação da figurativização entoativa ou dos "efeitos de locução" presentes nas canções?
   a) Unidades entoativas e presenças da fala.
   b) Presenças da fala, elasticidade entoativa, eixo entoativo, faixa entoativa e unidades entoativas.
   c) Tonemas, dêiticos, elasticidade entoativa, eixo entoativo e unidades entoativas.
   d) Elasticidade entoativa, eixo entoativo, faixa entoativa e unidades entoativas.
   e) Tonemas, dêiticos, elasticidade entoativa, eixo entoativo, faixa entoativa e unidades entoativas.

2. Quais são as marcações dêiticas de pessoa e espaço destacadas em negrito no trecho da canção *Eu não sou da sua rua*, de Branco Mello e Arnaldo Antunes?

   > "**Minha** vida é diferente da **sua**
   > Eu moro **muito longe**, sozinho"
   > (Mello; Antunes, 2006, grifo nosso).

   a) Nossa ("sua"); ali ("muito longe"); eu ("minha").
   b) Tu ("sua"); ali ("muito longe"); eu ("minha").
   c) Tu ("sua"); lá ("muito longe"); eu ("minha").

d) Nossa ("sua"); lá ("muito longe"); eu ("minha").

e) Tu ("sua"); lá ("muito longe").

3. A elasticidade entoativa ocorre quando
    a) os segmentos linguísticos não se adequam à melodia.
    b) a melodia se submete aos segmentos linguísticos.
    c) a melodia e os segmentos linguísticos estão desajustados.
    d) a fala subverte o perfil melódico.
    e) a melodia é mais que os segmentos linguísticos.

4. A força melódica atua na canção por predominância de
    a) figurativização entoativa.
    b) elasticidade melódica e presença melódico-musical.
    c) concentração (identidade) e expansão (alteridade) melódica.
    d) presença melódico-musical.
    e) contornos e perfis melódicos.

5. O andamento musical e a junção entre sujeito e objeto de valor nos caminhos de concentração e expansão melódica se caracterizam, respectivamente, como:
    a) lento e disjunção; rápido e conjunção.
    b) lento e conjunção; rápido e disjunção.
    c) rápido e disjunção; lento e conjunção.
    d) lento e conjunção; rápido e conjunção.
    e) lento e disjunção; rápido e disjunção.

Atividades de aprendizagem

1. Alguns mecanismos ajudam a construir os elos entre melodia e letra, o núcleo da canção. Com base nesses operadores, como é possível perceber a estética das canções que focam mais na melodia do que na letra e vice-versa?

2. Há um elo entre interlocutores e interlocutários que constrói na canção uma situação de diálogo. Como essa cena enunciativa atua na percepção das canções?

Atividades aplicadas: prática

1. Faça a divisão das unidades entoativas de *Garota de Ipanema*, de Tom Jobim e Vinicius de Moraes.

2. Com base nas operações melódicas estudadas, enumere cinco canções que operam predominantemente por concentração melódica e por expansão melódica. Justifique suas escolhas.

Capítulo 3

PRESENÇAS MUSICAIS DA CANÇÃO

Gustavo Bonin

Nos capítulos anteriores, expusemos as operações que ocorrem no interior do núcleo de identidade da canção, nos jogos de interação que se estabelecem entre a melodia e a letra. No entanto, outros autores vêm ampliando a metodologia proposta por Tatit, englobando aspectos como o arranjo do núcleo e das presenças musicais nos acompanhamentos instrumentais, os agrupamentos de canção, a *performance* e os modos de circulação.

Não obstante, é importante advertir que sempre haverá, em toda a espessura da linguagem, um constante jogo de dominâncias e ambivalências entre as forças entoativas e melódico-musicais que determinam as estéticas de mais oralização ou de mais musicalização entre as canções.

3.1 Arranjo e acompanhamento

Nesta seção, versaremos sobre outra face da canção: o arranjo, que consiste: na escolha de enfatizar no canto mais o lado entoativo ou mais o lado melódico já estabelecido no núcleo da canção; e na escolha pela presença, ou não, e pelos modos de organização de um acompanhamento instrumental, o lugar propriamente das presenças musicais puras. Portanto, os arranjos são caracterizados pela realização em *performance* dos **modos de cantar** o núcleo em relação com a presença ou não de um **acompanhamento**.

3.1.1 Arranjo: modos de cantar

Para fins didáticos, identificaremos os modos de cantar por meio do contraste entre versões de uma mesma canção, ou seja, considerando inversões internas de um mesmo núcleo:

- inversões de predominância no modo de enfatizar as estabilizações **melódicas**, por meio de alternância entre concentração ou expansão, ou as irregularidades **entoativas**;
- inversões do que entre os cantores costuma ser chamado de *registro de canto*: **popular** (projeção vocal mais entoativa) ou **lírico** (projeção vocal mais melódica) – sendo ambos articulados por concentração ou expansão.

Na prática de música popular, é mais comum que as escolhas dos modos de cantar um núcleo sejam concomitantes ao processo criativo, porque os cancionistas geralmente são os intérpretes das canções e, no fim, é esse o modo de cantar gravado no disco ou cantado no *show*. Isso ocorre menos na canção lírica, em que há uma divisão mais clara entre as funções de letrista da canção (normalmente, um poeta), compositor e intérprete. Por isso, a gestão das predominâncias entoativas ou melódicas fica mais a cargo do compositor que escolheu uma letra, já que ele costuma registrar ou grafar o núcleo de um modo mais "estável"[1] e fixo na partitura, ao

...
1 Todos os cancionistas produzem suas "partituras", sejam elas feitas anteriormente em papel e na grafia que for, como consequência anterior ou posterior de uma gravação ou *performance*. A questão é mais simples e está no valor de abertura ou fechamento que cada uma das práticas confere às "partituras" prévias ou posteriores. É comum, na prática, que as partituras de canção lírica deem menos abertura para interpretações diferentes, ao passo que, nas canções populares, tende a haver mais abertura. Essa constatação não está associada a um juízo de valor, pois se trata apenas de um funcionamento habitual das práticas.

passo que as escolhas do "registro de canto" mais frequentemente ficam sob a responsabilidade do intérprete. Evidentemente, estamos comentando apenas as generalidades, pois há exceções tanto de um lado quanto de outro. A prática de parceria no ato de criação entre letrista, melodista e intérprete é um exemplo de exceção canônica.

Considerando o exposto, passaremos a discorrer sobre versões diferentes de uma mesma canção. Com isso, demonstraremos como ocorrem as duas inversões do modo de cantar um núcleo. Tatit (2007) comenta um exemplo muito conhecido referente à diferença entre a canção "Asa branca", de Luiz Gonzaga e Humberto Texeira, cantada pelo próprio Gonzaga (1962) e a versão cantada por Caetano Veloso (1971). Como já dissemos, sempre há um jogo de predominâncias entre as operações melódicas de concentração e expansão no núcleo da canção, e o cantor pode escolher enfatizar um ou outro a depender de suas intenções estéticas. Para entender uma **primeira inversão** do modo de estabilizar a melodia, é importante, principalmente, observar a diferença de **andamento**, ou seja, se uma versão é mais rápida e acelerada ou mais lenta e desacelerada do que a outra.

A versão de Luiz Gonzaga enfatiza as operações de **concentração**, pois tem um andamento bem mais rápido, com ênfase nos acentos vocálicos, o que dá mais vazão aos percursos de conjunção dos sujeitos. Mesmo que a canção tenha um tema pesado, que é a fome e a seca do Sertão nordestino, esse modo de cantar ressalta as recorrências motívicas da melodia que abrandam o tema, dando um ar mais resignado às mazelas sertanejas. Já a versão de Caetano Veloso ressalta os pontos mais passionais da canção por meio de estratégias de **expansão melódica**, ou seja, por um andamento bem mais lento, com ênfase nas durações vocálicas que marcam o percurso disjuntivo dos sujeitos que vivem no sertão.

Portanto, a versão de Gonzaga tem um modo de cantar que privilegia as operações melódicas de concentração, e a versão de Caetano privilegia as operações melódicas de expansão. Evidentemente, ambas carregam todos os direcionamentos implicados a cada tipo de estabilização melódica, assunto de que já tratamos. Para que haja uma inversão de polos melódicos, é necessário haver uma mudança grande de andamento, uma vez que as alterações pequenas podem estar no mesmo tipo de operação melódica, porém com uma força atenuada ou acentuada.

Há vários exemplos similares, como as versões de: *Meu erro*, da banda Paralamas do Sucesso, a primeira do disco *D* (1987), mais rápida, e a segunda feita para o *Acústico MTV* (1999), mais lenta; e de *Saudosa maloca*, de Adoniran Barbosa, que foi gravada por Elis Regina (1978) em um andamento bem mais lento do que a versão cantada pelo conjunto vocal Demônios da Garoa (1964)[2].

Para ilustrar a inversão oposta, de um andamento lento para um rápido, citamos a canção *"Im Abedrot"* ("No crepúsculo"), de Richard Strauss e Joseph von Eichendorff (1948), a qual integra o ciclo de canções *Vier Letzte Lieder* (*Quatro últimas canções*). Ela conta com uma interpretação de Jessye Norman (1983) que ressalta as operações de expansão melódica, o que ajuda a enfatizar o tema da morte que o conteúdo da canção propõe, diferentemente da versão interpretada por Lucia Popp (1977), que, ao acelerar o andamento e

• • •
2   No *site* Discos do Brasil, há um imenso catálogo de álbuns nacionais, tanto de canção quanto de música instrumental, no qual é possível pesquisar versões de uma mesma canção. Para conhecer, consulte: <www.discosdobrasil.com.br>. Acesso em: 5 jun. 2023.

conferir maior articulação ao modo de cantar, insere traços entoativos que diminuem os efeitos passionais da canção[3].

São também bons exemplos as versões de *Juízo final*, de Nelson Cavaquinho, gravada por Beth Carvalho (1999) em um andamento muito rápido e pelo próprio autor (1973) bem mais lenta; ou mesmo a versão satirizada que o grupo Raimundos (2001) fez da canção muito passional *Desculpe, mas eu vou chorar*, da dupla Leandro e Leonardo (1990). Além de acelerar muito o andamento, o grupo de Brasília adicionou um tom humorístico que tem a ver tanto com a aceleração quanto com os modos de organizar o acompanhamento instrumental da canção, assunto que debateremos adiante.

As duas inversões que apresentamos inserem-se nas operações de estabilização melódica. No entanto, há uma versão interessante da canção *Negue*, de Lupicínio Rodrigues, cantada pela banda Camisa de Vênus. A versão de Maria Bethânia, gravada no disco *Álibi*, de 1978, enfatiza no canto uma estabilização operada por expansão melódica, como ela é geralmente interpretada pelos cantores. Contudo, a versão gravada pela banda de *rock*, em disco homônimo de 1983, não se preocupa com a estabilização melódica das versões conhecidas e inverte para uma predominância de um perfil entoativo irregular (e quase cênico). É como se o cantor estivesse falando a letra sobre uma base rítmico-harmônica construída pelo acompanhamento, algo muito parecido com os procedimentos do *rap*. Do meio da canção até o fim, estabiliza-se a reiteração

• • •
3   Os exemplos de inversões internas à estabilização melódica na prática lírica são bem mais raros, exatamente por aquilo que mencionamos antes. O compositor da canção lírica costuma fixar um andamento na partitura, e é mais comum que os intérpretes se guiem por essa indicação. Na canção popular, há uma abertura maior para alterações mais radicais de andamento.

motívica da melodia por concentração, que também é uma inversão peculiar para essa canção[4].

A **segunda inversão**, a da projeção vocal, tem a ver com os efeitos ligados principalmente ao **timbre** vocal, à **intensidade** sonora e ao reconhecimento mais ou menos nítido das alturas sonoras. Nessa última inversão de "registro do canto", nota-se a presença mais ativa da **força melódico-musical**.

Pode parecer que a estabilização melódica alcançada por expansão dá mais força à condução musical, mas, de fato, são os usos extremos tanto da operação de expansão quanto das estratégias de concentração melódica que intensificam a **força musical**. Caso se desacelere demais a melodia, ela se transforma, no limite, em uma melodia pura com durações imensas que suspendem por completo a inteligibilidade linguística; se, ao contrário, ela for acelerada demais, também se torna, no limite, uma melodia pura, mas com durações tão curtas que não há tempo para construir o sentido linguístico das palavras, como é o caso de algumas versões dos choros com letra, por exemplo, de interpretações muito aceleradas de *Tico-tico no fubá*, de Zequinha de Abreu.

Os exemplos que comentaremos na sequência demonstram uma das diferenças mais nítidas entre a prática popular e a lírica de canção, ou seja, o contraste mais ou menos marcado entre as duas projeções vocais, a lírica e a popular. Demarcaremos os polos extremos desses modos de cantar para que as diferenças entre as projeções

• • •
4   Ainda poderíamos medir se há predominância de uma **figurativização linear** ou **não linear** em versões distintas de uma mesma canção. Essa é uma ideia proposta por Marcelo Segreto (2019) a qual se concentra na ação da **força entoativa** nas canções. Lançando mão desse método, seria possível compreender em detalhes se uma versão privilegia mais o modo de cantar **entoativo** ou o **melódico**.

fiquem mais claras, mas é preciso ter em mente que os "registros de canto" não são tão estanques, havendo gradações entre eles.

A canção *Melodia sentimental* foi gravada pela primeira vez com interpretação da lendária cantora Bidu Sayão (1950). Ela canta com as características comuns à voz lírica, ou seja, uma grande amplitude de projeção vocal acústica, seja em dinâmica *forte* ou *piano*, e há nitidez nos modos de apresentar as diferenças entre as alturas da melodia. A voz lírica procura controlar com mais rigor as vicissitudes que os ruídos da fala impõem ao canto. Por isso, as articulações fonéticas que provocam mais irregularidades na fala são menos presentes nesse modo de cantar. Dessa maneira, há naturalmente uma tendência melódica maior no canto lírico.

Essa canção conta predominantemente com estratégias de expansão melódica, e é por meio desse modo de cantar, do registro lírico, que todos os conteúdos passionais e disjuntivos são enfatizados. Ela foi reinterpretada inúmeras vezes, por cantores populares e líricos, mas escolhemos a que mais inverte o "registro do canto", a versão gravada por Maria Bethânia em 2003. Para conferir um registro mais entoativo, a cantora interpreta a melodia em uma região médio-grave, o que, além de atenuar os grandes saltos intervalares do início da canção, a faz cantar em uma oitava acima os trechos intermediários "Clara chama silente ardendo meu sonhar" e "Quando dentro da noite reclama o teu amor" (Villa-Lobos; Vasconcellos, 2003). A mudança para o registro médio-grave estabelece uma proximidade maior com as faixas entoativas mais comuns à fala cotidiana e, por isso, há naturalmente uma tendência entoativa maior. Apesar das diferentes estratégias, ambas as interpretações compartilham o mesmo tipo de estabilização melódica, e os percursos de disjunção são reforçados pelas operações de expansão.

Portanto, as resultantes prototípicas entre os estilos e os timbres vocais diferentes são: no **canto lírico**, há, em geral: maior homogeneidade timbrística, maior amplitude vocal acústica, e maior nitidez nas diferenças entre as alturas; já no **canto popular**, em geral, ocorre maior heterogeneidade timbrística, menor amplitude vocal acústica, e maior presença das curvas entoativas da fala, o que produz menos nitidez nas diferenças entre as alturas.

Alertamos que essas são características apenas prototípicas de cada "registro de canto" e, como já indicamos, há um *continuum* entre os modos de cantar. No período que ficou conhecido como Era do Rádio, entre as décadas de 1940 e 1950 no Brasil, há vários exemplos de mistura entre tais registros. Por vezes, os cantores alternam os modos de projeção vocal em uma mesma canção, como na interpretação de Barbara Hannigan (2017) para *Youkali*, de Kurt Weil.

Há diversos outros exemplos dessa inversão entre as projeções vocais, entre eles citamos: a canção *Uirapuru*, de Waldemar Henrique, cantada por Maria Helena Coelho Cardoso (1976) na projeção lírica, e por Zizi Possi (1993) na popular; e a interpretação muito interessante da canção *Ticket to Ride*, dos Beatles, feita pela cantora lírica Cathy Berberian em 1977. Além de inverter as projeções vocais, a cantora adiciona elasticidades melódicas (melismas) que reforçam as diferenças entre as projeções lírica e popular.

Por fim, existem organizações timbrísticas que enfatizam certos modos de locução. Uma voz "gritada" ou "chorosa" confere sentidos diferentes ao núcleo e, em certas *performances*, a interpretação ganha até mesmo uma presença cênica. Nas próximas seções, detalharemos alguns sentidos resultantes dos efeitos locutivos.

Tendo explicado as duas maneiras de arranjar os modos de cantar, seguindo as mesmas bases sobre as quais se constituem as interações do núcleo da canção, passaremos a discorrer sobre os modos de organização do **acompanhamento instrumental**. Concentraremos nossa atenção na ação ainda mais ativa e crescente da **força musical**, pois evidenciamos o **canto/núcleo** como um instrumento musical – a voz que canta uma letra está, em maior ou menor grau, em contato com outros instrumentos, os quais compõem conjuntamente um **estilo** mais ou menos cristalizado na linguagem. Portanto, explicitamos a relação entre o instrumento como elemento timbrístico e melódico-harmônico que interage mais ou menos com outros instrumentos e o modo de organizar os elementos musicais que constituem estilos mais ou menos compartilhados na prática cancional.

3.1.2 Arranjo: acompanhamento

Antes de comentarmos os modos de organização e de combinação do acompanhamento, temos de esclarecer uma diferença importante na etapa criativa das práticas populares e líricas. Em ambos os processos de criação, é mais comum haver de partida um instrumento acompanhante, geralmente melódico-harmônico, que costuma ter, por mais que não seja dito, um papel muito parecido nas duas práticas. Em razão dessa interação, os cancionistas fixam as primeiras balizas de estabilização melódico-rítmicas e harmônicas, mesmo que não seja imprescindível haver um instrumento na etapa de composição do núcleo.

No entanto, na prática popular, há, em geral, uma segunda etapa do arranjo em que outro sujeito (um "arranjador") ou outros sujeitos em conjunto (a "banda") transformam aquele primeiro arranjo entre núcleo e acompanhamento em um novo arranjo entre núcleo e acompanhamento. Diferentemente, na prática lírica, esse segundo estágio do trabalho é feito pelo próprio cancionista ao fixar um acompanhamento na partitura. Essa é uma diferença prática que vem se diluindo com o passar dos tempos e tem a ver com o caráter mais intuitivo e não registrado da composição na canção popular.

Como nossa abordagem, neste livro, se concentra nas apreensões estéticas do objeto já realizado, ou seja, da canção já interpretada, nesta subseção observaremos o arranjo entre núcleo (modos de cantar a relação entre melodia e letra) e o acompanhamento (instrumentos musicais e estilos) já concluídos. Portanto, examinaremos a interpretação ou eventuais reinterpretações das canções.

Para fins didáticos, observaremos os modos de organização do acompanhamento em duas partes:

1. a **relação intensa** do **núcleo**, como voz-instrumento, com ao menos mais um **instrumento musical**, uma outra voz, vozes, violão, piano e bateria, banda, orquestra etc.;
2. a **relação extensa** do **núcleo**, como voz-instrumento, com os **estilos** mais ou menos cristalizados de acompanhamento instrumental.

A canção cantada *a capella* é organizada segundo os métodos que comentamos anteriormente ao abordar os modos de cantar. No entanto, a partir do momento em que ela interage com outro instrumento, mesmo que seja com uma ou outras vozes que cantam a mesma letra, pode ser examinada por um ponto de vista mais sonoro e musical. Forneceremos exemplos que manifestam separadamente algumas características musicais seguindo a gradação de uma maior a uma menor proximidade com o núcleo: os graus de combinações timbrísticas, as diferenças intervalares e suas ressonâncias harmônicas, além do jogo das camadas métricas e rítmicas. Ademais, estabeleceremos relações com as categorias entoativas e melódicas utilizadas para unir melodia e letra.

Para entender como a força musical começa a operar na relação do núcleo com o acompanhamento em um pequeno grau de presença, consideremos um dueto caipira clássico sem acompanhamento instrumental. No estilo caipira, ou sertanejo, há um núcleo melodia-letra que é dobrado isorritmicamente em alturas diferentes pelas duplas de cantores ou cantoras. Em geral, os dois "núcleos" são cantados em intervalos de 3as e 6as em um modo isorrítmico, ou seja, com o mesmo perfil durativo. Um núcleo funciona como se fosse uma cópia do outro. Esse é um estágio híbrido, porque, além de existir uma cópia exata do perfil durativo e um perfil melódico similar que contém a mesma letra, refere-se ao lugar em que se verifica um destacamento de timbre e de altura do núcleo.

Isso significa que a segunda voz de uma canção caipira já é um pequeno estágio de acompanhamento. Seu caráter híbrido confere apenas uma diferença timbrística, que diz respeito às qualidades de cada voz em contato, e uma diferença de alturas, predominantemente separadas por 3as e 6as. Nesse ponto, inicia-se a empreitada pelos graus de interação entre a voz e os instrumentos musicais. Para clarificar como isso se processa, analisaremos casos que apresentam grandes diferenças entre as interações, de um polo a outro. Entretanto, como já comentamos sobre as estabilizações melódicas do núcleo, sempre haverá graus de predominância entre distintas estratégias da força musical no arranjo de uma mesma canção.

3.2 Núcleo e instrumentos musicais: combinações timbrísticas

Lucas Shimoda (2014) estuda os efeitos do timbre na canção e nos discursos humanos em geral. Ele propõe uma gradação que vai de uma maior a uma menor **densidade figurativa**; em outras palavras, ele investiga como um **timbre** constrói mais ou menos a presença reconhecível dos sujeitos nos discursos. Em seu trabalho sobre a canção, ele aponta que a "ideia de que o timbre serve de revestimento figurativo tanto dos atores do enunciado [os personagens da canção] quanto da enunciação [cancionistas e ouvintes] é um dos pontos pacíficos nos estudos semióticos" sobre a canção (Shimoda, 2014, p. 38).

Por isso, arrolaremos alguns efeitos de presença dos sujeitos construídos pelas combinações timbrísticas entre o núcleo, como voz-instrumento, e outros instrumentos musicais. Além das qualificações sensoriais como uma voz "doce", "áspera", "metálica", ou das qualificações afetivas de conteúdo, a exemplo de "agressiva", "melancólica", "inquieta", pretendemos mostrar como funcionam as combinações **homogêneas** e **heterogêneas** entre os timbres na canção. Apresentaremos uma gradação de descolamento das dependências do núcleo conforme a sequência dos estilos: **os duetos**, **os grupos vocais** e **a voz e os instrumentos musicais**.

3.2.1 Duetos

Primeiramente, tomaremos os mesmos perfis durativo e melódico para examinar apenas as diferenças de timbre de um dueto de vozes cantadas em uníssono, independentemente do estilo da canção.

Na combinação entre as vozes em uníssono, não em oitava, pode haver um grau de proximidade e homogeneidade timbrística entre cantores tão grande que impede distinguir uma voz da outra, principalmente em um andamento mais rápido.

A canção *Vento bravo*, de Edu Lobo e Paulo César Pinheiro, é cantada em uníssono do início ao fim por Edu Lobo e Tom Jobim (1981). Esse é um exemplo didático de quase fusão de vozes em que se constrói a presença de uma espécie de sujeito amplificado, efeito este que pode ser atribuído tanto aos personagens quanto ao cancionista. É mais comum encontrar esse procedimento em pequenas partes ou mesmo na repetição final da canção. Ele costuma ter a função de amplificar um ponto do núcleo de maneira mais concentrada, como no início da canção *"Die Schwestern"* ("As irmãs") dos *Vier Duette* op. 61 (*Quatro duetos*), de Johannes Brahms (1874), em que se reforça a presença das irmãs projetadas na letra:

> "Wir **Schwestern**, wir schönen"
> (Brahms, 1966)
>
> "Somos **as irmãs**, as justas"

Figura 3.1 – Interação timbrística em *"Die Schwestern"* das *Vier Duette* op. 61 (Johannes Brahms)

[Partitura musical: Allegretto. Sopran e Alt cantando "Wir Schwestern zwei, wir schö-nen, / Two sisters we, the fairest,"]

Nos casos de muita aproximação timbrística, pode haver uma tonificação do conteúdo de cada letra nos dois tipos de estabilização melódica. Caso seja operada por concentração, pode haver ainda mais conjunção; e, por expansão, ainda mais disjunção. É como se o sujeito ganhasse um tônus e uma certeza a mais para desenhar seu percurso, seja de conjunção, seja de disjunção. Nas canções com um teor mais entoativo, como no estilo *rap*, por exemplo, são raros duetos em uníssono nas partes mais faladas da canção, até porque não haveria uma aproximação com as locuções do cotidiano, já que não é comum falarmos as coisas no dia a dia a duas vozes. Por isso, o dobramento em uníssono é um recurso predominantemente da força musical. Ele dá ênfase aos contornos melódicos, pois depende de maior estabilidade das alturas, bem como de maior rigidez dos perfis durativos.

Além de um contato muito próximo entre os timbres vocais em uníssono, o contrário também pode ocorrer. O grau de afastamento ou heterogeneidade timbrística pode ser tão grande que a identidade de cada timbre se torna muito marcante, motivo pelo qual as vozes não se misturam. Isso pode gerar uma amplificação derivada de uma espécie de sujeito duplo ou ambíguo. São sujeitos figurativizados pelas vozes, que podem ou não estar em concordância – o que dependerá do conteúdo da letra, da concomitância ou não das vozes e de outras estratégias de estabilização melódico-musicais. O mais comum é esse recurso ser empregado em canções cantadas em uníssono por uma voz masculina e outra feminina, como em *Louvação*, de Gilberto Gil e Torquato Neto, interpretada por Elis Regina e Jair Rodrigues em 1966. A dupla canta o refrão em uníssono todas as vezes em que ele aparece na canção. Essa estratégia enfatiza o conteúdo da letra que sanciona positivamente o "que deve ser louvado"; no entanto, trata-se de uma tonificação figurativizada por dois sujeitos de timbres diferentes, o que ratifica uma heterogeneidade das vozes, como se sujeitos diferentes concordassem com os conteúdos da letra.

Na junção entre vozes de registros (ou projeções vocais) diferentes, popular e lírico, há uma diferença timbrística de partida, embora sejam muito raros os exemplos de uso mais extenso de um uníssono feito pela combinação dos registros do canto nas canções. O tenor italiano Luciano Pavarotti ficou muito conhecido por fazer inúmeros duetos com cantores da música popular, como Bon Jovi, Elton John, Mariah Carey e Eric Clapton. Ele divide uma versão de *My way* (2008), de Claude François, com Frank Sinatra, em que ambos terminam a canção cantando em uníssono com registros bastante diferentes de projeção vocal. Como Sinatra tem uma projeção mais próxima da fala, a diferença entre as duas vozes fica bastante marcada.

Nos duetos de Pavarotti, há outros exemplos parecidos, inclusive com vozes femininas. As identidades timbrísticas das vozes são sempre bem marcadas, havendo mais alternância do que concomitância entre as vozes durante a canção. O recurso do uníssono é sempre usado em pequenas partes e, geralmente, no fim da canção, com o objetivo de terminar com grande intensidade, mas sempre projetando nitidamente as duas vozes separadas.

O mesmo efeito de amplificação que apontamos nas combinações de vozes que se aproximam por uma homogeneidade timbrística acontece nos timbres heterogêneos, nas duas estabilizações melódicas: se operada por **concentração**, mais conjunção; se operada por **expansão**, mais disjunção. No entanto, quando há uma diferença timbrística muito marcada, outros sentidos podem se abrir em relação ao que há de latente no núcleo. Ante ambivalências nos conteúdos e nas estabilizações melódicas que indiquem contradição, duplicidade ou uma ambiguidade na caracterização dos sujeitos projetados pela canção, podem ser **figurativizados** por vozes de timbres diferentes.

3.2.2 Grupos vocais

A amplificação do sujeito ou do que é dito na letra pode ganhar mais tonicidade quando cantam uma canção três ou mais vozes em uníssono, como é o caso de Borzeguim, de Tom Jobim, gravada no disco Passarim (1987). Essa canção também é um exemplo de um grau de homogeneidade timbrística muito grande, pois toda ela é cantada por um quinteto de vozes femininas em uníssono que, além de amplificar a exaltação dos atributos positivos da natureza, sugere a presença condensada de uma espécie de sujeito coletivo unificado, como se houvesse vozes unidas e concentradas que buscam o mesmo objetivo. Aqui poderíamos atribuir alguns traços qualitativos de uma voz coletiva "suave", "delicada", "pacífica" etc.

De todo modo, quando mencionamos que há uma amplificação dos sujeitos, estamos apontando uma intensificação que a força musical produz na melodia, como se um assunto e a presença dos sujeitos pudessem ser marcados com mais ênfase, embora isso restrinja a liberdade rítmica e melódica. Não estamos afirmando que uma canção cantada por apenas um cantor tende a emocionar ou impactar menos o ouvinte. Na realidade, esse são apenas modos de produzir diferentes efeitos de sentido que dependem também dos elos de proximidade entre os sujeitos da canção, sejam o cancionista e o ouvinte, sejam os sujeitos (personagens) projetados pela letra.

Quando as canções cantadas em coro fazem um uníssono entre vozes masculinas e femininas, configura-se um grau de diferenciação, ainda que seja rara uma evidente separação timbrística nos grupos vocais, porque o trabalho do coro consiste exatamente em buscar a maior homogeneidade possível entre as vozes. Num esforço para citar um caso próximo dessa heterogeneidade com mais de três vozes, mencionamos *Duas lendas ameríndias em Nheengatu: o iurupari e o caçador* (1952), composição de Villa-Lobos para coro com textos do *Paranduba amazonense*, de João Barbosa Rodrigues. Em certas partes, Villa-Lobos se vale do uníssono entre vozes masculinas, tenores e barítonos, em oitava com as vozes femininas, sopranos e contraltos. A impressão é que há uma presença múltipla de uma espécie de sujeito coletivo plural. Se houvesse ainda mais diferenças timbrísticas, mesmo entre as vozes masculinas, umas mais "metálicas" e outras mais "doces", seria reforçado o efeito de multiplicidade dos sujeitos.

Além do espaço construído pelos dêiticos projetados pela letra, existe um espaço da escuta da canção – ou seja, se os cantores estão mais ou menos próximos em uma *performance*. Por isso, há uma diferença importante entre a homogeneidade do uníssono entre as vozes e quando as vozes se distanciam por intervalos diferentes. A presença de mais de uma voz gera uma espécie de amplificação ou de multiplicidade do sujeito e, talvez, daquilo que está sendo dito. Contudo, no caso do uníssono, a ação é mais condensada, como se o tônus que a melodia ganha concentrasse as vozes em um espaço pequeno da escuta, o que, de certa forma, aproxima os sujeitos. Na próxima subseção, analisaremos de que modo a percepção do espaço da escuta e a distância entre os sujeitos são aumentadas nas interações entre melodias que estão em alturas diferentes.

Em resumo, estamos tecendo relações entre timbres homogêneos (similares), o que resulta em um sujeito amplificado ou em um sujeito coletivo unificado, e timbres heterogêneos (diferentes), o que resulta em um sujeito duplo ou em um sujeito coletivo plural. Já havíamos aludido a esse assunto quando comentamos sobre as diferenças de "registro de canto". A voz lírica busca homogeneizar no canto suas articulações, o que se costuma chamar de *modos de ataque*, ao passo que o registro popular tende a enfatizar heterogeneidade das articulações da fala.

Para finalizar, um exemplo muito interessante é o arranjo de *Asa branca*, de Luiz Gonzaga e Humberto Texeira, feito pelo Coro da Osesp, no disco *Canções do Brasil* (2009). Em determinadas partes do arranjo, as contraltos cantam o uníssono em um registro popular e são acompanhadas por outras vozes que estão sendo cantadas em um registro lírico.

Até este momento, apresentamos as estratégias que ajudam a **figurativizar** com mais ênfase a presença de um ou vários sujeitos em uma canção. Na próxima seção, explicaremos como os qualificadores timbrísticos podem ajudar na descrição do corpo do sujeito, nas combinações entre a voz e outros instrumentos musicais.

3.2.3 Voz e instrumentos musicais

O timbre é o marcador de identidade dos instrumentos musicais, ou seja, trata-se do elemento que mais se aproxima da ideia da presença de um "sujeito" na linguagem musical, porque há nele alguns elementos que não se alteram independentemente do instrumentista que toca o violão, o clarinete, o trombone, o acordeom etc.:

> o enunciador musical não pode dizer "eu" ou "tu", mas pode criar um efeito de presença enquanto timbre. Por isso falamos na "voz" do piano, do violino, do oboé. [...] reconhecemos a identidade de uma pessoa ou de um instrumento pela qualidade específica de seu timbre. Existem timbres calorosos, afetuosos, ásperos etc., e todos esses efeitos sinestésicos nada mais são do que qualificadores de uma *presença*. (Carmo Junior, 2007, p. 175)

Os qualificadores do timbre são tanto os elementos sonoros propriamente ditos quanto os elementos de conteúdo. Ambos acrescentam efeitos de sentido ao núcleo da canção. Dessa forma, um timbre "doce" de uma flauta, com determinado ataque, em uma região de alturas específicas e com certa dinâmica pode somar uma "doçura" na presença do sujeito que se diz admirado com objeto de seu desejo e assim por diante em diversas e infinitas combinações. A esse respeito, Shimoda (2014, p. 41) aponta que tais constatações "confluem com a intuição de que a voz (incluindo aí as particularidades do timbre) é uma extensão do corpo do sujeito". Ainda, conforme exposto por Tatit (citado por Shimoda, 2014, p. 40-41), "o timbre, a voz, é um traço metonímico do intérprete a ser projetado livremente sobre a obra sem que haja também qualquer orientação prévia".

Da mesma forma como abordamos as relações entre as vozes, apresentaremos exemplos de mais ou menos proximidade entre o núcleo e os instrumentos musicais, ou seja, relações mais homogêneas ou mais heterogêneas que mantenham o mesmo perfil melódico e durativo. Para fins didáticos, os exemplos escolhidos apresentam grande diferença entre eles. As canções, de modo geral, costumam ter muito mais *nuances* entre as combinações timbrísticas.

O principal modo de observar a homogeneidade ou a heterogeneidade entre as interações timbrísticas diz respeito à relação entre os modos de ataque dos instrumentos. A esse respeito, o pesquisador e compositor Pierre Schaeffer (1966) afirma que o timbre de um instrumento é reconhecido principalmente pelo início do som. O autor aponta que a duração e o fim não são tão importantes quanto seu início ou seu modo de ataque – isto é, as maneiras de articular o *continuum* sonoro.

Já mencionamos que o registro lírico tende a homogeneizar suas articulações e dicções, ao passo que o registro popular tende a manter as heterogeneidades comuns à fala do cotidiano. Os instrumentos musicais também são fabricados de modo tal que homogenizem suas articulações em toda a sua extensão de alturas, para que, assim, sua identidade seja mais reconhecível. O canto lírico, em sua trajetória histórica, demonstrou um esforço para se aproximar cada vez mais dos modos de emissão dos instrumentos musicais. Por essa razão, os traços fonéticos foram sendo moldados até ganharem uma estabilização clara no canto de uma língua específica, mesmo que isso os distancie dos traços fonéticos da fala cotidiana. Eis onde reside a maior diferença entre as práticas populares e líricas, e é por isso que podemos observar a canção a partir de dois pontos vista concomitantes: o entoativo e o musical. Em cada interpretação, um deles pode predominar, em conformidade com os mecanismos da linguagem postos em funcionamento em uma *performance*.

Os músicos instrumentistas costumam buscar o mesmo trabalho de homogeneização dos modos de ataque de seu instrumento. Um *détaché* em um violino precisa soar de maneira similar em qualquer região do instrumento, caso contrário, corre-se o risco de parecer que outro instrumento está soando ou de fazer soar um timbre não reconhecível.

É evidente que reconhecemos certos instrumentistas apenas ouvindo como determinado instrumento é tocado. Isso significa que o músico encontrou um modo singular de organizar tanto a homogeneidade timbrística do instrumento quanto os outros elementos sonoros e musicais em suas interpretações. A despeito disso, não julgamos adequado afirmar que o timbre de um saxofone presente em uma canção se refere a um sujeito que apresenta naquela melodia seus objetivos (ou algo parecido). Nas canções, mais importante é a relação estabelecida entre o núcleo e o acompanhamento instrumental, ou seja, verificar se os instrumentos se misturam ou se contrapõem, em diversos graus, às relações estabelecidas entre melodia e letra.

Há vários exemplos de canção em que um instrumento faz a mesma linha melódica do canto, como em *Another brick in the wall - pt. 2*, da banda Pink Floyd (1979). Os quatro primeiros segmentos de melodia e letra são acompanhados, nota a nota, por uma guitarra com distorção que enfatiza algo similar a um ruído. Por mais desordenada (ou heterogênea) que seja a constituição física e sonora das articulações da fala, nossa voz não costuma ter uma distorção a ponto de se parecer com o que chamamos de *ruído branco* ou *estática*. Por conta disso, a voz do cantor, na edição, recebe dois recursos: uma segunda voz com *reverb* cantando a mesma melodia e uma pequena distorção que se costuma chamar de *drive*.

Essa estratégia de alteração da voz aproxima seu timbre aos modos de ataque ruidosos da guitarra com distorção. Logo, trata-se de uma combinação por homogeneidade. Dessa interação é possível depreender alguns traços sensoriais, como "áspero", "rugoso", "ruidoso", "sujo", "rasgado" etc., assim como traços mais afetivos, a exemplo de "enérgico", "agressivo", "inquieto" etc.

A depender de como o núcleo organiza melodia e letra, mais ou menos traços timbrísticos poderiam ser conferidos ao corpo e à gestualidade do sujeito. Constrói-se um sujeito áspero e enérgico, tendo em vista que o tema da canção é a libertação dos moldes aprisionadores da educação tradicional. Seria muito diferente se a voz fosse acompanhada por um xilofone que, apesar de inserir um traço de conteúdo "infantil" que lembraria o tema educação e seria amplificado pelo coro infantil que surge em seguida, não ressaltaria traços conotativos (Shimoda, 2014) de "revolta" ou de "contestação", tão importantes para o tema da canção. Versaremos sobre os traços mais gerais do acompanhamento quando observarmos as questões de estilo.

Esse tipo de combinação timbrística, dos instrumentos com o canto por homogeneidade, é mais comum porque tanto os arranjadores e orquestradores quanto os instrumentistas, quando tocam com a voz, costumam buscar a combinação mais ordenada possível do resultado sonoro, o que é chamado de *timbrar com a voz*. Não à toa verbalizamos a palavra *timbre*.

O exemplo do Pink Floyd é muito produtivo porque revela ser equivocado vincular a homogeneidade timbrística apenas a uma ideia de sons não ruidosos. A combinação mais ordenada é o resultado de certa "simpatia" e regularidade dos modos de ataques entre voz e instrumentos. Isso significa que pode-se alcançar, por exemplo, homogeneidade entre uma tuba e um bandolim. Seria mais difícil, mas não impossível. Quando o instrumento faz a mesma linha melódica do canto, há sempre uma amplificação do sujeito. No entanto, o mais importante nessa combinação é que o timbre também agrega outras qualidades sensoriais e afetivas ao corpo da voz.

Para examinar um caso de heterogeneidade, citamos a canção *Ramo de delírios*, de Guinga e Aldir Blanc, cantada por Claudio Nucci (1992). Em várias partes, o violão faz a mesma melodia da voz, e como a canção está estabilizada por expansão, as durações vocálicas são enfatizadas no canto. Por isso, Nucci dá destaque aos *legatos* da voz, o que atenua a presença das articulações mais curtas provocadas pelas consoantes. O violão, em geral, confere predominância às articulações mais curtas e destacadas pelos dedilhados. Portanto, pela heterogeneidade dos modos de ataque, há uma espécie de complementariedade entre os timbres: se a voz faz predominar as ressonâncias, o violão ajuda nas marcações silábicas e rítmicas da melodia.

Essa combinação pode contar tanto com os traços timbrísticos da voz – som "doce", "aveludado", de "ternura", "delicado" – quanto com os traços do violão – som "beliscado", "metálico" etc. O interessante é que em seguida, na canção, surge um quarteto de cordas em sua reapresentação, inclusive com algumas passagens de dobramento entre violão, *cello* e voz. Nesse caso, é como se o *cello* fosse um timbre intermediário que, de certo modo, fizesse, a partir do *legato* com arco friccionado, uma aproximação entre os *legatos* da voz com as articulações mais marcadas do violão.

Como comentamos, os percursos disjuntivos são mais recorrentes nas melodias operadas por expansão. Em *Ramo de delírios*, o sujeito procura "reaver o perdido". Ele está em busca de um modo de atenuar a dor já presente desde o início da canção. É por isso que ele percorre vários devaneios e se lembra de situações muito boas ou muito ruins da vida, como se por um distanciamento do aqui e agora ele pudesse sublimar a dor inicial e os efeitos de algo que não tem volta. Seguindo esse percurso, podemos agregar os traços de "doçura" e "delicadeza" da voz, em complementariedade às marcas mais "duras" dos dedilhados do violão, para moldar o corpo desse sujeito que busca uma forma de sublimar a dor.

Temos, ainda, de tratar das canções que enfatizam as irregularidades entoativas no canto. As duas formas de combinação que apresentamos – homogêneas ou heterogêneas – podem funcionar como reforço, complementariedade ou contraposição aos modos de estabilização melódica do núcleo. Tudo depende de como ocorre a qualificação daquele sujeito nas combinações timbrísticas. Frisamos que, nas canções entoativas, esse procedimento funciona mais como um revelador do perfil entoativo irregular da fala. Por isso, além de amplificar e qualificar com algum traço sensorial e/ou afetivo, a combinação timbrística desenha as curvas entoativas que aparentemente não eram percebíveis no canto. Um exemplo bastante extremo é a quase-canção *Pensamento positivo*, de Hermeto Pascoal e Fernando Collor (1992), gravada no disco *Festa dos deuses* (1992). Ela inicia com um discurso apenas falado do ex-presidente Fernando Collor, o qual depois é reapresentado com um piano que faz a própria melodia da fala de Collor:

> (i) "Pensar positivo
> (ii) Pensar positivo
> (iii) Querer pensar positivo atrai bons fluídos"
> (Pascoal; Collor, 1992)

Figura 3.2 – Combinação timbrística entre voz e piano em *Pensamento positivo*, de Hermeto Pascoal e Fernando Collor

Na mesma linha, o músico Charles Cornell, em seu canal no YouTube, recorre a esse tipo de combinação timbrística com a fala do dia a dia de várias celebridades, sempre ressaltando um tom humorístico em seus vídeos, tom este que também é enfatizado por gestualidades faciais e cênicas. Ele chama essas interações de *memes musicais*, e, de fato, para haver um efeito humorístico, há uma necessidade de quebra de expectativa do público. Por isso, o procedimento incomum de empregar o contorno entoativo da fala revela uma face cômica desse recurso.

3.3 Núcleo e estilos cristalizados

Os estilos são constituídos com base em um conjunto de características que a partir de inúmeras reiterações no decorrer da história foram cristalizadas nas práticas cancionais. Quando reconhecemos um estilo, é porque manifesta marcas bastante estáveis na linguagem e, por vezes, são essas marcas que movem um cancionista a compor uma canção. Ele, de partida, decide criar uma valsa, um baião, um dueto, um *rock* etc.

Obviamente, quanto mais prototípico for o estilo, ou seja, quanto mais características-padrão estiverem presentes no arranjo geral da canção (núcleo + acompanhamento), mais fácil será seu reconhecimento. Os estilos de canção cristalizam padrões em todos os níveis e categorias que apontamos anteriormente, seja pela face entoativa, seja pela face melódico-musical: nos dêiticos; nos tonemas; nas elasticidades entoativas e melódicas; nas faixas entoativas e melódicas; nas unidades entoativas e melódicas; nas estabilizações melódicas por concentração e expansão; nas camadas métricas e rítmicas; no campo das alturas e de suas ressonâncias harmônicas; e, por fim, nas combinações timbrísticas.

Preferimos chamar essas configurações canônicas dos elementos da linguagem de *estilos*, mas podemos também encontrar a expressão *gêneros*. Adotamos o termo *estilo* porque acreditamos que ele envolve todas as camadas da linguagem da canção, desde o núcleo até os modos de circulação na sociedade. Em alguns casos, um estilo é tão amplo que leva a constituir formas de vida[5] que mobilizam não apenas os aspectos entoativos e melódico-musicais da linguagem cancional, mas também afetam a vida de seu público ouvinte manifestando-se em modos de vestir, falar, expressar afetividade, e de construir valores etc.

Existem estilos que englobam em seu escopo subestilos específicos, como o *rock* ou a música sacra, que abrangem, respectivamente, o *hard rock* e o *pop rock*, e o oratório e a missa, além de

...
5   Forma de vida é uma ideia desenvolvida pelo semioticista francês Jacques Fontanille (2003).

um número vertiginoso de outras possibilidades. Também há uma quantidade e uma variedade imensas de mistura de estilos. Quando se trata de elementos cancionais em comum, a mistura entre estilos é quase inevitável. Para não nos perdermos em um mar de pequenas variações desses modos de cristalizar os elementos cancionais – até porque isso dependeria de observarmos o curso da história desses estilos –, aqui tomaremos as diferenças entre as práticas populares e líricas de canção.

Ainda não levaremos em conta os estilos de agrupar as canções, seja pela formação instrumental, como um dueto, um *power trio*, um quarteto, voz e instrumentos etc., seja pela união delas em uma realização, a exemplo de discos, recitais, *shows*, ciclos, *missas* etc. Primeiramente, analisaremos como cada canção constitui um estilo de maneira autônoma. Na prática lírica, tal autonomia nem sempre foi tão clara. Ela surgiu primeiro nas óperas e operetas e, depois, no Romantismo, se fortaleceu nos *lieds*, que, no fundo, são as canções na acepção que conhecemos mais corriqueiramente.

Para as canções autônomas, podemos fazer uma diferenciação de base dos estilos empregando o mesmo método que usamos para distinguir as duas principais forças que mobilizam a percepção das canções: predominantemente pela força entoativa e, de outro lado, pela força melódico-musical, sejam estas operadas por concentração ou por expansão. A fim de diferenciar as operações melódico-musicais, levaremos em conta principalmente os andamentos musicais e, em certa medida, os **percursos juntivos** – isto é, ou a predominância de conjunção ou de disjunção. Esse nível de percepção ocorre depois que as relações intensas entre núcleo e acompanhamento instrumental já foram estabelecidas. Dessa maneira, apontaremos os sentidos que surgem nas interações entre núcleo + acompanhamento e os estilos cancionais.

Iniciemos com os estilos da **prática popular**:

- Pelo lado operado por **concentração**, os estilos costumam valorizar os **andamentos rápidos** e a predominância de **percursos conjuntivos**. Por vezes, tais estilos também têm uma marcação enfática das pulsações e reiterações rítmicas e motívicas. São exemplos bastante gerais: afoxé, maracatu, frevo, coco, baião, axé, vanerão, *chamamé*, *rockabilly*, *punk rock*, *swing jazz*, *dance* etc. Incluem-se nesse rol geral as **canções rápidas** de samba e pagode, bem como de valsa, *reggae*, bossa nova, folclore, *blues*, *funk* e *soul* (estadunidense e brasileiro), além de subtipos da música *pop*, sertaneja e caipira, entre outros[6].
- Pelo lado operado por **expansão**, os estilos costumam valorizar os **andamentos lentos** e a predominância de **percursos disjuntivos**, por vezes também com "desigualdade temática" e valorização das durações melódicas. São exemplos: bolero, balada, serenata, xote, milonga, toada, brega, *grunge*, guarânia etc. Incluem-se nesse rol geral as **canções lentas** de samba e pagode, bem como de valsa, *reggae*, bossa nova, folclore, *blues*, *funk* e *soul* (estadunidense e brasileiro), além de subtipos da música *pop*, sertaneja e caipira, entre outros.
- Pelo lado operado pelas **forças entoativas**, os estilos costumam valorizar as irregularidades da fala, ou seja, as **imprecisões métricas e rítmicas**, tanto da melodia quanto do acompanhamento, além das confirmações dos tonemas comuns à fala e de

...
6 Nesta etapa, não nos interessa fornecer um inventário exaustivo, pois há uma infinidade de tipos e subtipos de estilos. Aqui, apresentamos uma pequena amostra da grande variedade de estilos de canção popular que existem no mundo.

uma plausibilidade comum aos discursos cotidianos. Todos os estilos que citamos anteriormente também apresentam muita força entoativa; portanto, enfatizaremos alguns que exploram uma proximidade ainda maior com a fala, a saber: o caso prototípico do *rap*, a maioria das canções do Grupo Rumo[7], de Jorge Ben Jor, de Lou Reed, de Bob Dylan e algumas canções de Arrigo Barnabé, entre outros artistas.

Na **prática lírica** de canção, não existem tantos estilos quanto na popular. Isso porque, pela coerção da prática, há uma abertura menor para a variação dos elementos que constituem os estilos já consolidados. Muito da profusão de estilos da prática popular deriva das mutações produzidas nas novas *performances* ou gravações. As canções líricas tendem a manter com mais severidade os elementos que asseguram a identidade do estilo, principalmente os melódicos e musicais. Seus estilos se agrupam mais frequentemente pelas **formações instrumentais** – vocais (a *capella*) ou voz e instrumentos – ou pelos **ciclos** de canções. Tais agrupamentos são conhecidos como as formas clássicas, a exemplo de cantatas, missas, óperas[8] e operetas, motetos, oratórios, ciclos etc.

No entanto, como mencionamos anteriormente, não há um modo diferente de perceber os mecanismos de construção das canções nas práticas líricas. Por isso, os estilos são classificados pelas mesmas divisões da prática popular. Os estilos observados pelas operações de **concentração** ou **expansão** podem ser reconhecidos no interior dos agrupamentos, seja pelas formações instrumentais,

• • •
7   O grande motivador do Grupo Rumo é Luiz Tatit.
8   As óperas não se constituem somente de canções, apesar de estas representarem uma das presenças mais importantes do espetáculo. Outros elementos dizem respeito a aspectos como iluminação, cenário, encenação etc.

seja pelos *ciclos*. Por exemplo, o *Credo* da *missa em Dó maior*, de Mozart, opera predominantemente por concentração, ao passo que o segundo *Credo* (*Et Incarnatus Est*) da *missa Nelson em Ré menor*, de Haydn, opera predominantemente por expansão.

Pelo lado operado pelas **forças entoativas**, há o caso prototípico dos recitativos de ópera e das canções que utilizam o *sprechgesang* ou *sprechtimme* (canto ou vocal falado), conforme proposto por Schoenberg pela primeira vez no ciclo de canções *Pierrot Lunaire* (1912). Incluem-se nesse rol várias canções (ou *lieds*) de Schumann e de Debussy. No entanto, ressaltamos que o ponto de vista principal que move as duas práticas é diferente: **na popular**, há predominância do ponto de vista entoativo, das estéticas de **oralização**; já **na lírica**, prevalece o ponto de vista melódico-musical, isto é, das estéticas de **musicalização**. Desse modo, a *performance* e a realização de um estilo entoativo da prática popular se diferenciam um pouco do estilo entoativo da prática lírica, principalmente no que diz respeito ao **modo de cantar** o núcleo, ou seja, aos "registros de canto", assunto sobre o qual já discorremos.

Além das classificações entre estilos predominantemente entoativos e/ou operados por concentração ou expansão, há certos conteúdos que também foram cristalizados pelos diversos estilos, como os traços de contestação e agressividade geralmente empregados no *punk rock*, assim como os traços de alegria e entusiasmo presentes no axé, entre outros. A seguir, exploraremos alguns exemplos breves de como as inversões de estilo em certas reinterpretações de uma mesma canção podem alterar seus efeitos de sentido.

3.3.1 Inversões de estilos cristalizados

A canção *Lugar comum*, de Gilberto Gil e João Donato, foi gravada em um disco ao vivo de Gil em 1974 com um arranjo que lembra um forró, tanto pela presença da combinação timbrística (triângulo + zabumba) quanto pela unidade rítmica que caracteriza esse estilo (colcheia pontuada + colcheia pontuada + colcheia). Em 1995, no disco *Ninguém*, Arnaldo Antunes regravou essa canção com um arranjo que lembra um *rock*, tanto em virtude da combinação timbrística (*power* trio: bateria, baixo e guitarra com distorção) quanto pela característica gritada: nas interpretações do núcleo, a voz assume característica importante nos *rocks* mais pesados.

A canção tem um narrador que descreve a materialidade da "beira do mar" pelas ações da natureza: "a água bateu", "o vento soprou" etc. Ainda, aponta os elementos presentes no lugar: "o fogo do sol", "o sal do senhor" (Gil; Donato, 1974). Em acréscimo, constrói um tempo do sempre, isto é, a ideia de que tudo sempre foi e ocorre assim. Isso serve para materializar e enfatizar a conjunção do narrador com o lugar. O arranjo de Gil ajuda a confirmar esse efeito de contemplação que está na letra. Já pela inversão de estilos, na interpretação de Arnaldo Antunes, cria-se uma ironia entre a contemplação enfatizada pela letra e uma espécie de revolta e agressividade que o arranjo confere à canção, tanto pela escolha timbrística do núcleo (a voz gritada) quanto pelos modos de organização do acompanhamento. O efeito de ironia se fortalece porque nele está implicado um diálogo entre as versões, uma intertextualidade. A versão de Gilberto Gil é, portanto, uma gravação canônica da qual Arnaldo parte para sugerir uma espécie de crítica a uma contemplação descompromissada desse lugar que pode representar o país, entre outras coisas.

No mesmo disco, Arnaldo Antunes gravou uma versão de *Judiaria*, de Lupicínio Rodrigues, também com um arranjo geral que lembra um *rock*, ao passo que a versão do compositor gravada em 1973 apresenta um arranjo no estilo de uma guarânia, de origem paraguaia. Nessa canção, o sujeito se encontra no momento em que teve a oportunidade de desabafar para o sujeito "você" a respeito da disjunção amorosa que aconteceu no passado, estando implícito na letra que o "você" desapareceu da vida dele. Na versão de Lupicínio, há uma espécie de raiva resignada nesse desabafo que enfatiza mais a dor da disjunção amorosa, uma vez que o arranjo produz uma melancolia marcada pelas operações de expansão. Na versão de Arnaldo, essa raiva deixa de ser resignada e revela toda a força da revolta e de vingança do sujeito a toda a "judiaria" que o "você" lhe causou.

Outra versão muito interessante dessa canção foi gravada por Arrigo Barnabé no programa *Ensaio*, da TV Cultura, em 1992. Ele mantém o arranjo em estilo de uma guarânia, mas inclui alguns elementos timbrísticos que acentuam a **força cênica**, mediante alguns rasgados na voz que remetem tanto a um sofrimento quanto a tons de raiva, além de tons de ironia, principalmente no início da letra. Tudo isso auxilia a construir uma figurativização mais completa do sujeito que está na letra. Por isso, as variações de humor (ironia, raiva, sofrimento etc.) da letra ganham relevo.

Existem vários exemplos de inversões de estilo que, como apresentamos, tonificam e ressaltam certos sentidos construídos no núcleo e que, muitas vezes, podem até produzir sentidos complementares. Os cancionistas do estilo *punk rock* fazem várias versões que atribuem um sentido cômico à canção, como a versão satirizada que o grupo Raimundos (2001) fez da canção muito passional

Desculpe, mas eu vou chorar, da dupla Leandro e Leonardo (1990), caso que já mencionamos. O importante é que as inversões mais drásticas de sentido ocorrem quando há uma intertextualidade muito marcada, ou seja, o diálogo entre as versões precisa ser muito explícito. Se o ouvinte não conhecer as primeiras versões da canção, talvez perca parte do sentido buscado pelo autor da nova versão.

Na prática lírica, são raríssimas as inversões de estilo, já que pelas coerções da prática há menos abertura para reorganizações dos elementos que constituem as versões originais. Por essa razão, entendemos ser mais proveitoso enumerar os elementos de expressão e conteúdo que cristalizam as realizações de cada estilo. Por exemplo, os conteúdos religiosos específicos para cada parte da missa, os contextos narrativos de um oratório ou de uma cantata etc. Também é possível organizar os **ciclos de *lied*** por temáticas, e assim por diante. A catalogação e a tipologia de estilos podem ser as mais variadas a depender do objetivo dos catalogadores.

Muito da cristalização dos estilos se deve a outras forças que estão relacionadas aos modos de circulação das canções. A canção popular participa dos mercados da indústria cultural há muito tempo e, por isso, sua catalogação também é muito mais vasta. Já a canção lírica se introduz mais lentamente nesses modos de circulação.

3.4 Núcleo e estilos não cristalizados

Certos estilos são mais difíceis de se identificar, seja porque são muito misturados, pois contêm partes não tão prototípicas de alguns estilos em contato, seja porque são únicos, com elementos que ainda não tinham sido organizados de tal maneira. Geralmente, surgem em menor número e, de certa forma, são antagônicos aos estilos cristalizados, já que ameaçam a estabilidade dos elementos sedimentados em outros estilos.

No fundo, tais estilos de difícil identificação funcionam como o primeiro estágio de mutação e invenção, seja por novidade e unicidade, seja por mistura. Um caso bastante conhecido no Brasil se refere ao movimento da Tropicália, no final dos anos 1960. De modo simples, esse movimento unia elementos muito distintos numa mesma linguagem. Nos discos produzidos por esse movimento, há um pouco de tudo, de samba a *rock*, e mesmo no interior das canções havia misturas, inversões ou exacerbações muito marcadas de estilo.

De modo diferente, merece menção a novidade por unicidade que a bossa nova representou, com destaque para o modo de cantar de João Gilberto, muito mais próximo da fala do que a expressão dos "cantores do rádio"; esse evento pode ser comparado à novidade que os *Beatles* representaram para o *rock*.

Em razão do impacto causado por esses estilos não cristalizados, a prática cancional teve de se reorganizar e revisar o modo de classificar os elementos de tais estilos. Como sabemos, hoje eles estão cristalizados e são bastante compartilhados na sociedade. No entanto, sempre haverá alguma resistência dos estilos mais cristalizados diante das novidades estilísticas, o que é natural, uma vez que sua existência depende das reiterações. É o que tem acontecido no Brasil com o *funk* carioca. Aos poucos, esse estilo vai ganhando organizações e classificações, bem como tipos e subtipos, e sua circulação passa a ser mais ampla.

Evidentemente, a questão não se restringe ao modo como os elementos da linguagem da canção organizam os estilos. Coexistem nessa dinâmica forças de outras instâncias que conformam valores morais, estéticos e éticos; a despeito disso, em certas situações, o que parece impossível em dado momento pode se concretizar, como se nota com as canções evangélicas feitas nos estilos *axé*, *rock* etc. Nesse sentido, uma apropriação que poderia gerar certos ruídos de conteúdo num contexto temporal pode vir a ser absorvida em outro. Um *funk* evangélico, por exemplo, pode causar certo estranhamento atualmente, mas nada impede que venha a ser considerado normal no futuro.

Nas práticas líricas de canção, os estilos não cristalizados estão bem alocados na música contemporânea. Existe uma divisão bastante clara entre ambas: na canção contemporânea, há grande variedade de experimentalismos, desde o uso dos modos de fala e de canto (gritos, sussurros, harmônicos, bifônicos etc.) até os modos de organização cênica (figurino, encenação, cenário, iluminação etc.). Há uma permeabilidade bem menor entre as duas práticas de canção, clássica e contemporânea, diferentemente da canção popular, que assimila e permeabiliza com mais facilidade o contato entre os estilos.

Tendo analisado todas essas *nuances*, encerramos a apresentação das presenças musicais que também mobilizam e complementam os sentidos construídos no núcleo da canção. Em certos casos, tais presenças alteram ou até constituem as direções do núcleo na etapa da criação. É mais fácil encontrar essas situações principalmente em reinterpretações de uma mesma canção ou quando algum elemento musical é muito forte a ponto de constituir um elemento de estilo de um cancionista específico. Contudo, para que isso aconteça, em primeiras interpretações ou em versões diferentes de uma mesma canção, as presenças musicais devem alterar as tensões que representam o que, de alguma maneira, já está implicado nos caminhos da face da melodia voltada para as forças melódico-musicais.

Nas duas próximas seções, abordaremos outros níveis de organização e percepção estética das canções. Analisaremos, brevemente, de que maneira os arranjos gerais podem se relacionar no interior dos agrupamentos e das *performances*, e, por fim, como os modos de circulação funcionam na linguagem.

3.5 Práticas da canção

Nesta seção, apresentaremos de modo introdutório um campo que começa a ser explorado nas análises da linguagem da canção, as quais têm por base metodológica a semiótica de origem francesa. A cada novo nível de observação, novos problemas são colocados sob os mesmos pontos de vista, os quais gerem os mecanismos da linguagem. Outras áreas já se debruçaram sobre as práticas da canção, principalmente para observar os percursos historiográficos e sociológicos que mobilizaram a linguagem nas sociedades. À medida que aprofundarmos essa temática, comentaremos alguns autores que se ocuparam dos problemas aqui expostos.

Tendo em vista o caráter ainda inicial da empreitada, as próximas seções não têm a pretensão de dar cabo das generalidades que conformam essas práticas. Assim, abordaremos brevemente os **modos de realização** – formas de **agrupamento** das canções –, a *performance* e, por fim, os **modos de circulação** dos objetos cancionais na sociedade.

3.5.1 Agrupamentos: álbum, formações instrumentais e ciclos

Mafra (2019, p. 18, grifo do original) propõe um modo de observar os álbuns de canções considerando uma tensão que se estabelece entre a **autonomia** das canções e a **unidade** do álbum:

> Propomos, assim, que os limites de nosso objeto, ou ao menos de seu conteúdo sonoro, sejam definidos exatamente pela ocorrência dessa tensão entre a unidade do álbum e a autonomia de suas canções. Ora, se não houver, num dado disco, faixas distintas, cada uma com sua identidade própria minimamente marcada, possivelmente essa obra não será considerada um **álbum de canções**, mas, sim, uma peça musical ou cancional única, cujas partes se justificam em absoluto pela sua relação com o todo; no sentido contrário, é praticamente impossível conceber uma coleção de canções totalmente aleatória, que não apresente nenhum elemento capaz de amarrar as faixas que a integram, nem sequer um material gráfico que procure justificar verbalmente a existência dessa coletânea[9].

Aqui, estendemos a proposta de Mafra (2019) a todos os agrupamentos de canções, seja nas práticas líricas, seja nas populares. Em cada coleção de canções, parece haver, em seu desenrolar, faixa a faixa, canção a canção, suas ligações com o todo, ou seja, as relações com um ou mais elementos que as reúnem – a exemplo de um tema, de uma formação instrumental, de um estilo etc.

---

9 Mafra utiliza a importante produção sobre os desdobramentos do disco de canção que foi realizada por Sergio Molina (2015 e 2018), autor que coordena o primeiro curso brasileiro de Pós-Graduação em Canção, pela Faculdade Santa Marcelina, em São Paulo.

De um lado, há a **força de unicidade** de um conjunto de canções que orbitam em torno de um único elemento (ou poucos elementos), como as missas, compostas de cinco ordinários (*Kyrie*, *Gloria*, *Credo*, *Sanctus* e *Agnus Dei*) da missa católica e ortodoxa. Tais partes têm textos fixos no rito religioso. As *liederkreis* (ciclo de canções) do Romantismo e Pós-Romantismo alemão são exemplos muito claros de agrupamentos que comungam um tema e/ou uma narrativa. Nas práticas populares, podemos citar o disco conceitual *The wall* (1979), da banda britânica Pink Floyd, cujas faixas tematizam o isolamento e as perdas da vida. Assim, o elemento que promove a reunião das canções pode ser de vários níveis: desde as estratégias específicas do núcleo, do conteúdo linguístico ou dos desdobramentos melódicos-musicais, até as conformações estilísticas, como um álbum de pagode ou um ciclo de árias italianas, entre outros.

De outro lado, nota-se a **força de autonomia** das canções em determinado agrupamento. Ilustra esse caso o disco *Tropicália ou Panis et Circencis* (1968), lançado por Caetano Veloso, Gal Costa, Gilberto Gil, Nara Leão, Os Mutantes, Tom Zé, Capinam, Torquato Neto e com arranjos de Rogério Duprat. Nesse álbum, cada canção tem um estilo particular em relação a outras faixas, o que, na época, representava uma junção de estilos considerada quase incompatíveis. Apesar de as canções de *Pierrot Lunaire* (1912), de Schoenberg e Albert Giraud, serem centradas nas narrativas do ator central e canônico Pierrot, há uma diversidade estilística nas canções, a qual, na época, também foi considerada muito surpreendente e, muitas vezes, de difícil apreensão. Esse período demarcou o início do afastamento mais severo do sistema tonal. Tal movimento ficou conhecido como *atonalismo*, que, para todos os efeitos, não se tratou de uma negação completa do sistema tonal – como foi o dodecafonismo, proposto posteriormente por Schoenberg –, mas sim de um afastamento topológico tão acelerado que não havia tempo suficiente para que a percepção humana compreendesse as tensões dos campos tonais reconhecidos mais corriqueiramente.

Existe uma clara diferença entre os agrupamentos nas práticas populares e líricas. Evidencia-se, respectivamente, mais autonomia das canções de um lado, e mais unicidade do conjunto de outro. É fácil notar esse movimento nos modos de circulação das canções. Na prática popular, as canções autônomas circulam mais – a exemplo dos *hits* –, ao passo que, na prática lírica, é o conjunto de canções que circula nos meios de divulgação das sociedades – como as cantatas de Bach e os ciclos de *Schubert*.

As duas conhecidas formas de agrupamento que também envolvem presenças musicais e cênicas em suas constituições são as óperas, as operetas e suas variações – entre as práticas líricas – e os musicais – entre as práticas populares. Ambas operam mais por unicidade; entretanto, por vezes, a canção ganha tamanha autonomia que passa a circular mais do que o conjunto de canções.

É possível refinar as percepções estéticas observando o interior dos agrupamentos de canções. Mafra (2019) descreve minuciosamente o disco *Canções Praieiras*, de Dorival Caymmi (1954). Ao observar como ocorre o jogo de graus de concentração e expansão melódicas dos núcleos de cada canção no álbum, Mafra salienta um "ritmo" de alternância entre uma primeira parte, com predominância de continuidades conjuntivas operadas por concentração – o lado A do vinil –, e uma segunda parte, em que prevalecem as descontinuidades disjuntivas operadas por expansão – o lado B. Para diferenciar a narratividade das canções no interior dos agrupamentos, incluiríamos as predominâncias ou entoativas ou melódico-musicais, ou seja, algumas canções que se aproximam mais das irregularidades da fala e outras que são mais estabilizadas do ponto de vista melódico-musical.

Com base no exposto, identificamos dois grandes modos de observar os agrupamentos de canções: (1) mediante a comparação entre coleções de canções, pode-se diferenciá-las pela tensão entre a unicidade dos conjuntos e a autonomia das canções; e (2) dadas as relações internas aos agrupamentos, pode-se observar os graus de predominância entoativa e melódico-musical ou os graus de concentração e expansão das canções.

3.5.2 *Performance*: videoclipe, *show*, concerto e espetáculo

Ao empreender investigação sobre a música cênica contemporânea brasileira, Bonin (2018) observou como se constroem os sentidos nos objetos erigidos sobre a tensão entre presenças musicais e presenças cênicas, sempre geridas, nesse caso, por uma força musical denominada **regência musical**.

É possível aplicar esse raciocínio às *performances* de canção considerando-se a tensão entre presenças cancionais – o que inclui tanto a força entoativa quanto a força melódico-musical – e presenças cênicas. No entanto, o que rege e conduz uma *performance* de canção é a **força cancional**, a qual compreende todos os níveis de organização que vão desde o núcleo até os modos de estruturação dos agrupamentos das canções.

Bonin (2018) optou por observar a **presença cênica** tomando como base uma gradação do uso de elementos cênicos nos objetos musicais – isto é, da menor à maior presença de elementos de iluminação, encenação, figurino, gestualidades etc. Tais "medições" partiram de uma **latência cênica** que é natural em qualquer *performance* de música ao vivo. Aplicando o mesmo procedimento, é possível identificar elementos mínimos e já latentes de presença cênica, mesmo na audição de uma gravação de canção, levando-se em conta apenas os **modos de locução** (ou modos de fala). É possível detectar elementos cênicos, a exemplo de um timbre de voz "gritada", "medrosa", "chorosa" etc., bem como elementos sonoros que constituem um *show* ou concerto ao vivo, como aplausos, som do público, conversas e falas dos intérpretes no palco etc. Esses elementos, que além de sonoros revelam atos cênicos, colaboram para a configuração mais precisa do corpo do sujeito. Isso possibilita observar com mais precisão a **figurativização de pessoa** daquela cena enunciativa projetada pela canção.

As *performances* que incluem elementos visuais, como videoclipes, *shows*, recitais e concertos, gravados ou ao vivo, contam com presenças cênicas que atuam de maneira mais forte na complementação de sentido produzido pelas canções. Concentrando-se nos elementos que enriquecem a figurativização de pessoa, percebe-se uma junção dos elementos visuais e gestuais do corpo do cantor em cena com os elementos dos corpos dos sujeitos projetados pelas canções. Portanto, um figurino mais realista, vinculado mais aos hábitos do cotidiano, pode agregar traços de "simplicidade" ao sujeito projetado pela canção, além de, em determinadas situações, indicar um espaço geográfico e uma época específica do uso daquela vestimenta.

Há *performances* que incluem ainda mais elementos cênicos ligados às canções, como nos agrupamentos que citamos anteriormente: a ópera e o musical. Tais práticas constroem um efeito de realidade por meio da riqueza dos elementos cênicos. Nessa perspectiva, a cena enunciativa pode conter determinada iluminação, enredo ou *libretto*, figurino, cenário etc., e tudo isso contribui para a construção de sentido das canções.

Além da tensão entre as presenças cancionais e cênicas as quais constituem as performances, podemos analisar como as canções operadas mais pela força entoativa ou mais pela força melódica-musical constroem cenas mais conectadas, respectivamente, às práticas utilitárias do cotidiano ou às práticas artísticas de *performance*.

A diferença entre práticas artísticas e utilitárias foi explorada por Tatit (2010) com base em uma análise do conto *A terceira margem do rio*, de Guimarães Rosa. Valendo-se da força narrativa desse texto rosiano, o autor demonstrou que: de um lado, as práticas utilitárias são aquelas em que os elementos expressivos como a gestualidade, o modo de caminhar e os modos de falar não são tão importantes como os objetivos de cada uma dessas ações – abrir uma porta, caminhar até o supermercado, transmitir uma mensagem etc.; de outro, cada pequena ação expressiva em uma prática artística ajuda a construir o sentido do objeto performático. Assim, uma voz sussurrada pode representar um segredo, uma movimentação intermitente do corpo pode simbolizar uma inquietação, uma expressão facial pode se referir a um sentimento, e assim por diante.

A canção como *performance* pertence, evidentemente, às práticas artísticas. Por isso, na maior parte de suas realizações, ela produz elementos cênicos que complementam o sentido das canções. No entanto, ela ainda pode se aproximar das práticas utilitárias, na medida em que utiliza recursos cênicos que auxiliam a construir uma cena mais próxima do cotidiano.

Um exemplo bastante didático é o programa *Ensaio*, da TV Cultura. Ao mesclar a *performance* das canções com a entrevista aos intérpretes e cancionistas, o programa se aproxima das falas e das interlocuções do cotidiano; há, portanto, um reforço da força entoativa da *performance* da canção. Trata-se de um caso bastante extremo em que as presenças cancionais e cênicas estão bem separadas na realização performática. Entretanto, as canções mais entoativas também adicionam certo grau de prática utilitária nas *performances*; seria por isso, entre outras razões, que é difícil decorar as canções de *rap*, uma vez que, segundo Tatit (2007), a maioria das locuções cotidianas é descartada assim que a mensagem é apreendida. Ao mesmo tempo, a força entoativa e a aproximação com as práticas utilitárias atribuem às canções de *rap* um sentido de discurso social e político. De fato, esse estilo também simboliza um discurso de revolta contra desigualdades sociais, o que se manifesta principalmente no conteúdo das letras. Algo que ajuda a reforçar essa aproximação com os discursos políticos e sociais é a entoação muito próxima da fala.

Para uma exploração mais cuidadosa da temática aqui apresentada, as etapas de pesquisa devem conter exemplos e buscar certa regularidade nas realizações performáticas da canção. Assinalamos, então, que existem dois grandes modos de observar as *performances*: (1) pela comparação entre realizações considerando-se uma maior ou menor presença de elementos cênicos; (2) pelas relações existentes no interior das *performances* e pelos graus de predominância entoativa ou melódico-musical que se vinculam, respectivamente, às práticas utilitárias e às práticas artísticas.

3.5.3 Modos de circulação

Por *circulação* entende-se a dinâmica de trocas e compartilhamentos das canções na sociedade. Há uma significativa interdisciplinaridade nos modos de perceber tais trocas, pois os modos de circulação representam o campo, em música, que mais produz reverberações e desdobramentos acadêmicos, midiáticos e jornalísticos sobre a canção. O fluxo de trocas pode ser observado com base nas dinâmicas mercadológicas que organizam tanto a circulação das gravações e de videoclipes (nos mais diversos meios e plataformas de compartilhamento), de canções autônomas ou de agrupamentos variados, quanto a realização das *performances* mediante *shows* e concertos únicos, festivais, programas de TV, *lives* de internet etc.

Os desdobramentos críticos dos modos de circulação têm orientações geográficas, historiográficas, antropológicas, sociológicas, mercadológicas e socioeconômicas. No Brasil, por exemplo, a canção popular sempre teve, entre as linguagens artísticas, um papel fundamental (e talvez central) na circulação dos valores culturais da sociedade. Não por acaso, os principais estudiosos e críticos brasileiros costumam detectar nas canções elementos cruciais para entender as mudanças sociais do país. A literatura e o audiovisual – este inclui o cinema e a TV – também são importantes linguagens artísticas que fornecem informações que ajudam a compreender a nação.

O fluxo de trocas costuma se organizar no mercado fonográfico e performático segundo os estilos, com seus tipos e subtipos, utilizando-os como pontos-chave para a confluência com outros setores do mercado, como a indústria de bens de consumo. Atualmente, basta abrir uma plataforma de *streaming* que faz compartilhamento de canções para verificar a catalogação de estilos que mais permeiam o meio social. O resultado de tal exame na atualidade mostra que os estilos de maior penetração são: sertanejo, *funk*, *pop*, samba e pagode, *rock*, *hip-hop*, cristã e MPB, todos pertencentes às práticas populares.

É interessante notar que as práticas populares têm muito mais presença nos mercados fonográficos, como descreve Tatit (2007, p. 159, grifo nosso):

> Essa intersemioticidade [canção e língua oral] garante, em última instância, o estatuto popular da canção. De fato, em virtude desse **lastro entoativo e linguístico**, cuja integração na fala do dia a dia todos estão aptos a fazer e a reconhecer, a canção apresenta uma tendência ao popular que justifica, de um lado, sua produção intuitiva (não alfabetizada do ponto de vista musical) e, de outro, sua enorme penetração e eficácia nos meios de comunicação.

A canção lírica enquadra-se na seção dos clássicos ou das óperas. Isso revela uma ligação catalográfica da prática lírica com os desdobramentos da música instrumental de concerto. No entanto, frisamos que a catalogação por vezes não tem a ver com sua constituição mais bem detalhada; ela pode se basear em pequenos aspectos em comum para alcançar a maior eficácia possível de circulação.

As plataformas de circulação estão refinando o modo de organizar e oferecer canções, principalmente mediante o rastreamento e a conformação dos gostos e usos mais recorrentes de seus clientes – consequência da reunião e análise de dados pessoais, bem como de algoritmos das redes virtuais. Assim, sempre que alguém escuta uma canção em uma plataforma de *streaming*, em determinado momento e local e durante certo tempo, o sistema reorganiza as canções a serem sugeridas a esse ouvinte. Infelizmente, esse é um caminho que, apesar da eficácia de atração dos clientes, restringe a experiência do ouvinte àquilo que já lhe é familiar.

Os fluxos de trocas sempre estiveram em mutação ao longo da história. Por exemplo, a prevalência atual das canções autônomas – *singles* – já foi uma prática predominante na época do surgimento do vinil. Contudo, outras questões de ordem técnica precisam ser levadas em conta. A possibilidade de gravar canções representou um acontecimento que alterou a lógica de circulação de todos os objetos musicais no mundo. Por isso, a possibilidade de ouvir novamente e várias vezes conferiu às canções e às músicas um novo potencial de circulação.

O que se manteve inalterado, portanto, foi a força de catalogação que considera os estilos cancionais, assunto que já comentamos ao discorrer sobre as presenças musicais da linguagem. Isso significa que é possível observar a circulação das gravações tomando como referencial estilos cristalizados ou não cristalizados nas sociedades. Muitas vezes, os estilos que ainda não são estáveis recebem o rótulo de *independente*.

Em virtude do alto grau de alcance, que pode abranger o mundo todo, a circulação das gravações é o que mais impulsiona a dinâmica das *performances*. Salientamos que existe uma retroalimentação: o cancionista precisa iniciar e dar continuidade a sua carreira apresentando-se ao vivo, seja em *shows*, concertos, programas de TV etc.; porém, o modo de produzir que gera mais eficácia na circulação atualmente são as gravações, com mais força na prática popular e menos na lírica.

Para entender a força das canções segundo seus modos de circulação, é preciso reconhecer que a diferença entre os estilos é gerida por uma tensão entre **práticas sociais centrais e periféricas**.

Quanto mais um estilo cancional estiver em voga na sociedade em determinado momento histórico, mais ele poderá corresponder ao principal conjunto de valores compartilhado pelos sujeitos nesse contexto. Os estilos mais periféricos funcionam como contraponto às forças mais unificadoras das práticas centrais.

A essa tensão muitos pesquisadores e críticos associam seus argumentos a respeito dos extratos sociais e de seus valores dentro das sociedades em questão. Nesse estágio, a canção caracteriza-se como uma das linguagens que constituem esses núcleos sociais mais ou menos centrais, ou mais ou menos periféricos. Logo, ela ganha mais destaque a depender da força que exerce em cada localidade.

No Brasil, merecem menção os trabalhos pioneiros e já muito conhecidos de José Ramos Tinhorão. Apesar das diversas polêmicas em torno de suas publicações, seus estudos são incontornáveis. Outros trabalhos a serem considerados são os de Zuza Homem de Mello, José Miguel Wisnik, Walter Garcia, Ruy Castro, Nelson Motta, Lira Neto, Carlos Calado, entre outros. Soma-se a essa lista o escrito de Caetano Veloso, *Verdade tropical*, de 1997, sobre o movimento tropicalista brasileiro.

Ainda, há autores como Marcos Napolitano, que, sob um viés histórico, escreveu em 2001 o livro *Seguindo a canção: engajamento político e indústria cultural na MPB (1959 a 1969)*. Além dele, Luiz Tatit elaborou, em 2004, um livro sobre os caminhos históricos das canções brasileiras intitulado *O século da canção*. A lista dos autores que de algum modo centraram suas análises e seus textos na canção brasileira é considerável. Elencamos aqui apenas um grupo principal de referências a serem consideradas.

3.6 Estéticas da oralização e da musicalização

Até este ponto do capítulo, traçamos um longo percurso que se estende desde as primeiras organizações da interação entre melodia e letra até os modos de circulação das canções nas sociedades. Passamos, portanto, por toda a espessura da linguagem. E mesmo que tenhamos deixado alguns pontos de lado, os níveis que foram apresentados com mais detalhamento – principalmente as três primeiras seções – ajudam-nos a entender melhor os principais caminhos de apreensão estética das canções. Nesta seção, reuniremos nossas considerações sobre as categorias estéticas gerais da oralização e da musicalização.

De modo bastante genérico, as apreensões estéticas não escapam completamente da noção compartilhada e positiva do que é predominantemente belo em dada sociedade. Mesmo o feio (ou o pitoresco), segundo Greimas (2002, p. 79), somente é estetizado mediante a "beleza da feiúra". Apesar dos valores sociais que, em conjunto, constroem os gostos (belo) e os desgostos (feio) mais compartilhados, escolhemos, ainda que artificialmente, conferir certa isonomia às forças que geram a canção para que, por fim, possamos observar as possibilidades estéticas de que a linguagem, mediada pelos sujeitos, dispõe para construir seus objetos.

Como mencionamos anteriormente, a principal diferença entre as práticas líricas e populares é que, respectivamente, as primeiras são geridas predominantemente pelo ponto de vista melódico-musical, e as segundas, pelo ponto de vista entoativo. Na direção contrária, neste ponto de nossa abordagem, focaremos nas principais semelhanças entre ambas, a fim de traçar paralelos entre canções e estilos de épocas distintas, os quais, embora tenham diferenças, podem ser observados pelas forças entoativas e melódico-musicais, que regem, respectivamente, a oralização e a musicalização da linguagem.

Diante do exposto, nas próximas subseções, trataremos da tensão que estabelece as diferenças entre uma **estética do plausível** e uma **estética do inefável**. Cada uma dessas direções constrói efeitos estéticos por vias distintas, o que nos possibilitará compreender as forças ambivalentes que atuam na percepção das canções.

3.6.1 Oralização: o plausível

Abordaremos, a seguir, algumas canções e estilos que constroem seus efeitos estéticos predominantemente por meio da força entoativa. A estética da oralização valoriza mais as interlocuções do cotidiano. Por isso, as letras costumam ter temáticas e figuras mais próximas dos assuntos mais corriqueiros e do modo como falamos a respeito deles no cotidiano. Ao mesmo tempo, as melodias apresentam pouca extensão e irregularidade motívica; além disso, há uma valorização das finalizações (tonemas) e das curvas entoativas da fala. É como se, no fundo, estivéssemos diante de uma **estética do plausível**, lugar onde a beleza se constrói a partir da **ressemantização** (Tatit, 2019) das coisas cotidianas.

Iniciaremos o trabalho com a temática recorrendo a um caso interessante: a obra do cancionista brasileiro Waldemar Henrique (1905-1995). Suas canções mais conhecidas são interpretadas por cantores populares e líricos, o que demonstra, de partida, um importante equilíbrio de *performances* para apontar a predominância da força entoativa em sua obra. Boa parte das canções de Waldemar

Henrique explora temas vinculados ao folclore brasileiro, os quais são narrados com alto teor de oralização, de maneira semelhante à contação de histórias ou de contos populares. Isso localizaria o cancionista brasileiro mais facilmente no centro da prática popular; porém, ele se consagrou e se estabeleceu com mais força na prática lírica. Esse exemplo nos ajuda a entender que apesar das diferenças de realização das práticas cancionais, existe um jogo de forças que ajusta as presenças da linguagem oral e musical que estão em contato nas canções.

Nessa esteira, citamos as canções do ciclo *Trois Chansons de Bilitis* (1897), de Debussy e Louys. Além de as melodias terem pouca extensão e de haver uso predominante da reiteração de alturas (os uníssonos), a temática erótica fica camuflada pelas narrações e interlocuções cotidianas dos sujeitos. Em paralelo, assinalamos que boa parte das canções que pertencem ao estilo do *funk* carioca, apesar das evidentes diferenças, lida com a mesma temática e se utiliza dos mesmos recursos de oralização: proximidade com as entoações da fala, pouca extensão melódica, temáticas cotidianas, ressignificação dos atos comuns etc.

A canção integra as práticas artísticas, e não as utilitárias do cotidiano. Por essa razão, as ações do dia a dia descritas nas letras de canções ganham novas cores e alguns novos conteúdos. Os jogos de **semantização** daquilo que vivenciamos – ou seja, a construção de sentido atrelada a atividades como ouvir uma música, levar o automóvel ao mecânico, ou assistir a um filme etc. – seguem duas operações: (1) a **dessemantização** daquilo que já foi apreendido em determinada linguagem, o que chamamos mais corriqueiramente de *sentido naturalizado*; e (2) a **ressemantização** do que já foi desgastado pelos reiterados usos, isto é, a ressignificação do que já foi dessemantização. Tais operações correspondem a formas fundamentais que os sujeitos usam para construir os sentidos dos objetos, porém, mais precisamente, os **sentidos estéticos** dos objetos.

As experiências já dessemantizadas (ou desgastadas) são aquelas cotidianas. Assim, há certas ações que repetimos muitas vezes e cujas etapas realizamos sem perceber. Por exemplo, abrir uma janela envolve uma mecânica gestual na qual não pensamos, basta-nos que o objetivo utilitário seja concluído, ou seja, que a janela seja aberta. Tatit (2019, p. 51) aponta que os processos de dessemantização servem para "o manejo das línguas naturais, mas igualmente para as práticas gestuais cotidianas e todas as indispensáveis operações do universo computacional".

Já a ressemantização consiste em uma operação que refaz a força de sentido daquilo que foi desgastado na vida diária. As canções evocam das práticas utilitárias as coisas do cotidiano, que passam a ter uma importância renovada. Como exemplo, a letra e a melodia da canção *Conversa de botequim*, de Vadico e Noel Rosa (2003) ("Seu garçom faça o favor de me trazer depressa uma boa média que não seja requentada / Um pão bem quente com manteiga à beça / Um guardanapo e um copo d'água bem gelada"), passa a ganhar outras camadas de leitura que não existiriam na descrição de uma ação utilitária do dia a dia. Ocorre que o ato pragmático de pedir um café da manhã se transforma em uma espécie de pequeno ritual, no qual cada etapa faz parte de uma exaltação às programações corriqueiras. Como elas recebem uma regularidade entoativa na melodia estabilizada por concentração, há ênfase na conjunção do sujeito com esse pequeno ritual diário.

A ressemantização é, portanto, a principal força das canções que se constroem por meio da **estética do plausível**, pois é da plausibilidade do cotidiano que se extraem os sentidos artísticos e estéticos das canções que operam predominantemente por oralização. A sensibilização que experenciamos ao ouvir essas canções ocorre porque os percursos dos cancionistas se aproximam das experiências do cotidiano, ao ganharem força estética.

Por essa razão, estilos como o *funk* carioca e o *rap* constituem exemplos claros que nos permitem apontar como os fatos do cotidiano podem ganhar uma potência estética contundente. Por exemplo, a letra da canção *Diário de um detento*, do grupo Racionais MC's, apresenta o teor oralizado das narrações do cotidiano de um detento:

> "Aqui estou, mais um dia
> Sob o olhar sanguinário do vigia
> Você não sabe como é caminhar
> Com a cabeça na mira de uma HK
> Metralhadora alemã ou de Israel
> Estraçalha ladrão que nem papel
> Na muralha, em pé, mais um cidadão José
> Servindo o Estado, um PM bom
> Passa fome, metido a Charles Bronson"
> (Jocenir; Brown, 1998)

Nessa música, o modo de cantar, praticamente falado, enfatiza a força entoativa. Os pontos que costumam estabilizar as canções de *rap* são as rimas e as aliterações da letra, elementos que causam certa ressonância sonora, além do acompanhamento, o qual demarca uma regularidade métrica sob a qual pode existir mais ou menos presença musical, a depender do estilo do *rapper*.

Os recitativos de ópera também têm presença entoativa, principalmente no início da história das óperas[10] e em diálogos entre personagens. Geralmente, os recitativos descrevem situações cotidianas e funcionam como elos de movimentação da narrativa nas histórias, deixando as árias para os pontos mais intensos.

A projeção vocal e os desdobramentos sonoros das práticas líricas conferem grande força melódico-musical aos recitativos, evidenciando as já citadas gradações de presença das forças que gerem as canções – portanto, **graus de plausibilidade**.

Ao investigarmos tais gradações na linguagem como um todo, encontramos paralelos entre canções e estilos em ambas as práticas:

- Nas **práticas populares**, há situações-limite como o *rap*, o *funk* carioca, o Grupo Rumo, as canções de Bob Dylan, de Lou Reed etc., e a maioria das outras canções encontra-se em uma situação intermediária de plausabilidade[11].
- Entre as **práticas líricas**, há situações-limite como os recitativos, a técnica do *sprechgesang* de Schoenberg e, em certa medida, os experimentalismos de oralização da música contemporânea lírica. A maioria das outras canções se encontra em uma situação intermediária de plausabilidade.

• • •

10   Na história dos recitativos, há certa liberdade de variação que, por vezes, aproxima-os das características de algumas árias menos musicais. As cantatas de Bach, por exemplo, apresentam recitativos e, de fato, têm mais traços de oralização do que as árias. No entanto, eles não chegam a ser tão orais quanto os exemplos comuns entre as práticas populares, as quais representam o espaço no qual a força entoativa consiste no ponto de vista que gera os resultados estéticos.

11   Apontamos apenas algumas canções e estilos, mas o inventário pode ser gigantesco, a depender do objetivo de cada catalogação.

Como as estéticas plausíveis dependem da dessemantização do cotidiano, existe uma invariante fundamental para que seu efeito seja contundente: a cultura. Nada mais forte em uma cultura do que a língua natural. Por isso, os graus intermediários de uma prática cancional podem ser inapreensíveis quando inseridos em outras culturas linguísticas. Esse, talvez, seja um dos principais motivos que geram os conflitos entre as apreensões das diferentes práticas de canção.

Com base nessa estética central, a da plausabilidade, é possível encontrar outras formas estéticas mais específicas para observar certos grupos de canções, estilos individuais ou coletivos, modos de circulação etc., a exemplo de uma **estética da rotina**, como se verifica em algumas canções de Noel Rosa e de Chico Buarque, entre outros cancionistas.

3.6.2 Musicalização: o inefável

Nesta subseção, comentaremos alguns exemplos de canções e estilos que constroem seus efeitos estéticos predominantemente pela força melódico-musical. A estética da musicalização valoriza mais os conteúdos abstratos, míticos, alegóricos e poéticos. As letras costumam ter temáticas e figuras mais distantes dos assuntos cotidianos e do modo como falamos sobre eles no dia a dia. Ao mesmo tempo, as melodias revelam alto grau de padronização motívica (local ou à distância), e há uma valorização, como já registramos, das estabilizações e dos desdobramentos sonoros e musicais de todas as ordens, principalmente da estabilidade e da projeção do canto em detrimento das irregularidades e projeções da fala. É como se, no fundo, estivéssemos diante de uma **estética do inefável**, lugar onde a beleza se constrói na procura pelas coisas abstratas, indizíveis, invisíveis e intangíveis.

Ao valorizarem as reiterações e os desdobramentos da expressão sonora e musical, os conteúdos de certas canções ficam mais vagos, e se a força melódico-musical for empregada em seus níveis máximos, tais músicas sofrerão uma dessemantização intensa. Dito de outro modo, a maneira de organizar dinâmica, ritmo, alturas, harmonia, melodia e timbre que privilegia a repetição e a regularidade proporcional entre esses parâmetros musicais desvia o foco do conteúdo do que está sendo cantado para o modo de cantar e organizar as presenças musicais.

De início, essa explicação pode parecer um pouco confusa, mas a esclareceremos. As formas musicais se prestam a domar os sons, ou seja, retirá-los do universo instável das sonoridades irregulares e incontroláveis e, ao mesmo tempo, afastá-los das significações que as sonoridades da língua natural utilizam para produzir seus conteúdos. É por isso que os instrumentos musicais representam os meios de excelência que melhor cumprem esse objetivo, uma vez que contam com recursos que (quase) sempre possibilitam a realização dos mesmos conjuntos de sons, e é essa estabilidade que a voz mais "musical" procura encontrar. Depois de séculos de história desse modo de domar os sons, estabilizou-se uma espécie de língua natural das sonoridades musicais, sob a qual se alicerça a **linguagem musical**. Esse é um processo didático de dessemantização da expressão sonora e, principalmente, do conteúdo musical.

Não bastassem os desgastes dos usos e a pequena quantidade de elementos sonoros consolidados na linguagem musical, principalmente no tonalismo e nas escalas de alturas estabilizadas pela afinação temperada, as obras operam predominantemente por repetição e variação, bem como por proporcionalização e estabilização de todos os parâmetros musicais: as distinções claras de intensidade sonora que conduzem as organizações métricas e rítmicas; as proporções regulares das frequências que formam as alturas e harmonias; e as identidades timbrísticas reconhecíveis dos instrumentos de produção sonora. Portanto, as organizações internas das músicas são operadas principalmente por mecanismos de dessemantização, seja do conteúdo geral, seja das expressões sonoras (o modo de recortar os sons).

Isso de modo algum minimiza sua eficácia sensível e estética. Apenas revela que sua potência está na direção oposta das estéticas plausíveis. A plausabilidade parte dos elementos dessemantizados e desgastados do cotidiano para ressemantizá-los, ao passo que o inefável desgasta ainda mais os elementos dessemantizados da linguagem musical para chegar a efeitos estéticos mais abstratos e "invisíveis". Isso significa que: (1) uma direção procura a beleza nas obviedades e interlocuções do cotidiano; (2) a outra busca pela beleza nas coisas não habituais, não descritíveis por meio dos elementos concretizados na rotina. Por ora, alertamos que não nos interessa empregar juízo de valor sobre como essas duas direções opostas constroem seus efeitos estéticos. Elas existem graças à tensão que as constituem como forças que estão sempre presentes em qualquer escuta de canção. Para esclarecer o exposto, tomemos como exemplo a canção *Via Crúcis*, de Guinga e Edu Kneip (2007).

Uma simples leitura da letra revela um abundante jogo de imagens com diferentes qualidades. Depreendem-se traços semânticos da natureza em "chão", "céu", "solo", "sideral", "prata", "brasa", "pantanal", "lobo", "toró" etc.; da religião e da mitologia em "via crúcis", "cruz", "vitrais", "anunciação", "assombração" e "serpente"; da arte em "canção" e "cordel"; daquilo que é diáfano na percepção em "desalinha", "descolore", "transitória", "ilusória", "delírio" e "assombração"; do humano em "gente" e, apenas por inferência, em "gestação" e "lobo em mutação". Na primeira parte, há um narrador distante do que está sendo narrado, em um tempo presente e em um espaço não marcado. Somente na segunda parte, cuja melodia é diferente da primeira parte, o sujeito se aproxima a partir do imperativo "veja". Nesse trecho, ele apresenta traços mais concretos da natureza no espaço da "floresta", mesmo que, ainda assim, se trabalhem imagens vagas ou delirantes.

A melodia é operada por uma expansão melódica que privilegia as durações vocálicas e a disjunção. Além disso, tem um andamento lento, grande extensão e movimentação melódica, e as unidades entoativas coincidem com as unidades motívicas. Ainda, há afastamentos dos campos tonais e um acompanhamento instrumental bastante presente, tudo funcionando para enfatizar a força melódico-musical da canção, a qual ajuda a desviar o foco do conteúdo para os desdobramentos sonoros e musicais.

A exuberância semântica da letra, que busca por uma explicação para a vida em si, é operada por uma força melódico-musical tão presente que só reforça a imprecisão do sentido final da canção. E o objetivo é esse mesmo. Para lidar com um assunto tão amplo e abstrato – o sentido da vida –, a canção opera promovendo efeitos estéticos do inefável, ou seja, ela não esclarece quais são as ligações entre os variados campos semânticos da letra, ao mesmo tempo que é movida por uma forte dessemantização mediante os elementos musicais. Com isso, ela abre diversos caminhos de leitura para o caráter diáfano da vida.

As canções que procuram investigar as paixões e os sentimentos mais abstratos utilizam, com maior frequência, a mesma estratégia. Analisamos, há pouco, um exemplo de canção popular, mas há um maior número de exemplos na prática lírica, principalmente em virtude do predomínio da força melódico-musical que a conduz. A esse respeito, podemos observar um pequeno trecho da canção *"Das Trinklied vom Jammer der Erde"* ("A canção de beber a terra chorosa"), do ciclo *Das Lied von der Erd* (*Canções da Terra*), de Bethge e Mahler (1963):

> "Schon winkt der Wein im gold'nen Pokale,
> Doch trinkt noch nicht, erst sing' ich euch ein Lied!
> Das Lied vom Kummer soll auflachend in die Seele euch klingen.
> Wenn der Kummer Naht, liegen Wust die Gärten der Seele,
> Welkt hin und stirbt die Freude, der Gesang:
> Dunkel ist das Leben, ist der Tod."
> (Bethge; Mahler, 1963)
>
> "O vinho já está acenando na taça de ouro,
> Mas não beba ainda, primeiro eu vou cantar uma canção para você!
> A canção da dor deve soar como uma risada em sua alma.
> Quando a tristeza está próxima, jazem os jardins da alma,
> Murchar e morrer de alegria cantando.
> A vida é sombria, a morte também."

Na canção, o sujeito convoca o interlocutor, o "você" presente na letra, a se unir a ele no ato de beber e se alegrar, em que pese a vida e a morte serem sombrias. Trata-se, assim, da exaltação de um sentimento ambíguo, ou seja, de um alegrar-se apesar do traço negativo da tristeza que está presente tanto na morte quanto na vida. A melodia tem as mesmas características do exemplo anterior: grande extensão e movimentação melódica, unidades entoativas coincidentes com as unidades motívicas, muitos afastamentos dos campos tonais e acompanhamento instrumental extremamente presente. É uma obra para canção e orquestra.

Essa canção busca por uma espécie de contradição mais abstrata, a qual é reforçada por movimentações e conflitos muito intensos nos campos harmônicos da presença musical. A ambiguidade é uma chave para entender o tonalismo, mas, principalmente, para compreender o estilo estético de Mahler.

Para evidenciar o sentimento ambíguo e abstrato diante da vida, o cancionista usou como artifício um ato concreto (e plausível) de beber o vinho para se alegrar, evidenciando o que já assinalamos: as gradações de presença das forças que gerem as canções – portanto, graus de inefável.

Levando em consideração essas gradações na linguagem, estabelecemos paralelos entre canções e estilos de ambas as práticas:

- Nas **práticas populares**, há situações-limite em parte das canções da bossa nova e do cancionista Guinga, em algumas canções do Clube da Esquina e de Arrigo Barnabé, por exemplo; e a maioria das outras canções encontra-se em uma situação intermediária do inefável.
- Entre as **práticas líricas**, há situações-limite como as árias, de modo geral, mas, principalmente, as árias dos períodos romântico e pós-romântico, bem como os experimentalismos da música contemporânea lírica. A maioria das outras canções encontra-se em uma situação intermediária do inefável.

As canções com teor metalinguístico – que tematizam o gênero canção ou o ato de compor – costumam construir efeitos estéticos do inefável. É como se buscassem o princípio de formação da própria linguagem da canção. No entanto, vale ressaltar que as canções que operam pela estética do plausível podem chegar aos mesmos sentidos gerais das que privilegiam as operações do inefável, mas, certamente, por meio de outras estratégias.

A ênfase nos sentidos mais abstratos e na multiplicidade de leituras é valorizada pelas operações de dessemantização que são produzidas pela força melódico-musical. Com base nessa estética central, a do inefável, é possível encontrar outras formas estéticas mais específicas para analisar certas canções, grupos de canções, estilos individuais ou coletivos, modos de circulação etc. – por exemplo, uma estética da ambiguidade, como em Mahler e outros.

Síntese

Neste capítulo, abordamos duas estéticas (a do plausível e a do inefável) que são ambivalentes e operam nas canções por meio de jogos de dominâncias regidos pelas forças entoativas e melódico-musicais, as quais são interdependentes. Além disso, discutimos que os elementos de musicalização e oralização coexistem e se articulam em toda a canção. No limite, as duas estéticas se fundem num uno dos sentidos humanos, seja por uma ligação profunda com aquilo que nem se observa mais nas práticas do cotidiano, seja pela procura pelos sentidos invisíveis alcançados mediante os desdobramentos mais abstratos e poéticos.

Ainda, explicamos como se constroem os efeitos estéticos em canções e detalhamos os mecanismos da linguagem da canção. A cada passo, evidenciamos sob qual força determinada operação era predominantemente conduzida – se mais entoativa ou mais melódico-musical. Isso ocorre porque a canção é uma linguagem que se constitui pelas permeabilidades entre as linguagens da fala e musical.

Ao tratarmos das presenças musicais, expusemos uma ampliação da metodologia proposta por Luiz Tatit. A esse respeito, o modo como os elementos musicais atuam na construção do sentido geral das canções simboliza uma forma de adensar o estudo sobre a linguagem, desde que se mantenha a premissa de que o núcleo de sentido de uma canção reside na relação entre melodia e letra.

Ainda, enfatizamos que a metodologia apresentada neste capítulo se presta a observar as canções populares e líricas do Brasil e de outros países.

Por fim, afirmamos que observar as oscilações entre as forças que conduzem as canções fomenta uma visão mais livre de preconceitos estéticos. Esperamos que esse pequeno mapeamento da linguagem torne mais instigante e prazerosa a escuta e a apreensão estética das mais diversas canções do mundo.

Atividades de autoavaliação

1. O arranjo na canção se caracteriza:
    a) pelos cantos e pelo núcleo da canção.
    b) pelos instrumentos musicais e pela voz.
    c) pelas presenças musicais puras.
    d) pelos modos de cantar e pelo acompanhamento instrumental.
    e) pelas elasticidades musicais e pelos instrumentos musicais.

2. Os modos de cantar uma melodia e letra podem ser arranjados de diversas maneiras. Ao se examinar duas versões de uma mesma

canção, observam-se dois modos de arranjo do canto. Quais são eles?

a) A diferença entre os "registros de canto" (popular e lírico) e os modos de junção do sujeito e do objeto de valor.

b) A diferença entre os "registros de canto" (popular e lírico) e os perfis melódicos e entoativos.

c) A diferença entre os modos de estabilizar as canções (concentração, expansão e figurativização entoativa).

d) A diferença entre os modos de estabilizar as canções (concentração, expansão e irregularidades entoativas) e entre os "registros de canto" (popular e lírico).

e) Os modos de figurativização entoativa e os "registros de canto" (popular e lírico).

3. De que maneira podemos perceber as primeiras relações entre o canto e o acompanhamento?

a) Nos modos de cantar o núcleo da canção.

b) Em duetos, grupos vocais e instrumentos musicais.

c) Em estilos e ritmos musicais.

d) Em duetos e grupos vocais.

e) Em formações instrumentais e grupos vocais.

4. Os estilos musicais se constituem em quais práticas de canção?

a) Na repetição dos mesmos elementos linguísticos e no modo de compor as canções na sociedade.

b) Somente a partir de um conjunto de características melódicas de concentração e expansão.

c) Nas figurativizações entoativas das canções.

d) Nas imposições dos modos de circulação na sociedade.

e) Em um conjunto de características que, depois de inúmeras reiterações no decorrer da história, foram cristalizadas nas práticas cancionais.

5. Os modos de circulação das canções gerem a diferença entre os estilos por uma tensão entre que práticas sociais?
   a) Individualistas ou coletivistas.
   b) Homogêneas e heterogêneas.
   c) Orais e musicais.
   d) Entoativas e melódicos-musicais.
   e) Centrais e periféricas.

Atividades de aprendizagem

1. Expusemos ao longo do capítulo alguns modos de interação entre o núcleo da canção (melodia + letra) e as presenças musicais. Com base nessa interação, responda: Quais efeitos de sentido ela pode causar na escuta das canções?

2. Considerando o jogo entre as estéticas do plausível e do inefável, explique: Como as canções circulam na sociedade contemporânea?

Atividades aplicadas: prática

1. Apresente ao menos três reinterpretações de canções cujos arranjos sejam muito diferentes das interpretações originais. Dê preferência a novas interpretações que invertem estilos cristalizados de canções: por exemplo, do *rock* para o sertanejo.

2. Com base nas estéticas estudadas no capítulo anterior, enumere cinco canções que operam predominantemente pela estética do plausível e pela estética do inefável.

Capítulo 4
AUTONOMIA ESTÉTICA DA MÚSICA INSTRUMENTAL

Gustavo Bonin

A trajetória da música instrumental é construída pela conquista e aquisição de uma autonomia estética. Sua estabilização como linguagem se inicia no primeiro descolamento da canção e da dança – manifestações nas quais os instrumentos musicais tinham a função subordinada de acompanhamento – e se desenrola atualmente por meio dos desdobramentos e das investigações do próprio fenômeno sonoro e físico como objeto de sentido e de expressão musical e estética. Neste capítulo, descreveremos como ocorreu a conquista estética da linguagem musical.

4.1 Premissas gerais

A sedimentação dos sistemas musicais, com seus modos específicos de recortar e relacionar os sons do mundo, foi produzida tanto pela canção (ou música vocal) quanto pela música instrumental. Entretanto, sem dúvidas, as maiores explorações feitas no interior e nos contatos entre os sistemas musicais foram operadas pela música instrumental. Isso aconteceu em razão dos altos graus de flexibilidade, excelência e extensão, além da constante atualização que os instrumentos musicais ofereceram e ainda oferecem a instrumentistas e compositores.

O caminho da música instrumental também revela o surgimento de duas figuras e funções muito importantes na linguagem musical: o instrumentista (intérprete) e o compositor. No início da história da música ocidental, quase não havia separação entre o sujeito que compunha e o que tocava um instrumento musical. Geralmente, o cantor era também um compositor, caso dos trovadores medievais, de Josquin des Prez, de Guillaume de Machaut, de Johann Sebastian

Bach, de Giovanni Pierluigi da Palestrina, entre outros. Portanto, as funções não eram separadas. Foi somente com o Classicismo que, graças ao desenvolvimento técnico cada vez maior dos instrumentos musicais, o instrumentista passou a ser um especialista no instrumento ou em um grupo de instrumentos, e o compositor começou a escrever com mais abrangência e fluidez para um instrumento que não dominava.

Foi nesse panorama que se desenvolveram os papéis do compositor e do instrumentista tal como os conhecemos, respectivamente: um sujeito que escreve música para diversas formações instrumentais, como solos, duos, trios, quartetos, grupos e orquestras de tipos e tamanhos diversos; um sujeito que toca um ou vários instrumentos musicais. Evidentemente, há um grande número de indivíduos que assumem as duas funções, principalmente nas práticas populares de música instrumental. No entanto, como houve um intenso aperfeiçoamento das especificidades de cada uma dessas funções no decorrer da história das práticas musicais – a ponto de elas se cristalizarem separadamente –, assume-se que o sujeito toca um instrumento e também compõe.

Não pretendemos apresentar passo a passo o percurso histórico de consolidação da música instrumental como linguagem artística autônoma, mas sim demonstrar que existem diferentes modos de experienciar esteticamente as organizações "puramente" sonoras. Com base nos primeiros contatos com os instrumentos musicais, analisaremos a conformação dos sujeitos e das marcas estéticas que eles imprimem nas obras que aqui tomaremos como exemplo.

Diferentemente do que ocorre com a linguagem verbal e a linguagem da canção, os sujeitos não se mostram no objeto musical ao enunciarem "eu", "tu" ou qualquer derivação ou operação verbal possível. As marcas do sujeito projetado na obra musical são mediadas pelos instrumentos musicais, pelas representações gráficas (partituras) e pelas "formas musicais", assim como pelos estilos, temas, motivos, harmonias e combinações timbrísticas que geram, no decorrer da música, gradações que simbolizam o quão próximo ou distante o compositor e/ou instrumentista se coloca nas diversas qualidades sonoras possíveis.

Assim como procedemos no capítulo precedente, recorremos à base metodológica da semiótica discursiva (Greimas; Courtés, 2008) para estudar as práticas de concerto e as práticas populares de música instrumental. Ambas são geridas pela mesma força musical que confere sentido às sonoridades. Em cada etapa, apresentaremos os processos de criação, a *performance* e a escuta das obras. Desse modo, propomos uma reflexão sobre as apreensões estéticas da música instrumental tomando como base seus próprios mecanismos de produção de sentido.

4.2 Corpo e instrumento musical

O corpo é nossa interface com os fenômenos humanos e é um produtor de som. Sob essa ótica, nossa voz representa o primeiro e mais íntimo contato com as manifestações sonoras, principalmente pelo uso cotidiano da linguagem oral. Na canção, como informamos no capítulo anterior, é mais fácil conhecer o sujeito porque ele se deixa apreender pelo modo como canta determinada letra. Portanto, o canto revela as características de sua identidade – trata-se da figurativização entoativa mediante a qual nos reconhecemos como seres humanos.

Nossa voz se projeta em lugares diferentes de nosso corpo a depender dos usos habituais e culturais e do controle que temos dessa projeção. Outrossim, o instrumento musical conta com um "corpo" de ressonância, que pode ser acústico e/ou elétrico. Independentemente disso, é um mecanismo externo de produção de som que só é ativado (ou excitado) por um corpo humano. Por isso, exploraremos, nesta seção, os graus de aproximação ou de afastamento da relação entre o **corpo do instrumento** e o **corpo do instrumentista** para entender como o sujeito se projeta no objeto musical.

Essa temática será dividida em três subseções nas quais trataremos, respectivamente, de: **corpo-matéria**, **corpo-gesto** e **corpo-timbre**. Na primeira delas, versaremos sobre apreensões estéticas de *performances* ou gravações musicais, principalmente considerando o papel desempenhado pelo instrumentista na música instrumental, sujeito que, longe de representar apenas a realização precisa do que o compositor escreveu, também participa ativamente da criação musical.

4.2.1 Corpo-matéria

Valendo-se do conceito de **prótese** desenvolvido por Umberto Eco, o pesquisador José Roberto do Carmo Junior (2007) encontrou um modo interessante de observar as aproximações e os afastamentos materiais do corpo do instrumentista em relação ao corpo do instrumento musical:

> Geralmente chamamos prótese um aparelho que **substitui** um órgão que falta (por exemplo, uma dentadura), mas, em sentido lato, é prótese qualquer aparelho que estende o raio de ação de

um órgão [...] as **próteses substitutivas** fazem aquilo que o corpo fazia, mas não faz mais por acidente, e tais são um membro artificial, uma bengala, os óculos, um marca-passo ou uma corneta acústica. Por sua vez, as **próteses extensivas** prologam a ação natural do corpo: assim são os megafones, as pernas de pau, as lentes de aumento [...] poderíamos considerar prótese extensiva ainda a alavanca, que em princípio faz melhor aquilo que o braço faz; mas o faz a tal ponto, e com tais resultados, que provavelmente inaugura uma terceira categoria, a das **próteses magnificativas**. Elas fazem algo que talvez tenhamos sonhado em fazer com nosso corpo, mas sem nunca conseguirmos... (Eco, citado por Carmo Junior, 2007, p. 150-151, grifo do original)

Jaques Fontanille (2003), em uma leitura semiótica, entende que a prótese adquire uma força modal. Assim, ao proporcionar a **substituição**, a **extensão** e a **ampliação** do corpo humano, o sujeito conquista um poder-fazer que foi perdido pelo próprio corpo, ou um poder-fazer que amplia as habilidades de seu corpo. Carmo Junior (2007) observa a leitura semiótica do conceito de prótese considerando os graus de intimidade que um objeto pode ter com outro – conceito desenvolvido pelo linguista dinamarquês Louis Hjelmslev (1978).

Os **graus de intimidade** preveem um escalonamento de interação entre os objetos, gradação que vai do contato mais íntimo e unido ao mais separado e menos íntimo. A esse respeito, o pesquisador francês Claude Zilberberg (2004) propõe os termos *fusão*, *mescla*, *contiguidade* e *separação* para definir a diferença entre os polos extremos (fusão e separação) e as instâncias intermediárias (mescla e contiguidade) do contato entre os objetos (Figura 4.1).

Figura 4.1 – Graus de intimidade

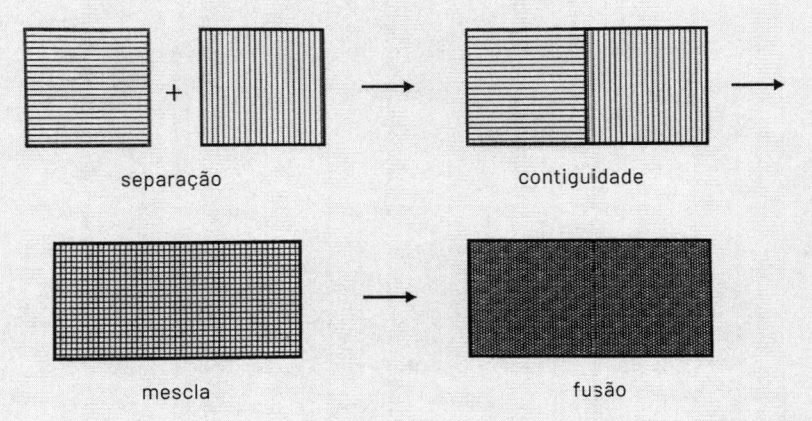

separação   contiguidade

mescla   fusão

Fonte: Zilberberg, 2004, p. 4.

A Figura 4.1 ainda prevê um direcionamento dos **modos de contato** entre dois objetos em relação, os quais iniciam o percurso separados, passam a se aproximar por contiguidade, mesclam-se e chegam, por fim, à fusão, ponto em que estão mais unidos. Essa direção simboliza apenas uma das possibilidades de interação, sendo também viável a direção oposta (da fusão à separação), além de trajetórias entre os intermediários (da mescla à contiguidade), entre outros percursos viáveis a depender do que os objetos musicais propõem.

Para investigar a música cênica contemporânea brasileira, Bonin (2018) utilizou a escala de interações proposta por Zilberberg para analisar os graus de intimidade entre os elementos musicais e cênicos que interagem com os objetos. Outrossim, é possível examinar os contatos materiais entre o corpo humano e o corpo do instrumento. Então, tomando como referência as relações propostas por Carmo Junior (2007):

- a **fusão** se apresenta entre a voz e o corpo, em virtude da característica física do sujeito (Bonin, 2018);
- a **mescla** é estabelecida entre os instrumentos de sopro, de cordas dedilhadas e de certos instrumentos de percussão com o corpo (Bonin, 2018), "de modo que a gestualidade do corpo ganha uma **extensão** sobre o elemento vibrante do instrumento, sem no entanto confundir-se com ele" (Carmo Junior, 2007, p. 154, grifo do original);
- a **contiguidade** diz respeito aos "instrumentos em que o contato corpo-prótese é mediado por algum tipo de mecanismo" (Carmo Junior, 2007, p. 155), por exemplo, o piano, instrumentos de cordas friccionadas e certos instrumentos de percussão (Bonin, 2018);
- a **separação** refere-se à relação entre o corpo do sujeito e a difusão sonora e musical intermediada por sequenciadores e computadores simbolizando o elo menos íntimo da relação corpo-prótese (Bonin, 2018).

Nessa etapa, estamos levando em conta apenas a **materialidade** da relação sensorial entre o corpo humano e o corpo do instrumento musical. Dito de outro modo: a voz faz parte da matéria do corpo humano; os instrumentos de sopro, cordas dedilhadas e certos instrumentos de percussão dependem do corpo humano para serem ativados ou excitados: respectivamente, a coluna de ar que vem dos pulmões apoiados pelo diafragma ativa os instrumentos de sopro; os dedos e as mãos fazem vibrar as cordas; e as mãos fazem vibrar as peles e outros materiais de certos tambores. Os instrumentos mediados por mecanismos utilizam, por exemplo, o arco nas cordas friccionadas, os martelos no piano, as baquetas e outros acessórios em certos instrumentos de percussão – como bateria, bumbo sinfônico etc.; e, por fim, há os instrumentos operados sem que o corpo do sujeito interaja direta e constantemente com o corpo do instrumento no momento da *performance* musical, tais como os difusores sonoros mediados por computadores ou sequenciadores.

O escalonamento apresentado não propõe, de modo algum, que haja maior ou menor expressividade de um instrumento musical a depender dos graus de contato entre os corpos. As medidas de aproximação e afastamento material precisam ser tomadas em conjunto com os outros dois corpos, corpo-gesto e corpo-timbre – sobre os quais discorreremos adiante –, para que possam ganhar densidade e fornecer traços que permitam desenhar a identidade de um instrumentista. Simplificadamente, a **figurativização de pessoa**, ou seja, a imagem de um sujeito projetada pela música, é mais clara, do ponto de vista material, quando se observa uma pessoa cantando, e menos clara quando se trata de um computador difundindo uma música instrumental.

4.2.2 Corpo-gesto

Outra categoria visual e somática[1] que possibilita um modo complementar de observar os graus de intimidade entre o corpo do instrumento e o corpo do sujeito diz respeito à **gestualidade**. A interação entre os gestos do corpo do músico com as potencialidades de um instrumento musical pode ser mais ou menos próxima, e isso costuma causar efeitos de sentido diferentes.

Além das configurações materiais que expusemos na seção anterior, o instrumentista desenvolve formas de tornar seus gestos o mais orgânicos possível, de modo que produzam o som desejado

---
1 *Somático* diz respeito ao corpo físico do ser humano.

sem que seja necessário pensar em todas as etapas de sua realização. Esse processo é muito similar aos resultados relativos a movimentos utilitários do dia a dia: em uma caminhada, por exemplo, não precisamos repensar cada uma das etapas de realização, pois sabemos tacitamente que é necessário impor, na perna que servirá de apoio, alguma força em direção ao chão para que seja possível levantar a outra perna e, enfim, darmos um passo; depois, repetiremos alternadamente os movimentos até que o caminhar se configure.

Luiz Tatit (2019) denomina *dessemantização* esse processo de naturalização de um sentido humano, seja no conteúdo, seja na expressão "material" das linguagens. Quanto mais naturalizado é o ato de tocar um instrumento musical, mais dessemantizados e orgânicos são os gestos corporais para o instrumentista. Em uma homologação simples, poderíamos relacionar os graus de intimidade dos gestos do músico com o corpo-instrumento tomando por base as etapas de aprendizado dos instrumentistas como as descrevemos corriqueiramente, ou seja, na sequência: iniciante (separação), intermediário (contiguidade), avançado (mescla) e profissional (fusão).

A percepção dos graus de aproximação e afastamento do corpo-sujeito com o corpo-instrumento que os gestos indicam é bastante clara em uma *performance* musical. Quando vemos e ouvimos um instrumentista tocar, percebemos o quão estranha ou íntima é sua relação com o instrumento pelo modo como seus gestos se desenvolvem ao longo da música. Não é apenas o resultado sonoro e musical que implica um sentido estético na apreciação, mas também a demanda ou o esforço que o músico faz para cumprir a gestualidade necessária para a produção do som que almeja. É por isso que, em determinadas apreciações, principalmente naquelas em que há uma fusão quase completa (talvez, na realidade, uma mescla quase fusionada) entre o corpo-sujeito e o corpo-instrumento, é como se, para o observador, o instrumento musical desaparecesse para dar lugar a uma espécie de **simbiose entre o músico e o instrumento**. É como se corpo do instrumentista ganhasse, de fato, um novo membro, uma extensão, uma prótese (Eco, 1999). Nesse grau de contato, o resultado sonoro e musical passa a ter um sentido expressivo muito contundente – diz-se até mesmo que o instrumento "fala". Para confirmar a ligação íntima da gestualidade ao corpo-instrumento, basta observar que, quando um músico faz um esforço desnecessário ou incompatível com o resultado sonoro, há uma espécie de **incoerência** (Hjelmslev, 1978) entre os aspectos somáticos dos gestos e as características sonoras e musicais, independentemente do grau de contato material ou de o resultado musical ser considerado esteticamente bom ou ruim para o ouvinte.

Além dos graus de intimidade que tornam mais ou menos orgânicas as gestualidades do instrumentista considerando seu nível de fluência, cada prática musical leva em conta as qualidades gestuais que indicam uma maior ou menor adequação aos movimentos corporais que um estilo ou um período histórico cristalizou como aceitável, bonito, justo, inadequado etc. Os movimentos podem suscitar qualidades como agitação, serenidade ou intermitência. A adequação de cada qualidade, ou de um conjunto de qualidades, depende das sedimentações gestuais de determinados estilos de música instrumental. Por exemplo: (1) uma gesticulação serena e calma seria um tanto incompatível – portanto, contígua ou separada – com as práticas de música instrumental do *rock* progressivo mais recente; e (2) uma gesticulação agitada e nervosa seria um tanto incompatível – portanto, contígua ou separada – com as práticas de música instrumental da música minimalista. Logo, cada estilo tende a cristalizar seus modos mais aceitáveis (ou comuns) da relação gestual entre o corpo-sujeito e o corpo-instrumento.

Para finalizar, a **organologia** se refere a um campo de estudo da música que se encarrega da descrição do percurso histórico dos instrumentos, da catalogação dos materiais que os constituem e de suas técnicas de execução. Por isso, a gestualidade faz parte de uma história de **idiomatismos**[2] que foram moldando o instrumento com o passar do tempo. A cada novo modo de tocar determinado instrumento, é possível aperfeiçoar sua construção material para que essa nova maneira de executá-lo ganhe mais organicidade. Dessa forma, os gestos são forças criadoras tanto dos instrumentistas quanto dos compositores. Algumas vezes, é com base nas gestualidades físicas de um modo de tocar um instrumento – ou um grupo de instrumentos – que se cristaliza um estilo musical.

4.2.3 Corpo-timbre

Uma categoria sonora que complementa a caracterização do corpo do sujeito em relação ao corpo do instrumento é o timbre. As colorações timbrísticas dos instrumentos musicais são descritas das mais variadas formas: por vezes, mediante qualificações sensoriais, como timbre áspero, doce, ruidoso, brilhante etc.; em outras, por qualificações afetivas, como agressivo, melancólico, inquieto etc. Tais qualidades do corpo do instrumento se combinam com o

---

2   Cada instrumento tem trajetórias históricas que construíram um "idioma" característico de execução. Esses percursos são promovidos por uma via de mão dupla: partem tanto das explorações dos instrumentistas quanto das investigações dos compositores.

corpo do instrumentista. Em uma *performance* ao vivo, por exemplo, podem ser observados diferentes graus de intimidade – fusão, mescla, contiguidade e separação –, revelando relações mais próximas ou mais distantes entre o corpo-sujeito e o timbre produzido tanto pela interação material quanto pela ação gestual no corpo-instrumento. Evidentemente, esses graus de intimidade também dependem do estilo, porém, em uma gravação, as qualidades timbrísticas do corpo-instrumento representam as marcas que formam um corpo-sujeito pressuposto pela escuta, o que não significa que tais marcas correspondem ao corpo do sujeito que toca na música – pois isso dependerá dos objetivos da escuta ou da análise em questão.

Nos manuais e livros de orquestração, os instrumentos são identificados segundo suas classificações timbrísticas. Em certa medida, há uma espécie de consenso entre os autores sobre o que caracteriza as qualidades do instrumento em relação à família de instrumentos a que pertence e aos outros instrumentos musicais (Quadro 4.1).

Quadro 4.1 – Qualificações das cordas friccionadas

Instrumento	Descrição do som
Violino	agilidade, poder, brilho
Viola	mais escuro, menos brilhante, intenso, escuro, rico
Violoncelo	som cheio, penetrante, gloriosamente intenso e rico
Contrabaixo	som áspero, seco e rascante

Fonte: Bennet, citado por Shimoda, 2014, p. 130.

São empregados, portanto, qualificadores visuais (brilho e escuro); táteis (penetrante, áspero, seco e rascante); de intensidade (poder, intenso e rico); de velocidade (agilidade); e de preenchimento espacial (som cheio). Os outros termos acentuam ou suavizam a qualidade dos termos anteriores (mais escuro, menos brilhante e gloriosamente intenso). Tais qualidades são combinadas com as características do corpo do sujeito sem que, evidentemente, elas qualifiquem por completo a presença do instrumentista em uma *performance* ao vivo.

Na escuta de uma gravação, as qualidades timbrísticas dos instrumentos são as que mais mobilizam a construção do corpo do sujeito. No entanto, por vezes, é possível identificar, em certas gravações, o instrumentista que está tocando aquele instrumento, e isso acontece porque o músico construiu um traço timbrístico particular que o diferencia dos outros instrumentistas. É possível reconhecer, por exemplo, um trombonista que toca tão doce quanto um flautista; da mesma forma, sabemos que há muita diferença timbrística entre um guitarrista que toca uma semiacústica e outro que toca uma Stratocaster com alguma distorção, mesmo que não conheçamos o nome das guitarras. Por isso, os padrões informam as características genéricas que permitem identificar e diferenciar um instrumento de outro, mas não de algum músico específico para outro.

No que diz respeito à homogeneidade timbrística dos instrumentos musicais, há maior estabilização de suas qualidades de timbre nas práticas de música instrumental de concerto; e há maior variedade timbrística nas práticas populares. Acrescentamos que certas qualidades timbrísticas formam um corpo-instrumento típico de uma prática, de concerto ou popular, ou mesmo de um estilo – respectivamente, um saxofone popular ou erudito, ou um saxofone de *jazz* ou de música *pop*, entre outras possibilidades. Em certos estilos, como na música eletrônica e eletroacústica, o timbre é o elemento que molda com mais força o corpo do sujeito projetado na música, já que as interfaces materiais e gestuais são mais distantes ou separadas.

Os três tipos de interação – corpo-matéria, corpo-gesto e corpo-timbre – entre o corpo-sujeito e o corpo-instrumento indicam a presença do instrumentista na apreciação estética da música instrumental. No próximo subcapítulo, analisaremos de que forma o compositor se coloca nas representações visuais (partituras) e nas escolhas de certos modos de organização dos elementos que pertencem a sistemas musicais como o tonalismo, o modalismo etc. Vale reforçar que, no fim, compositor e instrumentista sempre estão unidos na realização de uma música instrumental. Alertamos, novamente, que estamos apresentando os dois papéis separadamente apenas para fins didáticos.

4.3 Escritas e representações musicais

As notações musicais foram desenvolvidas para atender à necessidade de registrar o modo de entoar e cantar determinada letra ou poema. Assim, os primeiros registros dessas notações foram encontrados no Egito e na Mesopotâmia, e datam de 3000 a.C. Em geral, eles contêm indicações mais ou menos vagas das alturas (as notas) e de suas durações. Um exemplo de representação musical da Grécia Antiga que ficou bastante conhecido por sua clareza de notação é do Epitáfio de Seikilos (West, 1992, p. 37):

> "Hoson zés, pháinou
> Medén hólos sý lýpou
> Pros olígon estí to zén
> To télos ho khrónos apaitéi"
>
> "Enquanto viveres, brilha
> E de todo não te aflijas
> A vida é curta
> E o tempo cobra suas dívidas"

Figura 4.2 – Notação do Epitáfio de Seikilos

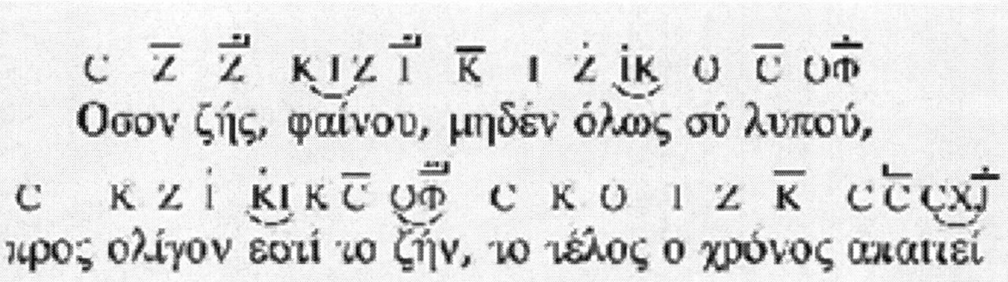

C Z̄ Ź KIZT̄ K̄ I Ź ΙK̇ O C̄ OΦ̇
Οσον ζής, φαίνου, μηδέν όλως σύ λυπού,

C K Z Ι K̇ΙKC̄ OΦ̇ C K O Ι Z K̄ CC̄CXJ
ιρος ολίγον εστί το ζήν, το τέλος ο χρόνος απαιτεί

akg-images/Bernard Bonnefon/Album/Fotoarena

Figura 4.3 – Transcrição do Epitáfio de Seikilos

Seikilos
Skolion or Epitaph

[partitura musical com notação grega do Epitáfio de Seikilos, com o texto: "Ὅσον ζῇς φαίνου / μηδὲν ὅλως σὺ λυποῦ / πρὸς ὀλίγον ἐστὶ τὸ ζῆν / τὸ τέλος ὁ χρόνος ἀπαιτεῖ"]

Fonte: West, 1992, p. 56.

As letras que estão acima do poema grego correspondem às alturas, e os símbolos, a suas durações. As notas que não apresentam sinais rítmicos equivalem a uma unidade de duração (*chronos protos*); o traço horizontal indica um *diseme*, que vale dois tempos; o sinal horizontal com um prolongamento vertical do lado direito é um *triseme*, que corresponde a três tempos; por fim, a ligadura simboliza as notas que têm metade de um tempo.

Antigamente, cada cultura tinha códigos gráficos próprios. Assim, não eram necessárias notações tão detalhadas para realizar determinadas sonoridades. Em virtude disso, muito do que pode representar uma *performance* musical dessas escritas se perdeu. A notação moderna, fruto das representações neumáticas do canto gregoriano do séc. VIII e, depois, da escrita mais precisa de Guido d'Arezzo no século X, estabilizou um modo de grafar os principais parâmetros musicais: as alturas, as durações e as dinâmicas.

Com base nas representações mais precisas dos parâmetros, a figura (e função) do compositor começou a ganhar relevo, especialmente pelo fato de que havia, enfim, um modo de manter sua obra na história da música. Com essa nova perspectiva, as grafias escolhidas pelos compositores passaram a ser usadas também para deixar mais ou menos espaço para a atuação do instrumentista que iria tocá-las, promovendo mais aberturas ou mais fechamentos na *performance* musical. Trata-se de **graus de atuação** conduzidos pelo compositor que está mais ou menos inserido em um estilo ou em uma prática musical, independentemente de ele próprio ser o intérprete de sua música.

Dessa maneira, existem **graus de precisão** da escrita, os quais garantem que as grafias correspondem o máximo possível ao que soará na *performance* musical; e **graus de maleabilidade** da escrita, os quais abrem espaço para a atuação criadora do instrumentista ou gerenciam as coerções do estilo musical a que a partitura corresponde. Em todas as escritas, há um jogo de força e de graus entre a precisão e a maleabilidade das partituras. Portanto, uma partitura nunca é tão aberta a ponto de permitir que se toque qualquer coisa, nem tão fechada de modo que impossibilite a atuação criadora dos intérpretes.

4.3.1 Graus de fechamento: a precisão

Na trajetória histórica das notações musicais, buscou-se, mesmo que não linearmente, uma precisão cada vez maior nos modos de grafar os fenômenos sonoros e musicais, tanto para tornar possível sua reinterpretação quanto para manter uma obra ao longo da história da música. Nessa perspectiva, primeiramente surgiram os modos de fixar graficamente as alturas, embora as afinações das escalas musicais ainda fossem apenas um consenso social, ou seja, as diferenças intervalares não eram sistematizadas, pois faziam parte de um acordo comum entre os sujeitos de determinada prática musical. As durações e intensidades ficavam à mercê das acentuações e durações vocálicas de poemas e letras. Depois de algum tempo, foram criadas grafias que marcavam as diferenças entre as durações de cada altura fixada e, por fim, entre intensidades. Esse processo ajudou a estabelecer a regularidade métrica que atualmente conhecemos como **compasso**.

Assim, a grafia musical se fixou como um procedimento relativamente importante para que a música instrumental ganhasse, posteriormente, uma autonomia estética, já que permitiu registrar o que os instrumentos musicais tocavam quando estavam acompanhando canções e músicas vocais.

Para não nos alongarmos em um percurso minucioso de descrição do aumento de precisão gráfica no decorrer da história da música (da canção e da música instrumental) – mesmo porque seus desenvolvimentos não são lineares –, consideraremos em nossa análise a notação moderna, na qual alturas, durações e intensidades já estão bastante estabilizadas em relação às grades de medidas musicais que mais conhecemos: a baliza frequencial, que atualmente é de Lá a 442 Hz, e a afinação temperada para as alturas, notas e escalas; as velocidades metronômicas e suas divisões proporcionais para as durações e organizações rítmicas; e as intensidades relativas e internamente proporcionais dos graus da dinâmica musical (entre forte – *mezzoforte* – piano e suas entre medidas).

É comum atribuir mais valor à precisão gráfica das sonoridades desejadas nas práticas de música instrumental de concerto. Contudo, no *rock* progressivo instrumental e em certas correntes do *jazz* e da música instrumental brasileira, também se valoriza esse tipo de precisão, principalmente quando se trata de partituras para formações instrumentais maiores, como quartetos e grupos orquestrais variados. A *Sinfonia n. 40 KV550*, de Mozart, é um bom exemplo para verificarmos os graus de precisão que a partitura pode oferecer.

Figura 4.4 – *Sinfonia n. 40 KV550*, de Wolfgang Amadeus Mozart

Fonte: Mozart, 2023.

Nesse pequeno trecho, notam-se: as alturas bem-definidas a partir da armadura de clave que indica as alterações no começo da pauta (Si e Mi bemóis); a regularidade métrica de um compasso binário e simples (2/2); as divisões rítmicas bem-definidas dos pulsos fortes e fracos estabelecidos pelos compassos; os modos de ataque pouco indicados, as notas com o arco de ligado (⌒) e as notas sem marcação; a indicação mais ou menos precisa do andamento musical, já que o *allegro molto* corresponde a uma velocidade metronômica que equivale à mínima – entre 120 e 140; por fim, uma dinâmica geral e menos precisa de *piano* para todos os instrumentos e para todo o trecho.

Examinemos, agora, o início da *Sagração da primavera*, de Igor Stravinsky, em que constam marcações mais precisas (Figura 4.5).

Figura 4.5 – *Sagração da primavera*, de Igor Stravinsky

Fonte: Stravinsky, 2023.

Além das indicações claras na partitura da sinfonia de Mozart, a de Stravinsky contém indicações mais precisas de andamento: o *più mosso* está ligado a uma indicação de semínima a 66 bpm e há diferenças e variações de dinâmica mais precisas, como o *piano expressivo* (indicação de intensidade sonora e de caráter expressivo da interpretação) e *poco più forte* (indicação de graus da intensidade sonora).

Esclarecemos que não estamos apresentando o caminho de evolução das marcações gráficas ao longo da história da música. Até mesmo nas partituras de Mozart, encontra-se mais ou menos precisão na descrição dos parâmetros musicais. Em verdade, estamos apontando a presença de **graus de fechamento** em determinadas grafias musicais. Elas podem chegar a extremos, como em *Quarteto de cordas n. 2*, de Brian Ferneyhough (Figura 4.6).

Figura 4.6 – *Quarteto de cordas n. 2*, de Brian Ferneyhough

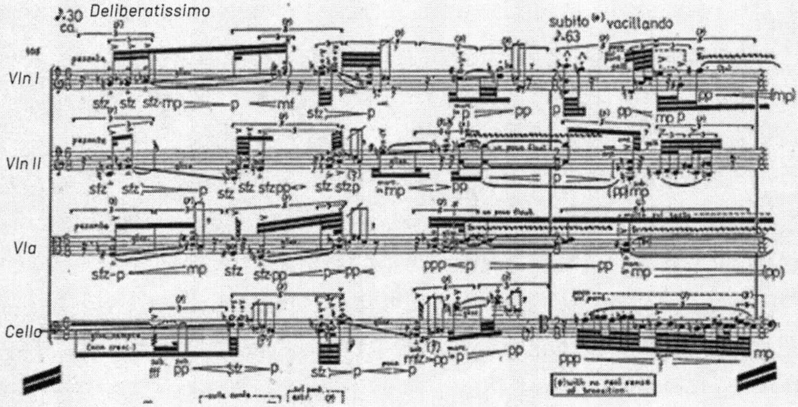

Fonte: Ferneyhough, 2002, p. 1.

Além da complexidade dos resultados sonoros, principalmente nas organizações, variações e sobreposições métricas e rítmicas, é importante observar na Figura 4.6, com relação a um aumento de precisão gráfica, as indicações e as modulações da dinâmica musical, a variedade dos modos de ataque, o acréscimo de indicações técnicas e as marcações expressivas com texto verbal. Há uma grande variedade de: (1) dinâmicas, como ppp, pp, p, mp, mf, F, sub. pp, sub. mp, sub. mf, sub. FFF, sub. Mfz, sfz; (2) modulações de intensidade, como *crescendo* (<), *decrescendo* (>), *crescendo* com explosão no fim (<'), *decrescendo* com explosão no início ('>), *non cresc.*; (3) marcações de modos de ataque que são colocadas, em geral, acima das notas, como acento (>), *staccato* (.), *tenuto* (–), *marcato* (^) e as suas combinações; (4) indicações técnicas, como *gliss, sul pont, poco sul pont, sul tasto, un poco flaut., getè, non. arp., gelt*; e (5) indicações expressivas, como *deliberatissimo, vacillando, pesante, "with a real sense of transition"*. Algumas marcações pertencem a mais de um grupo ao mesmo tempo, como certos modos de ataque que resultam em variações de dinâmica e vice-versa. O mesmo acontece com a indicação expressiva *pesante* em relação à dinâmica.

Um questionamento recorrente é a possibilidade de se realizar toda a precisão grafada em uma partitura como a que expusemos. No entanto, as escritas estão inseridas em estéticas e práticas musicais de épocas muito diversas. Nesse sentido, não se pode desqualificá-las antes de ponderar as coerções de seu entorno. Por vezes, uma *performance* musical de uma sinfonia de Mozart pode ser mais fechada e restrita do que a realização do quarteto de Ferneyhough que citamos. Diante disso, por ora, nosso intuito é apenas observar os graus de precisão ou de maleabilidade que as grafias musicais oferecem. Adiante, promoveremos discussões a respeito de como tais grafias mobilizam as apreensões estéticas dos instrumentistas e dos ouvintes. Por exemplo, ao se compreender que o compositor pode preferir ter um controle maior ou menor do que espera ser o resultado sonoro e musical de sua obra, é possível lhe atribuir uma qualidade estética mais afeita ao risco (mais maleável) ou mais afeita à segurança (mais precisa). Embora isso possa parecer estranho, não implica uma presença maior ou menor do corpo do compositor em relação ao instrumentista e ao ouvinte, mas somente um tipo de qualidade estética da percepção musical.

4.3.2 Graus de abertura: a maleabilidade

Sempre haverá graus de maleabilidade em qualquer partitura, pois o instrumentista realiza em *performance* a interpretação que fez da escrita segundo sua experiência e pesquisa musical. De certa forma, esse processo é semelhante ao ofício de um tradutor de línguas verbais, pois é só depois de interpretar o texto original na primeira língua que o tradutor produz um novo texto em outra. Igualmente, o instrumentista lê os códigos e sinais visuais da partitura e os traduz em sonoridades na *performance* musical. Quanto mais abertura houver na partitura, mais espaço haverá para sua maleabilização.

Novamente, tomemos como exemplo a *Sinfonia n. 40 KV550*, de Mozart. Na Figura 4.7, consta o perfil das modulações de intensidade sonora na interpretação feita pela Filarmônica de Berlim, em 2013, regida por Simon Rattle. Boa parte das partituras indica de modo mais geral as relações de intensidade sonora.

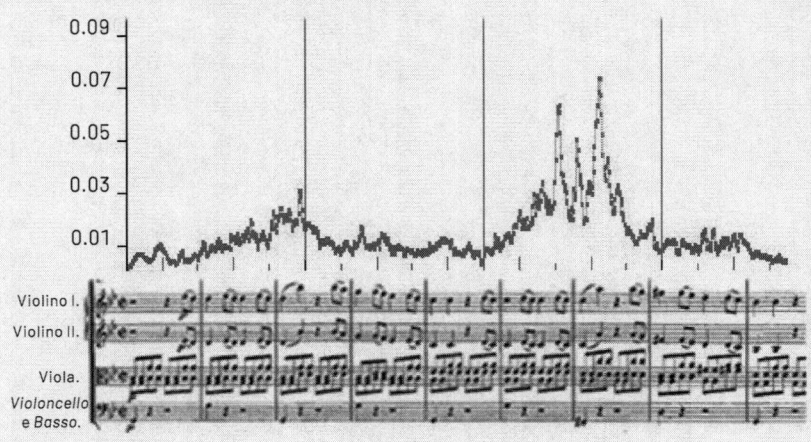

Figura 4.7 – Modulação de dinâmica da *Sinfonia n. 40 KV550*, de Wolfgang Amadeus Mozart

Perceba que a dinâmica não permanece estática em *piano*, como indicado na partitura e, isolando-se a dinâmica das cordas, nota-se que a intensidade dos violinos é maior do que a de violas, violoncelos e contrabaixos. Verifica-se, ainda, uma leve maleabilidade rítmica entre as frases melódicas – uma pequena irregularidade a que se costuma chamar de *agógica*. Isso também ocorre na partitura do *Quarteto de Cordas n. 2* de Ferneyhough, quando menciona "*with a real sense of transition*" ("com um real sentido de transição"). Os efeitos de agógica causam pequenas irregularidades no andamento musical e, geralmente, são empregados em pontos de transição e em passagens de significativa importância. Na realidade, não há interpretação que não contenha efeitos de irregularidade no andamento e nas organizações rítmicas, uma vez que as imperfeições do resultado sonoro fazem parte da interpretação musical. Caso contrário, bastaria colocar um computador para tocar uma obra. Por mais próximas que as sonoridades dos sintetizadores estejam dos instrumentos musicais e das *performances* humanas, ainda não há notícias de uma tecnologia capaz de provocar as (bem-vindas) imperfeições que caracterizam cada *performance* musical.

Um exemplo de maleabilidade rítmica na própria grafia musical pode ser observada na partitura de *Rain spell*, de Toru Takemitsu. A indicação de andamento é *"Freely, very spacially"* ("Livremente, muito espacial"); por isso, não há uma medida temporal que organize as relações entre as durações. Os eventos sonoros alternados são simbolizados pelas linhas tracejadas, e os concomitantes, pelas flechas verticais (Figura 4.8).

Figura 4.8 – Maleabilidade rítmica em *Rain spell*, de Toru Takemitsu

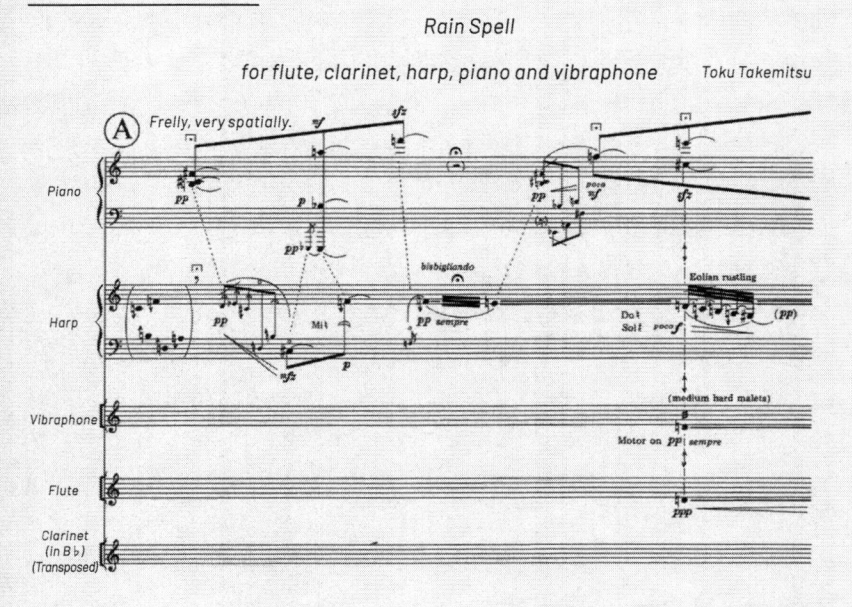

Fonte: Takemitsu, 2005, p. 1.

A ação do intérprete nessas partituras é tão ativa quanto nas partituras mais precisas. A escolha estética por um ou outro repertório representa um tipo de predominância pela precisão ou pela maleabilidade gráfica.

Em geral, quanto mais aberta é a escrita da partitura, mais ela demanda dos instrumentistas práticas de improviso no ato performático. As práticas de música popular instrumental, como o *jazz* e o choro brasileiro, por exemplo, têm no improviso um elemento constituinte da *performance*. Em cada uma dessas práticas, há improvisos mais idiomáticos, ou seja, os elementos musicais utilizados são convencionados pelas práticas ou pelos estilos inerentes a elas internos, como o *fusion jazz*, o *cool jazz*, o *bebop* etc. Além disso, existem diferentes graus de abertura dos improvisos, os quais podem chegar, no limite, ao que se chama de *improviso livre*, em que não há uma partitura tampouco qualquer combinação entre os instrumentistas – ou seja, tudo ocorre no momento da *performance*. No entanto, cada músico guarda em si uma carga histórica e técnica do instrumento que toca. Por essa razão, a "liberdade" do improviso livre diz respeito mais às combinações prévias (escritas ou orais) do que ao resultado sonoro e musical.

Expusemos, até este ponto do capítulo, as gradações de abertura (maleabilidade) e de fechamento (precisão) das grafias e representações musicais, com o intuito de observar modos diferentes de executar e perceber esteticamente essa etapa de realização musical. As partituras cumprem um importante papel nas práticas de música instrumental, pois revelam modos estéticos de produzir música. Algumas são mais afeitas aos riscos que as aberturas gráficas podem sugerir para a *performance*; outras indicam de modo mais preciso os elementos musicais, para que proporcionem mais segurança às trajetórias de uma *performance* musical. Ambas são possibilidades estéticas da linguagem musical.

4.4 Formas e formações instrumentais

A música instrumental nasceu como um agrupamento de instrumentos musicais que acompanhava a canção e a dança. Os conjuntos eram formados por instrumentos harmônicos, como órgão, cravo e piano (instrumentos de cordas dedilhadas), e instrumentos somente melódicos, como os de sopro e as vozes, entre outros. Aos poucos, os agrupamentos começaram a ganhar autonomia estética graças a suas estabilizações estruturais e estilísticas (as conhecidas formas musicais), bem como em razão do desenvolvimento das grafias musicais e da fabricação dos instrumentos (assunto que já exploramos).

Assim, nesta seção, observaremos as **formações instrumentais** e as **dinâmicas estruturais** do todo e das partes, isto é, as combinações entre os instrumentos (as "vozes") de uma formação qualquer e as estruturações intensas (locais) e extensas (globais) (Hjelmslev, 1975) das organizações musicais e sonoras de uma música.

4.4.1 Formações instrumentais: o corpo expandido

As formações e combinações entre os instrumentos musicais das práticas populares e eruditas de música instrumental são muito diversas. Algumas ficaram cristalizadas por seus usos reiterados nas práticas, como o quarteto de cordas, o power trio (guitarra, baixo e bateria), o quinteto de sopro (oboé, flauta, clarinete, fagote e trompa), o regional de choro (violão de 6 cordas, violão de 7 cordas, cavaquinho, pandeiro e instrumento melódico), a orquestra sinfônica, e a banda sinfônica. Cada agrupamento tem suas combinações mais ou menos próximas que podem ser observadas pelas características materiais, gestuais, timbrísticas e/ou sonoro-musicais. Um contrabaixo, por exemplo, tem um modo de ataque (arco friccionado) que o aproxima de um violino, tendo também um timbre relativamente parecido; no entanto, tem uma extensão de alturas muito diferente desse outro instrumento.

Com base na leitura que Claude Zilberberg (2004) fez do conceito desenvolvido pelo linguística dinamarquês Louis Hjelmslev (1978), utilizamos, na primeira seção, os graus de intimidade para apresentar as aproximações e os afastamentos entre o corpo-sujeito e o corpo-instrumento. Para pensar as formações instrumentais, podemos utilizar a mesma estratégia. Dessa maneira, a depender do ponto de vista tomado (material, gestual, timbrístico e/ou sonoro-musical), há formações instrumentais mais homogêneas – mais fusionadas e mescladas (Zilberberg, 2004) – ou mais heterogêneas – mais contíguas e separadas (Zilberberg, 2004). A diferença é que, nas formações instrumentais, existem dois níveis de interação: (1) entre o corpo-sujeito e o corpo-instrumento; e (2) entre as combinações resultantes da primeira interação, ou seja, o contato mais ou menos íntimo entre um corpo combinado (sujeito-instrumento I) e outro corpo combinado (sujeito-instrumento II). Chamaremos o resultado dessa interação de segundo nível de **corpo-expandido**.

As conhecidas combinações entre as famílias de instrumentos fazem parte dos graus de **homogeneidade**, considerando os pontos de vista: material, a exemplo das cordas friccionadas e dedilhadas, dos sopros-metais, dos sopros-madeiras[3] etc.; gestual, como os movimentos necessários para tocar as cordas friccionadas, as cordas dedilhadas, os sopros de vara, os sopros de pistão etc.; e timbrístico, por exemplo, a qualidade rugosa dos instrumentos graves como o contrabaixo, o contrafagote, o trombone baixo etc. As tipologias de combinações homogêneas (materiais, gestuais e timbrísticas) podem ser bastante extensas a depender dos objetivos da apreensão ou da análise.

Em grupo de guitarras, por exemplo, quanto mais parecidos forem os modelos e seus materiais, bem como as gestualidades dos intérpretes e as qualidades timbrísticas, mais se constitui um corpo-expandido homogêneo na apreensão estética da música – como se tais elementos representassem um grande corpo unido na *performance*. Inserindo-se uma guitarra com distorção entre outras guitarras sem efeito, passa-se a trabalhar com graus de homogeneidade. Existem outros elementos sonoro-musicais que podem separá-los um pouco, como certos aspectos rítmicos, uma hierarquia de vozes em que haja um solista e outros instrumentistas operando na função de acompanhamento, além de outras inúmeras

...

3   Nessa família, há dois instrumentos (a flauta transversal e o saxofone) que atualmente são fabricados com metais como níquel, prata ou ouro. A flauta, antigamente, era feita de madeira e, por isso, continuou a pertencer à família das madeiras, e o saxofone tem o mesmo modo de emissão por palheta de madeira simples, assim como os outros instrumentos da família, entre eles o clarinete por palheta simples, e o oboé e o fagote por palheta dupla. De todo modo, flautas, clarinetes, saxofones, fagotes e oboés apresentam mecanismos de chaveamento muito parecidos, principalmente nas regiões centrais dos instrumentos, o que lhes confere uma característica comum que ajuda a diferenciá-los, por exemplo, dos sopros de metais, que têm outro modo de emissão sonora e outros mecanismos de controle das alturas.

possibilidades. Nas próximas seções, analisaremos os desdobramentos dos elementos sonoros e musicais.

Há, também, combinações que fazem parte dos graus de **heterogeneidade**, considerando os pontos de vista: material, como a relação entre sopros-metais e cordas friccionadas; gestual, a exemplo da interação entre um pianista e um *cellista*; e timbrístico, como a qualidade doce de uma flauta transversal combinada à aspereza de uma rabeca. Enfim, são inúmeras as combinações. Nessa ótica, as combinações heterogêneas costumam ser o primeiro passo para a invenção de uma formação que poderá ser cristalizada na prática musical.

Boa parte dos manuais, dos livros e das disciplinas de orquestração e arranjo instrumental descrimina as combinações mais homogêneas e as mais heterogêneas. Logo, o importante é entender que os dois são procedimentos possíveis na linguagem musical, ou seja, não se trata de serem desejáveis ou indesejáveis. Isso significa que não existe uma combinação ruim ou boa, e sim graus de proximidade ou distanciamento que podem ser utilizados de acordo com escolhas estéticas ou com o intuito de confirmar algum estilo e formação específica e prototípica – por exemplo, um trio de forró (acordeom, triângulo e zabumba).

Certos corpos-expandidos estão mais sedimentados nas culturas e nos estilos musicais, sejam mais homogêneos, sejam mais heterogêneos. Por isso, eles já suscitam conteúdos estilísticos à percepção. Por exemplo, uma *big band* – a formação orquestral mais estável da prática popular – remete ao estilo do *jazz* em virtude de seu percurso histórico e do uso reiterado de um tipo de repertório, mesmo que esteja tocando um choro. Isso não significa que o conteúdo da formação instrumental seja cristalizado para sempre, mas sim que os novos usos podem ressignificá-la nas práticas de música instrumental.

Como já declaramos a respeito da relação entre o corpo do sujeito e o corpo do instrumento musical, o vínculo entre os corpos já combinados (sujeito-instrumento) associa-se a apreensões estéticas do corpo-expandido das formações instrumentais, seja em uma *performance* ao vivo, seja em uma gravação sonora. Diante do exposto, na subseção a seguir, esclareceremos como identificar a presença do sujeito musical que se projeta também no modo de ordenar as sonoridades levando em consideração as organizações entre as partes e o todo das músicas.

4.4.2 Dinâmicas estruturais do todo e das partes

As dinâmicas estruturais da relação entre as partes e o todo de uma obra de música instrumental são mais conhecidas nas pesquisas sobre música como "formas musicais". Aliás, separam-se "formas clássicas", referentes a músicas da prática de concerto, das "formas populares", que congregam as músicas da prática popular. Optamos por não assumir os termos e as divisões mais comuns, a fim de abarcar todos os modos de organizar as seções internas das músicas, tanto nas práticas de concerto quanto nas populares. A esse respeito, assinalamos que existem mais semelhanças do que diferenças. Chamaremos os tipos de organizações estruturais estabilizados nas práticas de *estilos* e consideraremos dinâmicas globais (extensas) e locais (intensas) (Hjelmslev, 1971).

- **Relações globais: extensas**

Nas relações globais, observamos como o todo se organiza em partes mais ou menos semelhantes e mais ou menos diferentes. A relação entre as partes revela conduções estéticas que ora tendem mais aos percursos de identidade, ora dão predominância aos caminhos da alteridade, respectivamente: (1) músicas que funcionam como um jogo de espelhos mais ou menos semelhantes e reforçam as identidades sonoras por uma mesma força geradora; (2) músicas que se constroem considerando um jogo de tensões entre duas ou mais forças que são mais ou menos diferentes umas das outras, como se o que mais caracterizasse a percepção estética da música fosse a dinâmica entre as alteridades.

Em um primeiro momento, analisaremos as semelhanças e diferenças globais no interior de uma mesma música. As discrições das partes diferentes costumam ser feitas por meio de letras maiúsculas, como A - B - C etc. Para as partes que se repetem de maneira exatamente igual, usa-se a mesma letra, como em A - B - C - A. Já, quando uma parte se repete de modo relativamente diferente, mas ainda mais semelhante que diferente, usa-se a mesma letra com aspas simples, como em A - B - C - A'. Caso haja uma segunda repetição, mas diferente das anteriores, é indicada com a mesma letra com aspas duplas, como em A - B - C - A' - A", e assim por diante.

Um estilo bastante conhecido por ter diversas reapresentações de uma mesma parte A um pouco diferente é a do **tema e variação**. Depois de expor uma primeira parte A (o tema), seguem-se outras partes A' - A" - A'" - A'" etc., que dizem respeito às variações. Um exemplo são as trinta *Variações de Goldberg BW 988*, de Bach, as quais ficaram bastante conhecidas por terem sido usadas em diversos filmes. Cada uma dessas variações é construída mediante uma focalização feita em algum ou alguns elementos musicais (alturas, harmonia, ritmos e dinâmicas) que estruturam a primeira parte. Esse tipo de dinâmica estrutural propõe apreensões estéticas que enfatizam os caminhos de identidade dos elementos musicais organizados na primeira parte. Ainda, na prática de concerto, os estilos *chacona* e *passacaglia* são exemplos de estruturações globais que se baseiam no tema e na variação. Na prática popular, há um grande número de músicas nordestinas brasileiras e de cultura popular (*world music*) que seguem esse tipo de dinâmica estrutural. Um exemplo mais específico é Lundu (1989), de Egberto Gismonti.

Grande parte das músicas instrumentais se organiza com base na estruturação global binária, A e B, ou é derivada dos desdobramentos e das interações entre duas "forças" ou dois "eventos" musicais (A e B). A dinâmica mais conhecida é a forma-sonata, que se ordena pela **exposição** dos temas A e B que, em geral, constituem-se pela tensão que os diferencia, e depois tem-se uma etapa de **desenvolvimento**, na qual os temas sofrem variações e misturas de diversas ordens. Por fim, faz-se uma **reexposição** dos temas já alterados pelos processos realizados na etapa do desenvolvimento, ou uma **coda** de finalização. Um *standard* de *jazz*, por exemplo, também costuma ser organizado pela tensão entre duas partes. Sua ordem é, em geral, A – A – B – B – A – improviso – A – B – A. A seção de improviso, realizada na mesma estrutura da música (A – A – B – B – A), não deixa de ser um desenvolvimento conduzido não pelo compositor, mas pelo instrumentista, que pode se aproximar ou se afastar mais ou menos das duas partes apresentadas.

Um estilo conhecido que articula mais de duas partes é o rondó. Em geral, sua ordenação é alternada entre a primeira parte exposta e as novas partes (A – B – A – C – A etc.). O choro brasileiro, aliás, é um estilo de música instrumental que costuma organizar sua estrutura pelo rondó. As dinâmicas estruturais que se ordenam a partir de múltiplas partes mais ou menos diferentes fazem prevalecer uma apreensão estética voltada para as alteridades, ou seja, há uma busca por junção, complementariedade e tensão entre os diferentes. O ciclo de peças *Choros*, de Villa-Lobos, ilustra o uso desse tipo de dinâmica estrutural; o compositor chega a utilizar mais de dez partes diferentes em alguns choros.

- **Relações locais: intensas**

Ao tratarmos das relações locais, observaremos como as partes se organizam internamente. Silvio Ferraz (1998, p. 12, grifo nosso) aponta: "no que diz respeito às notas, frases e ritmos, distinguimos as **repetições imediatas** – as reiterações –, e as **repetições a distância** – as reapresentações". Assim como acontece nas relações globais, a dinâmica interna das partes sugere conduções estéticas que ora tendem mais aos percursos de identidade, ora fazem prevalecer os caminhos da alteridade, respectivamente: (1) músicas que operam por desgaste com as reiterações levemente modificadas de temas, motivos, ritmos, dinâmicas e frases, e que reforçam as identidades sonoras com base em uma mesma unidade ou em um mesmo procedimento sonoro-musical; (2) músicas em que predominam graus de diferença entre os elementos musicais, como se o que mais caracterizasse a percepção estética fosse a dinâmica entre as alteridades sonoras.

As duas tendências convivem em qualquer apreensão musical. O que resta é observar qual delas ganha mais relevância na escuta tanto nas relações locais quanto nas relações globais. A esse respeito, de acordo com Ferraz (1998, p. 12-13, grifo nosso):

"A constatação da repetição se dá a partir da identificação de elementos semelhantes e da criação de diversos **graus de analogias** entre o objeto [sonoro-musical] que acaba de ser recebido e aquele que sobrevive enquanto memória e lembrança". A analogia já é, em si mesma, um grau de diferenciação. Nessa ótica, podemos projetar um caso-limite no qual só se repete do objeto sonoro anterior sua ascendência melódica ou sua dinâmica *decrescendo* etc. Para não avançarmos para os recortes menores do enunciado musical (motivos, temas ou pequenos objetos-sonoros), examinaremos, por ora, como as frases musicais constroem relações mais ou menos semelhantes e mais ou menos diferentes entre os conjuntos de sons musicais.

Um caso de alto grau de reiteração das semelhanças que internamente constituem as partes de uma música é a peça *Piano phase*, do compositor Steve Reich. O retângulo pontilhado da Figura 4.9 indica a frase reiterada exaustivamente durante a peça. Em cada *ritornelo*, há diversas repetições. Em um primeiro momento, o segundo piano reitera essa frase; depois, ele vai a defasando gradativamente até que, em determinado momento, advém outro objeto sonoro. Por isso, a ideia de frases que organizam as seções internas de uma parte na peça de Reich é bastante difusa, já que as transições ou diferenciações que indicariam um "antes" e um "depois" são nubladas pelas defasagens extremamente gradativas da primeira frase.

Figura 4.9 – Relações locais em *Piano phase*, de Steve Reich

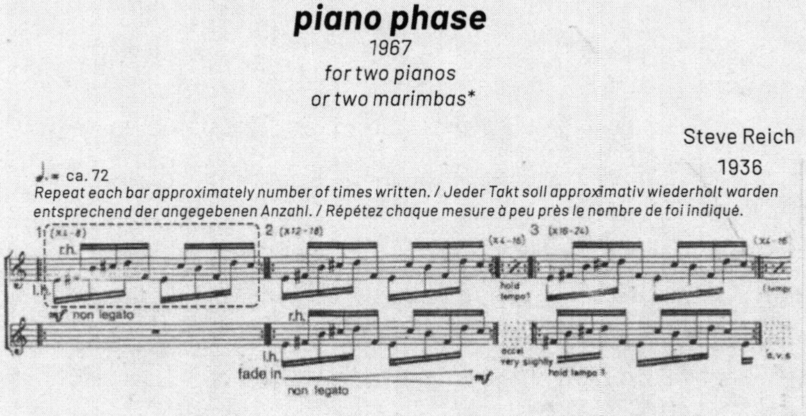

piano phase
1967
for two pianos
or two marimbas*

Steve Reich
1936

♩ = ca. 72
Repeat each bar approximately number of times written. / Jeder Takt soll approximativ wiederholt warden entsprechend der angegebenen Anzahl. / Répétez chaque mesure à peu près le nombre de foi indiqué.

Fonte: Directions..., 2022.

Os graus de semelhança dessa peça são muito altos, mas isso não significa que não haja diferença. Na realidade, até a escuta de um mesmo motivo reiterado já é a escuta de outro mesmo motivo no tempo da percepção. Do ponto de vista físico do som, não há possibilidade de executar um mesmo trecho exatamente igual. O que a percepção faz é ajustar as medidas do que corresponderá, naquela música, às semelhanças e às diferenças de umas em relação às outras. As reiterações exaustivas da obra de Reich passam a revelar, depois de um tempo de escuta, diferenças mínimas que não eram percebidas no início da peça.

A maioria das músicas procura equilibrar as relações entre semelhanças e diferenças que constroem as seções e frases internas das partes.

Para tratar da predominância de diferenças entre os elementos que organizam a dinâmica interna das partes, podemos observar um trecho da "*Vocalise, pour l'Ange qui anno*" do *Quatuor pour la fin du Temps*, de Olivier Messiaen.

Figura 4.10 – Relações locais em *Quatuor pour la fin du Temps*, de Oliver Messiaen

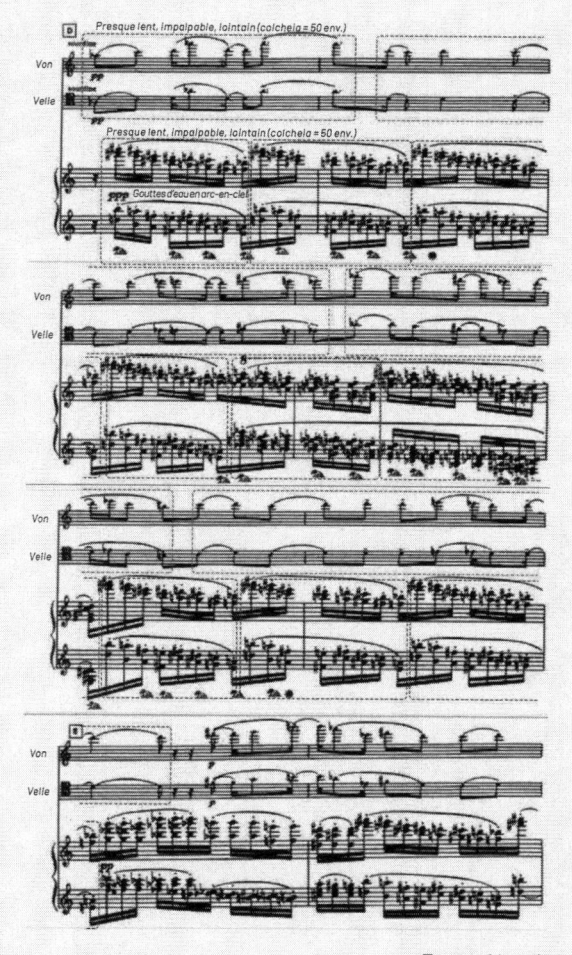

Fonte: Messiaen, 2011, p. 17.

O trecho que selecionamos contém seis compassos de ternário simples (3/4). Há duas camadas, uma melodia feita por violino e viola e um acompanhamento realizado por piano. Na parte destacada com os retângulos vermelhos, a melodia é construída em quatro frases, em que duas têm a mesma duração, e as outras duas não, respectivamente: frase A com 12 semicolcheias, frase B com 23 semicolcheias, frase C com 16 semicolcheias e frase D com 23 semicolcheias. Além das durações totais, as relações entre as figuras rítmicas são sempre diferentes. Na parte destacada com os retângulos azuis, o acompanhamento tem nove frases – uma frase dura nove semicolcheias, sete frases duram oito semicolcheias e, por fim, uma dura sete semicolcheias. A relação entre as duas camadas é irregular, isto é, não há correspondência da duração das frases melódicas com as frases do acompanhamento (Quadro 4.2).

Quadro 4.2 – Relações locais em *Quatuor pour la fin du Temps*, de Oliver Messiaen

Frases	A		B		C		D		
Melodia	15 x		21 x		16 x		23 x		
Frases	A	B	C	D	E	F	G	H	I
Acomp.	8 x	8 x	8 x	8 x	7 x	9 x	8 x	8 x	8 x

Atendo-nos à relação entre as frases das camadas, encontramos informações suficientes para constatar a irregularidade e a predominância de elementos diferentes que organizam a dinâmica interna dessa parte. As durações da melodia e do acompanhamento em relação ao compasso ternário criam irregularidades que geram uma assimetria na estruturação interna, ainda que esta mantenha algumas similaridades, como os registros de alturas da melodia e as descendências melódicas do acompanhamento.

Para finalizar, apresentaremos um último exemplo-limite em que os graus de diferenças são mais altos. O início da peça *Concerto para nove instrumentos*, de Anton Webern, tem cinco frases com diferenças em vários parâmetros musicais: melodia e harmonia dodecafônica (pressupõe o uso de todo o cromatismo escalar), registros distintos de alturas, durações e ritmos variados, além de timbres diferentes.

Figura 4.11 – Relações locais em *Concerto para nove instrumentos*, de Anton Webern

Fonte: Webern, 2023.

Nessa partitura, há três traços de semelhanças: (1) três desacelerações nas frases A – D – E; (2) uma recorrência timbrística nas frases B e E; (3) a presença dos *ritardando* em final de frase. Apesar desses pequenos traços de identidade, a força das diferenças é ainda muito tonificada na escuta.

Figura 4.12 – Relações locais em *Concerto para nove instrumentos*, de Anton Webern

Fonte: Webern, 2023.

Reiteramos que, mesmo nas músicas em que a relação entre semelhanças e diferenças é operada por graus extremos – ou seja, há muita semelhança e traços de diferença, e vice-versa –, sempre as duas forças estarão operando na apreensão estética. Depois de um tempo escutando uma música como a de Webern, é provável que o ouvinte experimentado perceba uma identidade geral que está ligada aos procedimentos composicionais, provenientes do sistema dodecafônico, utilizados para organizar as seções internas das partes. Por essa razão, é importante considerar a presença ambivalente das diferenças e semelhanças para organizar as seções internas das partes e compreender como a relação entre elas origina a percepção do todo.

A escala de semelhanças e diferenças, que organiza tanto as relações globais quanto as relações locais, serve como parâmetro para conhecer as possibilidades estéticas das estruturações do todo e das partes musicais. Em geral, a maioria das músicas trabalha com presenças equilibradas de identidades e alteridades, tendendo sempre às semelhanças. Considerando o exposto, apresentamos duas músicas que estão nos graus extremos e outras duas localizadas nos graus intermediários, respectivamente: (1) muita semelhança e traços de diferença ou muita diferença e traços de semelhanças; (2) mais semelhança e menos diferenças ou mais diferença e menos semelhança.

Na próxima seção, analisaremos como se organizam as sonoridades e os sistemas musicais mais conhecidos da música ocidental.

4.5 Percursos do som à nota e da nota ao som

A exploração das potencialidades sonoras no decorrer da história da música foi construída por diversos caminhos e de diferentes maneiras. Alguns autores propõem a hipótese de que o percurso de consolidação da linguagem musical, na cultura ocidental, iniciou-se com investigações no campo das alturas musicais, e que a estabilização de uma afinação escalar mais compartilhada na sociedade proporcionou os diversos desdobramentos das alturas (as notas) e da harmonia. Em seguida, teriam se desenvolvido as explorações no campo das organizações métricas e rítmicas e dos graus e das modulações da intensidade sonora (a cinâmica musical). Enfim, teriam se firmado as atuais investigações timbrísticas que dão autonomia ao som como resultado da exploração de todos os parâmetros musicais (alturas, ritmos e dinâmicas), e não só como identidade de um instrumento musical ou de uma formação musical mais ou menos sedimentada na prática.

Evidentemente, esse percurso de exploração das sonoridades considera os caminhos percorridos pela música ocidental de origem europeia. Contudo, existe muito mais complexidade na linguagem musical de outros pontos do mundo. A música africana, por exemplo, desenvolve com muita profundidade as organizações métricas e rítmicas; a música indiana e oriental, de modo bastante amplo, explora afinações mais amplas do que a afinação sedimentada pelo "temperamento" escalar da música ocidental. No Brasil, a cultura musical é muito rica de misturas, principalmente em virtude do contato com as culturas ameríndia e africana; no entanto, o aprendizado musical é voltado para os desdobramentos da música ocidental. Por isso, esse será nosso ponto de partida.

Sob essa perspectiva, percorreremos três seções a fim de dar conta da área mais extensa e mais explorada no ensino de música: (1) as parametrizações do som e a "domesticação" dos ruídos; (2) a construção, a consolidação e a dinamização dos sistemas musicais; e (3) as caracterizações sonoras e musicais que conformam um **corpo do som**.

A linguagem musical não tem conteúdos (semântica) tão claros como a linguagem verbal, por exemplo. Em geral, o conteúdo na música instrumental, sem que haja um objeto extra – como um programa, um poema, um texto etc. –, é sumário. Por esse motivo, os **estudos sintáticos** são privilegiados no campo musical, ou seja, as investigações sobre a estrutura de funcionamento e ordenação dos parâmetros musicais (alturas, ritmos e dinâmicas) dizem respeito aos percursos mais conhecidos no ensino musical. No entanto, isso não significa que não se deva estudar os conteúdos musicais; há apenas uma predominância que faz ressoar uma constituição basilar da linguagem.

As apreensões estéticas que comentaremos nas próximas seções estão intrinsicamente vinculadas à bagagem intuitiva e consciente que o ouvinte adquire durante suas experiências musicais, seja compondo, seja tocando um instrumento, seja, ainda, apenas ouvindo. A aquisição dessa bagagem, que aos poucos se torna invisível para nós, assemelha-se à experiência de aprendizagem de nossa língua natural. Por isso, diz-se que a música é uma linguagem. Como sugerem Zilberberg e Fontanille (2001, p. 109), com base na definição de linguagem de Hjelmslev (1975), trata-se de uma "entidade autônoma e deformável de dependências internas". Essa entidade, no caso da linguagem musical, ajuda a construir o modo como os sentidos musicais são apreendidos por nós. Ela não é um meio de apreensão do sentido sonoro e musical do mundo; ela inventa e organiza o mundo musical que estamos acostumados a ouvir. Assim, no estudo de cada temática referente à música instrumental, compreendemos melhor como as conformações dos "sons musicais" estabelecem sentidos musicais em nós.

4.5.1 Som e ruído

Há uma diferença que temos de delimitar para tratarmos dos caminhos de consolidação dos "sons musicais": de um lado, há os **parâmetros sonoros**, que servem para analisar qualquer som do mundo segundo categorias de **intensidade** (forte ↔ fraca), **duração** (curta ↔ longa) e **altura** (aguda ↔ grave); de outro lado, existem os **parâmetros musicais**, os quais organizam na percepção o que a linguagem estabilizou – durante sua história e prática – como "sons musicais" com base em categorias mais gerais, como **dinâmica**, **ritmo**, **altura** e **timbre**. Na percepção musical, cada categoria musical prevê certos desdobramentos internos:

- Na **dinâmica musical**, há as **variações** de intensidade sonora (*piano* ↔ *forte*) e os aspectos de **modulação** da intensidade (*crescendo* ↔ *decrescendo*), os quais, por vezes, são chamados de **envelopes sonoros**. Alguns modos de ataque (articulações), como o *acento* (>), o *sforzando* (sFz) e o *tenuto* (–), constituem-se, além de seus aspectos durativos, pelo arranjo concentrado da variação e pela modulação das intensidade sonoras.

Figura 4.13 – Esquema da dinâmica musical

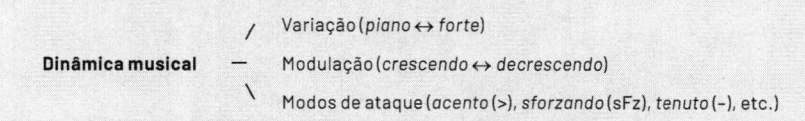

Dinâmica musical	Variação (*piano* ↔ *forte*)
	Modulação (*crescendo* ↔ *decrescendo*)
	Modos de ataque (*acento* (>), *sforzando* (sFz), *tenuto* (–), etc.)

- No **ritmo musical**, há o **andamento musical**, que consiste no resultado das relações entre as **durações musicais** para produzir uma **base métrica** e seus **pulsos**. Assim, as durações musicais produzidas em conjunto com determinadas dinâmicas musicais geram uma base métrica mais regular ou mais irregular; a velocidade pressuposta pela relação entre duração + intensidade musical sob certa base métrica diz respeito ao **andamento musical** (rápido ↔ lento). Às organizações das durações musicais chamamos *fraseologia*. Elas ordenam as **células rítmicas**, as **frases rítmicas**, os **períodos rítmicos** etc. Portanto, elas revelam as ordenações **monorrítmicas** ou **polirrítmicas**. A organização da **métrica musical**, atrelada às diferenças de **dinâmica**, gera as divisões ou não dos compassos e representam o espaço no qual se constroem as ordenações **monométricas** ou **polimétricas**. A organização do **andamento musical** comanda as variações da velocidade (rápido ↔ lento) e as modulações da velocidade (*acelerando* ↔ *desacelerando*).

Figura 4.14 – Esquema do ritmo musical

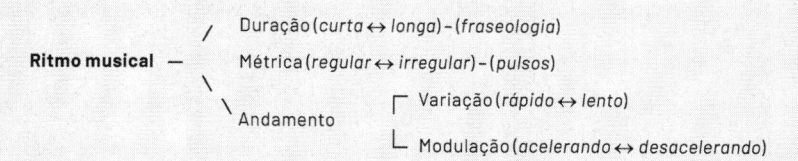

Ritmo musical —
- Duração (*curta* ↔ *longa*) – (*fraseologia*)
- Métrica (*regular* ↔ *irregular*) – (*pulsos*)
- Andamento
  - Variação (*rápido* ↔ *lento*)
  - Modulação (*acelerando* ↔ *desacelerando*)

- As **alturas musicais** derivam da estabilização – a que chamamos *afinação* – das distâncias entre as frequências sonoras que também constituem os graus da **escala musical**. Por meio das diversas escalas se produzem os **perfis melódicos** com base na relação entre dinâmica, ritmo e altura musical. Por fim, esse é o campo em que se observam os inúmeros resultados harmônicos da sobreposição de alturas e melodias musicais[4].

• • •
4   A **altura sonora** corresponde ao resultado de sons curtos (ou ciclos) em uma velocidade altíssima. Por exemplo, um Lá3 na afinação temperada é o resultado de

Figura 4.15 – Esquema da altura musical

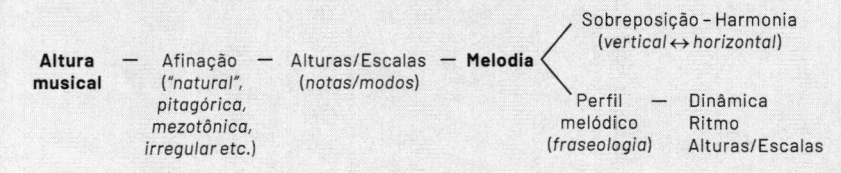

```
                                                    Sobreposição – Harmonia
                                                    (vertical ↔ horizontal)
Altura    — Afinação     — Alturas/Escalas — Melodia
musical     ("natural",    (notas/modos)
            pitagórica,                             Perfil       — Dinâmica
            mezotônica,                             melódico        Ritmo
            irregular etc.)                         (fraseologia)   Alturas/Escalas
```

- O **timbre**[5] **musical** é a resultante complexa dos três campos anteriores: dinâmica, ritmo e altura. O campo do timbre é o mais abrangente, pois pode abarcar: (1) os estudos físicos dos "sons musicais" – a qualidade dos parciais que formam os espectros sonoros de um instrumento musical, de um conjunto de instrumentos, de uma obra, de um estilo ou de um período musical; e (2) os estudos sobre o conteúdo musical segundo as identidades mais ou menos estabilizadas dos instrumentos musicais, bem como de obras e estilos musicais ou mesmo das qualidades semânticas que os timbres podem produzir na percepção musical.

A pequena recessão recém-apresentada sintetiza a abrangência dos estudos musicais. No entanto, as categorizações feitas

---

442 (Hz) ciclos (sons curtos) por segundo. Por sua vez, a **altura musical** se refere à posição frequencial em relação às outras alturas de uma escala. Portanto, a **escala musical** é um produto social da prática musical, e não do mundo. A ordenação da constituição complexa e física de uma ou mais alturas sobrepostas no campo da música é chamada de *harmônicos naturais* ou *relações espectrais*.

5   Todo som é um som complexo, pois é constituído de vários "sons" ao mesmo tempo - os conhecidos *parciais harmônicos*. A constituição física do timbre depende da análise dos parâmetros sonoros que constituem o espectro de qualquer som ou trecho de sons musicais organizados. Em outras palavras, para descrever fisicamente o timbre, é preciso apontar quais são a intensidade e a duração das frequências sonoras (os parciais) que constituem o espectro sonoro daquele som complexo. Nesse sentido, a música eletroacústica e o movimento espectralista francês trabalham as composições e *performances* musicais mediante essa investigação.

correspondem a balizas provisórias que vão se ajustando no decorrer da história de construção e reconstrução dos estudos sobre a linguagem musical. Basta procurar por trabalhos de análise musical para perceber que, em cada campo mencionado, há desdobramentos que consideram diversas bases metodológicas. Para a apreensão estética, é importante ter em mente que tais campos podem servir de filtros para a percepção, à semelhança de uma lente de câmera, que pode trocar para um tipo de filtro como o ultravioleta, o olho de peixe, o *skylight* etc. Analogamente, podemos trocar de "filtro" para apreender as organizações de dinâmica, ritmo, altura e timbre, ou seja, todos os campos podem ser observados em qualquer música. Eles representam os mecanismos que a linguagem musical, na condição de sujeito coletivo, utilizou para sedimentar os "sons musicais" que antes eram ruídos do mundo.

Diversos autores asseveram que os "sons musicais" derivaram da "domesticação" de um som que antes era um ruído. Assim, a **nota musical** – elemento ainda considerado o som musical por excelência – é um resumo da ideia de "domesticação" de um ruído físico irregular. A regularização de ciclos muito rápidos e da energia constitui a sobreposição de frequências sonoras mais estáveis. Domesticar, nesse caso, significa regularizar as proporções entre os ciclos e as forças que originam a "cor" de um som complexo qualquer – ou, no campo musical, uma nota musical. Um exemplo interessante é o trêmulo usado em instrumentos de arco friccionado. Trata-se de uma técnica em que o arco é movimentado muito rapidamente em contato com as cordas para continuamente emitir sons muito curtos. O resultado sonoro dessa técnica era considerado um ruído no período barroco, até que Vivaldi, nas *Quatro estações*, elaborou para essa peça um movimento utilizando as técnicas do trêmulo, do trêmulo *sul ponticello* (arco tocado perto do cavalete do instrumento) e dos harmônicos. Aos poucos, o que antes era considerado um ruído passou a integrar as sonoridades estabilizadas da linguagem musical.

Os parâmetros musicais que citamos se referem a campos resultantes das estabilizações musicais do que antes eram apenas "ruídos". O que é considerado ou não "ruído" pelas práticas musicais pode variar muito. Por vezes, até uma dissonância – uma 2ª menor, por exemplo – já pode ser considerada um "som não desejável". Portanto, o *status* de ruído pode ser atribuído a qualquer som que não pareça se adequar às pertinências de determinada prática musical. No entanto, de modo bastante amplo, a quantidade de "ruídos" que passaram a ser considerados sons musicais é bastante extensa, o que inscreve uma ampla gama de possibilidades de estéticas sonoras e musicais.

4.5.2 Sistemas musicais

Os sistemas sonoro-musicais se constituem de cristalizações mais ou menos estáveis de modos de discretizar e organizar os parâmetros musicais. Cada um desses sistemas estabilizou um arcabouço específico de possibilidades, as quais podem ou não ser atualizadas em uma partitura ou representação gráfica qualquer, para que depois sejam realizadas em uma *performance* musical. Os dois sistemas mais conhecidos e compartilhados na música ocidental são o **modalismo** e o **tonalismo** – este último derivou do primeiro. Outro sistema conhecido, mas que pertence à música contemporânea de concerto, é o **dodecafonismo**. Sempre haverá permeabilidade entre os diversos sistemas musicais, mesmo que seja apenas em poucos parâmetros musicais.

Um sistema musical corresponde a determinado arranjo de relações mais abstratas entre os elementos que fazem parte da linguagem da música. Por exemplo, uma escala maior do sistema tonal, já balizada por uma afinação temperada, é ordenada segundo as distâncias de tom – tom – semitom – tom – tom – tom – semitom (T – T – sT – T – T – T – sT). Essa é a sintaxe de uma **escala maior** que pertence ao **sistema tonal** ou à sintaxe do **modo jônio**, o qual pertence ao **sistema modal**. Para montar todas as escalas maiores do sistema tonal, basta aplicar essa sintaxe em todas as notas do cromatismo que preenchem uma oitava. Como já comentamos, a linguagem musical não apresenta conteúdos tão nítidos como a linguagem verbal. Por essa razão, as organizações sintáticas dos parâmetros musicais são predominantes nos sistemas musicais.

Como em todo sistema, existem camadas e dimensões de organização, ou seja, níveis de sintaxe que se pressupõem. A afinação das alturas, por exemplo, é o que gera as divisões da oitava, os intervalos, que, por sua vez, dão origem às escalas. Portanto, trata-se de uma escada de gerações. Isso acontece com todos os parâmetros musicais que abordamos nas seções anteriores.

Para ilustrar o conceito de sistema, analisemos um trecho de *Bachianas brasileiras n. 4*, de Villa-Lobos, para acessar o **sistema musical e tonal** com base nas organizações que foram atualizadas na partitura.

Figura 4.16 – Sistema musical em *Bachianas brasileiras n. 4*, de Villa-Lobos

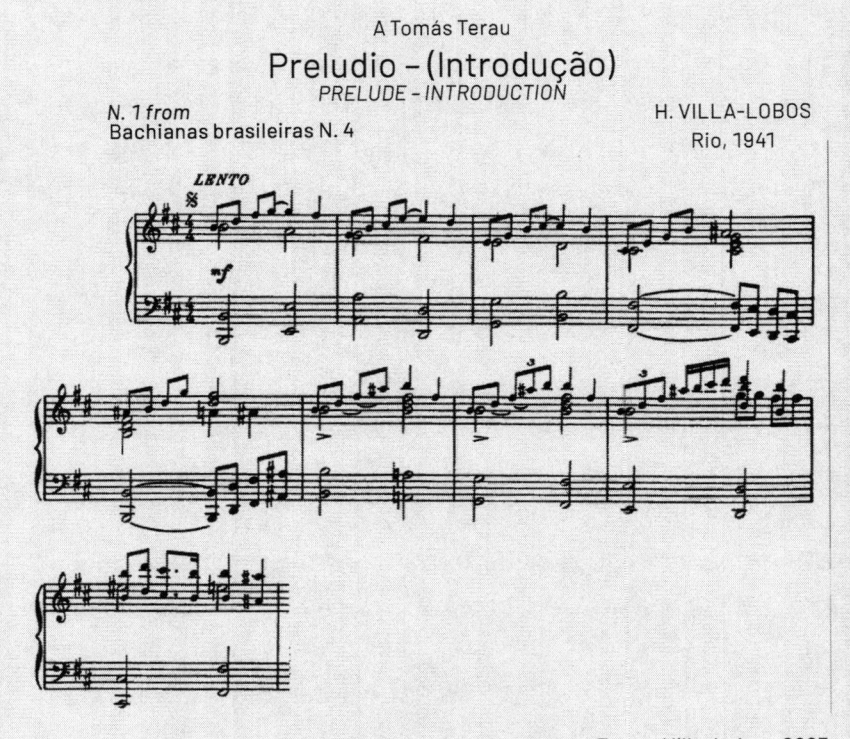

Fonte: Villa-Lobos, 2023.

Com base nas escolhas musicais atualizadas na partitura, examinaremos as relações mais abstratas dos parâmetros musicais dinâmica, ritmo, altura e timbre. As organizações de **dinâmicas** estão atreladas a duas camadas: (1) **variação** de intensidade – o mF geral e maleável indicado no primeiro compasso da Figura 4.16; e (2) **regularidade métrica** – os pulsos do compasso quaternário simples são formados por um primeiro pulso forte, um terceiro pulso mF e outros dois pulsos fracos, o segundo e o quarto. No **timbre**, observam-se a escolha do *piano* e a indicação de *acento* (>) nos compassos 6, 7 e 8, que corresponde a um ataque forte que decresce rapidamente[6].

Figura 4.17 - Parâmetros musicais da *Bachiana brasileira n. 4*, de Villa-Lobos

Dinâmica musical	/ Variação (*p* - *mF* - *F*)
	Métrica (Quaternário simples - **F** - **f** - **mF** - **f**)[29]
	\ Modos de ataque (*acento* (>))
Dinâmica musical	— Métrica (***regular*** ↔ *irregular*) - (**Compasso quaternário simples**)
Dinâmica musical	— Instrumento (***piano***)

As intersecções entre os parâmetros sempre acontecerão, uma vez que, do ponto de vista dos recortes operados pelas categorias musicais, os fenômenos sonoro-musicais são sempre complexos. Por isso, a indicação métrica é uma categoria que está ao mesmo tempo nos campos da dinâmica musical e do ritmo musical.

Esclarecido isso, agora podemos abordar outras categorias do ritmo. O andamento musical aparece na partitura como Lento, ou seja, trata-se de uma indicação não metronômica e maleável que está sujeita ao que foi estabilizado no sistema musical pelas práticas musicais. Nesse caso, o andamento lento costuma corresponder à semínima entre 50 e 55 a depender de como ele se relaciona com as expressões de andamento da língua italiana. Então, estabelece-se a configuração expressa na Figura 4.18.

...
6   As pesquisas sobre o campo das relações métricas concentram-se nas diferenças de força entre os pulsos que formam os compassos quaternários, por vezes confirmando a sintaxe de intensidade expressa, em outras propondo uma junção de dois binários simples. De todo modo, os pesquisadores entraram em consenso sobre a diferença entre os pulsos 1-3 e os pulsos 2-4.

Figura 4.18 – Ritmo musical de *Bachiana brasileira n. 4*, de Villa-Lobos

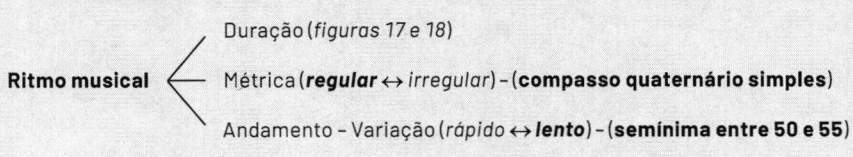

Ritmo musical
- Duração (*figuras 17 e 18*)
- Métrica (*regular* ↔ *irregular*) – (**compasso quaternário simples**)
- Andamento – Variação (*rápido* ↔ *lento*) – (**semínima entre 50 e 55**)

Na Figura 4.19, mostramos o perfil durativo do trecho selecionado. Ele pode ser descrito por até três camadas rítmicas.

Figura 4.19 – Perfil durativo em *Bachianas brasileiras n. 4*, de Villa-Lobos

Quando há três camadas, as maiores movimentações rítmicas encontram-se nos finais e começos de frase. O interessante é que há, em *Bachianas brasileiras n. 4*, uma frase com quatro compassos, e outra com cinco, o que rompe com a quadratura clássica. As duas frases completam um período, e as células rítmicas do trecho estão apresentadas na Figura 4.20, a seguir.

Figura 4.20 – Células rítmicas em *Bachianas brasileiras n. 4*, de Villa-Lobos

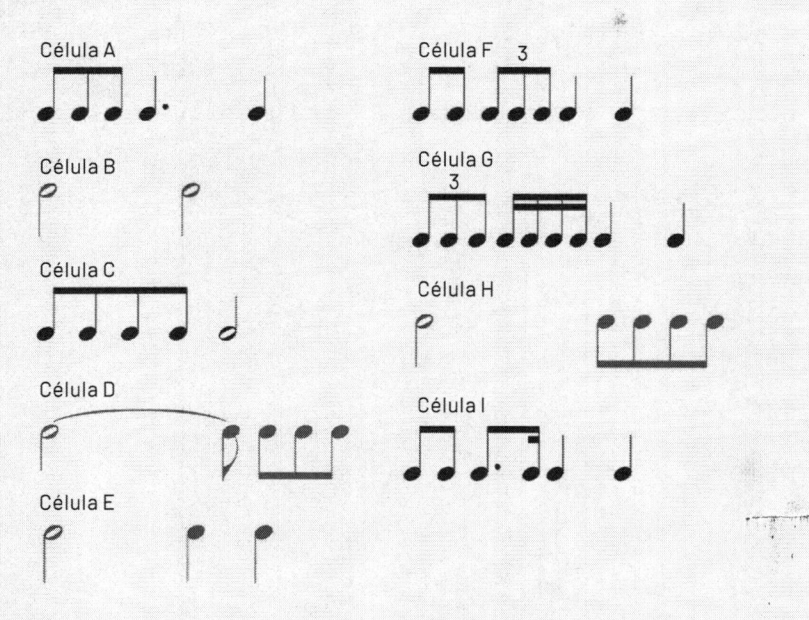

As descrições e os recortes dos elementos musicais que foram atualizados na partitura se referem às interações abstratas que o sistema oferece. Portanto, não estamos descrevendo as operações realizadas em *performance*, mas sim as escolhas feitas pelo compositor com relação à dinâmica ao ritmo, entre tantas possíveis. Cada nota inserida na partitura representa uma escolha de dinâmica, ritmo e altura, entre várias outras possibilidades. Assim, a representação musical não é o sistema musical; ela apenas revela o que foi atualizado quanto às possibilidades oferecidas pelo sistema. Logo, são opções sistemáticas construídas e cristalizadas ao longo da história da música. Por esse motivo, os sistemas são dinâmicos e estão sempre em transformação, ou seja, o que hoje ainda consideramos "ruído" pode futuramente ser incluído nas possibilidades do sistema musical.

O campo das alturas é o mais explorado nas análises musicais, e é aquele que mais oferece caminhos diversos de interpretação. Não nos estenderemos nesse aspecto, pois nosso objetivo é esclarecer os possíveis níveis da apreensão estética da linguagem musical. Então, mostraremos brevemente as operações melódicas e harmônicas que mais indicam uma organização possível do sistema tonal, ainda considerando a canção de Villa-Lobos.

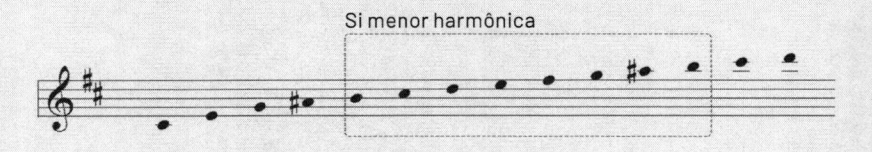

Figura 4.21 – Alturas da melodia em *Bachianas brasileiras n. 4*, de Villa-Lobos

Figura 4.22 – Relações harmônicas em *Bachianas brasileiras n. 4*, de Villa-Lobos

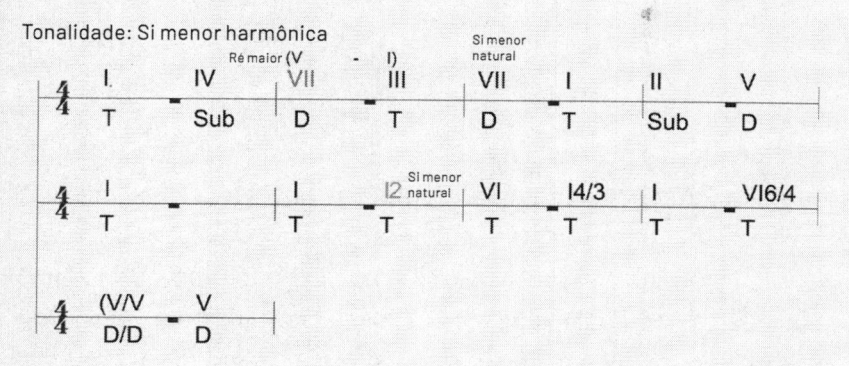

Tonalidade: Si menor harmônica

		Ré maior (V	- I)	Si menor natural			
I	IV	VII	III	VII	I	II	V
T	Sub	D	T	D	T	Sub	D

I		I	I2 Si menor natural	VI	I4/3	I	VI6/4
T		T	T	T	T	T	T

(V/V	V						
D/D	D						

Entre as opções que o sistema tonal oferece, Villa-Lobos selecionou as alturas que correspondem à escala de Si menor harmônica e propôs o encadeamento harmônico apresentado na Figura 4.24. Considerando as relações abstratas do sistema – diferenças intervalares (tom e semitom) e funcionais (tônica-subdominante-dominante) –, o compositor optou por um encadeamento entre tantos possíveis. Ainda com relação às alturas, poderíamos descrever com mais precisão os aspectos fraseológicos do perfil melódico, assim como os detalhamentos dos encadeamentos harmônicos, isto é, a condução de vozes dos acordes, as cadências específicas e as dinâmicas de **tensão** e **resolução**. Para finalizar a abordagem dessa temática, detalhamos, na Figura 4.23, o último campo.

Figura 4.23 – Altura musical de *Bachiana brasileira n. 4*, de Villa-Lobos

Altura musical — Alturas/Escalas (*Si menor harmônica*) — **Melodia** — Sobreposição - Harmonia ⎡Funções ⎣Encadeamentos

É por meio desse procedimento de separação dos parâmetros de uma música que podemos acessar o arcabouço que construiu e consolidou um sistema musical qualquer. Reforçamos que existem sistemas musicais **coletivos**, aqueles formados no decorrer da história da música, e os sistemas musicais **individuais**, os quais sedimentamos por meio de nossas experiências musicais, intuitivamente e/ou conscientemente. Nesse contexto, sempre haverá confluências entre os sistemas coletivos e individuais. Por isso, com o passar dos anos, vamos adquirindo familiaridade com os sistemas a ponto de reconhecermos suas possibilidades de atualização logo no início de uma escuta musical. Nessa ótica, o importante é entender que os sistemas são sempre dinâmicos. Assim, o uso de seus elementos sempre é alterado na realização, e as mudanças também transformam os sistemas.

A partitura como meio de acesso às informações organizacionais dos sistemas musicais se configura como um objeto canônico nos estudos musicais e estéticos. No entanto, cada vez mais se vê a necessidade de observar o sistema no processo de realização sonoro-musical, isto é, na *performance*. Isso porque ela prevê certas "imperfeições" que também alimentam e se cristalizam no sistema. Na realidade, para o sistema, não há imperfeições, apenas diferenças operacionáveis. Os atuais estudos de análises computacionais em música estão atingindo resultados muito importantes para esse campo, principalmente a partir do que foi denominado **descritores de áudio**. Trata-se de operações que analisam a dinâmica das energias e das frequências que formam a morfologia de um **espetro sonoro-musical** de uma obra realizada. Quando apresentamos os graus de **dinâmica musical**, na peça de Mozart, utilizamos um descritor que mediu o perfil de **amplitude** da gravação. É possível, entretanto, vislumbrar uma transformação dos meios de descrever os arcabouços mais ou menos estáveis dos sistemas musicais considerando as próprias realizações musicais. É provável que até mesmo as categorias musicais (dinâmica, ritmo, altura e timbre), que usamos como filtros de apreensão estética, sofram transformações.

4.5.3 Corpo do som

O corpo do som se refere à mais complexa das categorias concernentes à identidade sonora dos sujeitos envolvidos na linguagem musical. Mais complexa porque ela depende de todos os parâmetros e filtros sonoro-estéticos que apresentamos em relação aos percursos do "som musical" e às **dinâmicas estruturais**. Anteriormente, expusemos a ideia de **corpo-expandido** para as diversas formações instrumentais possíveis. Agora, ao nos referirmos a um **corpo do som**, estamos apontando uma união e expansão ainda mais potente: a interdependência entre instrumentista e compositor no **resultado sonoro-musical** de uma música.

Em outras palavras, intérprete e compositor (mesmo se forem a mesma pessoa) inventam um ao outro no momento da *performance*, seja ela gravada ou ao vivo. Por isso, diz-se que existe um corpo-som Bach-Glenn-Gloud que é diferente de um corpo-som Bach-Martha-Argerich. O modo como cada um dos pianistas interpreta o mesmo compositor delineia um Bach com contornos específicos. Por exemplo, um compositor explora, com certa recorrência, o uso de determinada organização rítmica que costuma ser enfatizada nas interpretações de suas obras. No entanto, outro intérprete deixa de lado essa marca rítmica característica – talvez para maleabilizar as durações musicais – e escolhe dar ênfase às diferenças timbrísticas que tal obra pode revelar em seu instrumento. Assim, nasce um compositor-instrumentista novo, com um corpo-som específico. Isso faz emergir uma gama imensa de possibilidades estilísticas e estéticas, além de suplantar a ideia de que os caminhos propostos pelos compositores são inalteráveis e a suposição de que os instrumentistas não criam.

Para identificar o corpo-som, basta reunir as reiterações das unidades ou forças sonoro-musicais das obras realizadas – que são as marcas sonoro-estilísticas enfatizadas nas *performances* musicais. Também é por meio desse procedimento que se podem detectar as marcas de estilos e os períodos históricos mais abrangentes.

Para encerrar esta abordagem, acrescentamos que a junção do corpo-matéria, do corpo-gesto, do corpo-timbre e do corpo-som compõe uma imagem mais robusta da apreensão estética que temos do sujeito (ou do corpo-expandido) que se projeta nas obras. A interação desses corpos consiste na principal força de autonomia estética da música instrumental.

4.6 Práticas e estéticas da música instrumental

Nesta seção, analisaremos outros níveis mais abrangentes de apreensão estética das obras de música instrumental. Cada nível (ou dimensão) compõe a espessura de percepção da linguagem musical. Assim, eles podem ser observados tanto pelo que os particulariza – ou seja, seus detalhes e desdobramentos internos, como informamos anteriormente – quanto por meio do que une ou diferencia os **níveis de percepção**. Em geral, os estudos estéticos da música instrumental já apresentam os resultados da escolha de qual ou quais níveis de percepção estão sendo focalizados. No entanto, optamos pela descrição e pelo reconhecimento dos mecanismos estéticos que constituem e fazem articular as dimensões da linguagem. Desse modo, ofereceremos ferramentas para que o leitor possa encontrar conclusões estéticas nos desdobramentos da música instrumental.

Nessa perspectiva, versaremos sobre: (1) as relações que compõem os **agrupamentos** das obras de música instrumental; (2) as **presenças cênicas** que podem colaborar para o sentido final de uma *performance* musical; (3) o modo como os objetos musicais, autonomamente ou em agrupamentos variados, circulam na sociedade; e (4) a **estética do inefável** que é gerida pela **força musical**.

4.6.1 Agrupamentos: álbuns e conjuntos

Os agrupamentos de obras em álbuns ou conjuntos podem se constituir de inúmeras maneiras, algumas mais cristalizadas dentro das práticas musicais e outras menos. As interações entre as obras que perfazem um agrupamento qualquer podem ser observadas com base na predominância da autonomia de uma música em relação às outras ou por meio da predominância de unidade de conformação do agrupamento, isto é, da interdependência entre as obras que compõem o conjunto[7] (Mafra, 2019).

Em decorrência desse reconhecimento, as diferenças entre as práticas populares e as de concerto se tornam um pouco mais claras. É mais comum detectarmos a autonomia das obras que constituem os agrupamentos da música instrumental popular e identificarmos a reunião de obras (ou movimentos) que constroem uma unidade nas

---

7   Esse tipo de categorização dos agrupamentos (força de autonomia ou de unidade) de obras foi o mesmo utilizado no capítulo em que apresentamos a linguagem da canção. Tomamos como referencial a proposta de Mafra (2019).

práticas de música instrumental de concerto, como as sinfonias, os ciclos, os concertos etc.

O disco *Festas dos deuses* (1992), de Hermeto Pascoal, é um exemplo de como a predominância da força de autonomia das faixas é o que constitui o agrupamento do álbum. Nele, há músicas que são compostas, mesmo em partes internas ou por alusões, em conformidade com estilos cristalizados, como forró, samba, choro e suas variantes. Há, também, obras que são como paisagens sonoras e músicas sem um estilo específico. Cada faixa pode ser interpretada autonomamente, ou seja, não há necessidade de que sejam relacionadas umas com as outras, mesmo que, evidentemente, também construam sentidos por estarem agrupadas no mesmo álbum.

A suíte é uma "forma clássica" da prática de concerto, presente em diversos períodos da história, que também se constitui pela autonomia das obras que a integram. É a estrutura de organização e agrupamento que Mario de Andrade (1962) sugere ser a mais interessante para a música instrumental brasileira. Nota-se, porém, a predominância da força de unidade do agrupamento nas sinfonias e nos concertos. Em geral, as obras internas (movimentos) se aproximam em vários de níveis de percepção musical, seja por uma organização rítmica, melódica, harmônica etc., que resulta no corpo-som da obra, seja nas outras categorias que já mencionamos: corpo-matéria, corpo-gesto e corpo-timbre.

Em todo agrupamento haverá graus de **autonomia** e graus de **unidade** do conjunto de obras. Por isso, assumimos que há predominância de uma força ou de outra. Encontraremos traços de unidade do agrupamento mesmo nos conjuntos em que predomina a força de autonomia das músicas e vice-versa. Portanto, é importante analisar os agrupamentos tanto pela força (de autonomia ou de unidade) que prevalece quanto por meio dos traços conduzidos pela outra força.

Apesar de o álbum ser, na música instrumental popular, o principal modo de agrupar as músicas, trata-se de um tipo de agrupamento e, ao mesmo tempo, um suporte de circulação das obras. Em um nível mais seccionado de partições internas de um álbum pode haver, por exemplo, um disco que contém duas sinfonias ou mesmo um disco que contempla um concerto e outras músicas autônomas, e assim por diante.

As apreensões estéticas dos agrupamentos apontam para uma percepção ainda mais extensa (Hjelmslev, 1971) de um conjunto de obras, desde a narratividade tecida entre as faixas, ou entre os movimentos, até os elos entre os corpos que descrevemos neste capítulo.

4.6.2 *Performance*: a apresentação e o concerto

As categorias do corpo-matéria, do corpo-gesto, do corpo-timbre, do corpo-som e os agrupamentos são filtros pelos quais observarmos esteticamente a *performance* e a realização ao vivo dos objetos musicais. Seguindo a guia de duas categorias que contêm em si elementos também táteis, visuais e somáticos (o corpo-matéria e o corpo-gesto), podemos acrescentar outras **presenças cênicas** que fazem parte das apresentações e dos concertos musicais, quais sejam: a organização espacial do palco-plateia, o figurino, a iluminação, a encenação etc.

Bonin (2018)[8] se propôs a observar como se constroem os sentidos nos objetos que se constituem no contato entre presenças musicais e presenças cênicas, sempre geridas, nesse caso, por uma força musical denominada **regência musical**. As categorias corpo-timbre, corpo-som e os agrupamentos pertencem somente às presenças musicais, e as categorias corpo-matéria e corpo-gesto constam ambivalentemente tanto na presença musical quanto na presença cênica, uma vez que elas contêm elementos táteis, visuais e somáticos. Elementos como a organização espacial do palco-plateia, o figurino, a iluminação e a encenação integram a percepção de uma obra musical apresentada ao vivo. No entanto, elas pertencem apenas às presenças cênicas. É o jogo de interações entre todos os elementos das duas presenças (musical e cênica) que compõe a percepção global de uma *performance* musical ao vivo.

A presença cênica pode ser vista a partir de uma gradação do uso de elementos cênicos nos objetos musicais, ou seja, da menor à maior presença de aspectos como iluminação, encenação, figurino etc. (e o corpo-matéria e o corpo-gesto), na relação com os elementos que compõem as presenças musicais de uma performance, desde que se mantenha a força musical que conduz as apreensões estéticas do objeto musical. A ideia de uma regência musical é de que há predominantemente uma apreensão estética, sensível ou inteligível, ligada aos mecanismos de produção da linguagem musical, mesmo na presença de muitos elementos cênicos na *performance*. É como se percebêssemos "musicalmente" todos os elementos que se manifestam naquela *performance* ao vivo.

...

8   Aplicamos o mesmo procedimento sobre *performances* no Capítulo 2, "Linguagem da canção".

As práticas de música instrumental – ao menos as mais consolidadas – trabalham com mais frequência com aquilo que chamamos de **latência cênica**. A *performance* se constrói com base nos elementos que a prática musical já estabeleceu como presença cênica natural em qualquer concerto ou apresentação. Na prática de concerto, por exemplo, costuma-se ter a configuração de um palco italiano: há pouca iluminação, figurinos-padrão etc. São elementos que, em virtude de sua "normalização" sedimentada pela prática, passam desapercebidos. Existem estilos de música instrumental popular que também têm elementos cênicos sedimentados. Por exemplo, o figurino de uma banda de *rock* progressivo raramente será extremamente colorido e com tecidos leves, a não ser que se procure provocar um efeito humorístico.

A latência cênica corresponde ao primeiro grau de presença dos elementos cênicos de uma *performance* musical. Eles possibilitam identificar certos estilos e práticas de música instrumental. No entanto, quando passamos a perceber outros elementos cênicos que não fazem parte do hábito dessas *performances*, começamos a notar certas "medidas"[9] de presença cênica em sua relação com as presenças musicais. As práticas de música contemporânea de concerto exploram gamas muito variadas de elementos cênicos na *performance*, desde pequenas gestualidades, a exemplo da peça *Six elegies dancing* (1985) para marimba solo, da compositora havaiana Jennifer Stasack, em que "os movimentos gestuais da arte marcial Tai Chi Chuan são amalgamados aos gestos necessários para tocar a marimba" (Bonin, 2018, p. 44).

. . .

9   Quando mencionamos "medidas", não estamos nos referindo à quantidade estritamente numérica dos elementos postos em **contato** na *performance* musical, mas sim a uma medição subjetiva da percepção musical e estética das performances.

Figura 4.24 – *Six elegies dancing* – gestos cênicos inspirados no Tai Chi Chuan

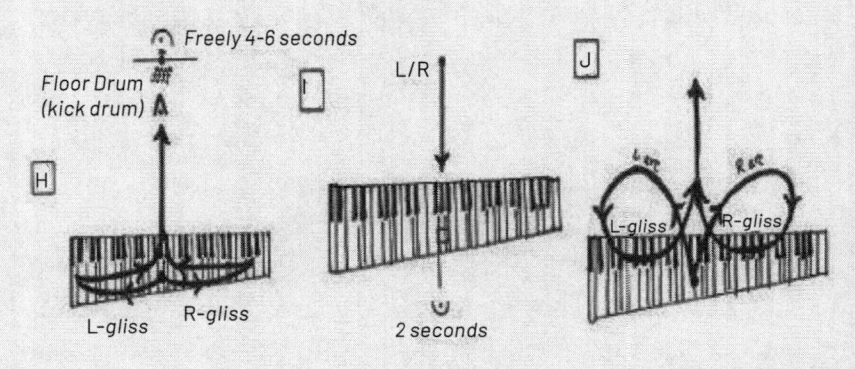

Fonte: Stasack, citada por Bonin, 2018, p. 45.

Outras obras musicais podem explorar uma "medida" ainda maior de elementos cênicos, como é o caso de *Ópera aberta (curtição de voz e músculos: contraponto a 2 partes), para soprano, halterofilista e uma miniplateia no palco*, de Gilberto Mendes (1976), na qual a partitura (ou o roteiro) resume-se a poucas indicações.

Apesar da quantidade maior de elementos cênicos, há traços musicais que remetem (humoristicamente) às *performances* de música:

> A própria *partitura/roteiro* se afasta da notação comum, ou seja, não há qualquer símbolo ou grafia que corresponda a um desenvolvimento sonoro específico, ela descreve verbalmente uma pequena cena a ser representada pelos intérpretes. As **presenças musicais** indicadas na partitura são: a sugestão de trechos de ópera; os exercícios vocais que a cantora deverá escolher livremente; a plateia e os "bravos" que a plateia deverá gritar em alguns momentos (quatro ou cinco vezes); e, além disso, na única interação entre "cantora" e "halterofilista", há uma indicação de ascendência para

um registro cada vez mais agudo da cantora. (Bonin, 2019, p. 172-173, grifo do original)

Outras experiências que colocam em contato presenças musicais e cênicas deram origem a outras práticas, como é o caso dos espetáculos popularmente conhecidos como *Son et Lumière*, em que luzes são projetadas geralmente em edifícios históricos e são sincronizadas a eventos sonoros ou músicas pré-gravadas Outro exemplo diz respeito às obras *Concret PH* (1958), de Iannis Xenákis, e *Poème èlectronique* (1958), de Edgar Varèse, ambas compostas para um projeto que envolvia a construção de um edifício específico para a realização dessas músicas, o Philips Pavillon.

Figura 4.25 - Philips Pavillon

As óperas e os musicais como aqueles da Broadway, além de articularem elementos musicais e cênicos, enfatizam os objetos cancionais. Por isso, são práticas mais complexas, pois abarcam forças de linguagens diferentes.

A gradação de presenças que propomos se refere a um modo de observar como os elementos cênicos passam a fazer parte da construção do sentido e das apreensões estéticas das *performances* musicais. Desse modo, teríamos, nesse nível de percepção, as categorias somente musicais (corpo-timbre, corpo-som e agrupamentos), as categorias ambivalentes que pertencem às duas presenças (corpo-matéria e corpo-gesto) e as categorias somente cênicas (figurino, iluminação, cenário, encenação etc.).

4.6.3 Modos de circulação: o centro e a periferia

A circulação refere-se à dinâmica de trocas e compartilhamentos dos objetos musicais na sociedade. O fluxo de trocas se dá em dinâmicas mercadológicas que organizam tanto a circulação das gravações musicais – nos mais diversos meios e plataformas de compartilhamento (de músicas autônomas ou de agrupamentos variados) – quanto a realização das *performances* em apresentações e concertos únicos, festivais, programas de TV, *lives* de internet etc.

O mercado da música instrumental é bem menos volumoso quando comparado ao da canção. Sua penetração nos bens de consumo culturais costuma ser vinculada a outras linguagens, principalmente do cinema; algumas músicas instrumentais são conhecidas quando integram trilhas sonoras de filmes famosos. A despeito de tais diferenças, o fluxo de trocas das músicas instrumentais se organiza como o das canções, ou seja, pela catalogação de estilos mais ou menos cristalizados nas práticas musicais. Quanto mais cristalizado e compartilhado, mais as obras estão localizadas no centro da linguagem musical; quanto menos sedimentado e compartilhado, mais as peças estão situadas na periferia da linguagem musical.

A tensão entre o centro e a periferia da linguagem musical é dinâmica e se transforma no decorrer da história. O que antes fazia parte das práticas periféricas pode se situar no centro da linguagem depois de um tempo. Como comentamos anteriormente, muitos estudiosos e críticos relacionam a essa tensão os extratos sociais e seus valores dentro das sociedades. Em geral, as práticas de música contemporânea, sejam de concerto, sejam populares, localizam-se nas áreas periféricas da linguagem, ao passo que as práticas mais clássicas estão no centro da linguagem. Apesar de haver um caráter mais ou menos pejorativo nas discussões sobre as práticas que pertencem à periferia ou ao centro, aqui nos dedicaremos apenas a descrever o fluxo de trocas e como elas se classificam na sociedade.

Em plataformas de *streaming*, como o Spotify, as músicas instrumentais são enquadradas em estilos mais amplos, como: "Clássicos", para as práticas de concerto de música instrumental e de canção; a seção "Brasil Instrumental", que está dentro da seção mais ampla e de caráter geográfico "Brasil"; as seções internas de "Bem-Estar", estilo que a plataforma chama de "momentos"; a seção "Indie Instrumental", localizada na seção de caráter geográfico "Música Indiana"; a seção "Metal Progressivo" dentro da seção "Metal"; e as seções internas de "Trilhas Sonoras". As seções que mais contêm subseções dedicadas à música instrumental são "Jazz" e "Dance/Eletronic", mesmo que também haja estilos de canções.

Como no senso comum não há a noção de que, apesar das semelhanças, a canção e a música instrumental constituem linguagens diferentes, a circulação das gravações em *streaming* de ambas costuma ser gerida pelos mesmos mecanismos catalográficos. Já nas circulações de *performance* musical (apresentações, concertos, *shows*, programas de TV, festivais etc.), é comum haver uma distinção muito clara entre eventos de canção e de música instrumental. Independentemente das discussões sobre a eficiência ou não de uma possível separação da circulação das linguagens, o importante é compreender que, do ponto de vista estético, a música instrumental é uma linguagem gerida pela força musical que estamos descrevendo neste capítulo, ao passo que a canção é uma linguagem constituída de letra e de música. Portanto, há duas forças[10] (melódico-musical e entoativa) que gerem a linguagem.

4.6.4 Estética do inefável: a força musical

De todas as linguagens artísticas, a música é a mais abstrata. Talvez por isso ela ganhe tamanha atenção dos filósofos e, ao mesmo tempo, aproxime-se da linguagem da matemática[11] – respectivamente, do ponto de vista do sujeito e do ponto de vista da linguagem-objeto. Na história do conhecimento ocidental, há relatos de reflexões sobre o caráter "indizível" da música desde os gregos. Por isso, propomos aqui uma ideia estética geral que possa ser aplicada nas apreensões mais específicas que já foram ou que serão produzidas nos estudos sobre a música. Diante disso, versaremos a respeito do caráter inefável de sua percepção, qual seja: a capacidade plural de produzir sentidos "inexprimíveis" ou "indizíveis". Explicaremos isso mais adiante.

...

10 Os desdobramentos dessa investigação foram explorados no Capítulo 2, "Linguagem da canção".

11 Atualmente, ela vem se aproximando também dos desdobramentos da física acústica e da cognição.

No campo da estética, diversos autores escreveram sobre os resultados estéticos e estésico de um ou vários níveis da linguagem. Eles também já discutiram sobre certos sujeitos musicais (a junção ou especificação dos corpos, conforme descrevemos neste capítulo), estilos, períodos musicais, modos de circulação e as intersecções da música com outras linguagens e outros campos da sociedade, a exemplo de política, religião, meios de comunicação etc. A maioria dos estudos estéticos procurou traçar um percurso histórico (ou diacrônico) da música, principalmente da música ocidental europeia. Entre os autores mais conhecidos, destacam-se dois que se colocam em polos opostos e complementares: Theodor Adorno e Eduard Hanslick. O primeiro investiga os desdobramentos reverberados pelas práticas musicais na sociedade, e o segundo dedica-se aos mecanismos internos e autossuficientes de apreensão estética. Apesar das divergências entre as bases e os princípios metodológicos de ambos, as discussões promovidas pelos dois autores são complementares para os estudos da música.

Neste livro, optamos por vincular os dois polos, tendo em vista que o objetivo é explicitar em que lugar (níveis e dimensões da linguagem) incide as discussões estéticas já produzidas no campo mais amplo das práticas artísticas que utilizam as **formas sonoras** como (ou um dos) mecanismo(s) de expressão artística (música instrumental, canção, música nas outras linguagens artísticas).

Toda a discussão sobre a estética da música realizada anteriormente deve ser levada em conta para se compreender o que estamos chamando de **força musical**, que se trata de uma base sensível sobre a qual sujeitos e objetos musicais se organizam e se projetam na linguagem musical. Quando discutimos sobre a participação da estética do inefável na canção, mencionamos que o principal mecanismo da musicalização é a **dessemantização da forma sonoro-musical**, que, como já pormenorizamos, consiste na operação de repetição e variação, proporcionalização e estabilização de todos os parâmetros musicais: as distinções claras de intensidade sonora que conduzem as organizações métricas e rítmicas; as proporções regulares das frequências que formam as alturas e harmonias e, por fim; as identidades timbrísticas muito reconhecíveis dos instrumentos de produção sonora. Portanto, as organizações internas das músicas são operadas predominantemente por mecanismos de dessemantização, seja do conteúdo geral, seja das expressões sonoras (o modo de recortar os sons).

Neste capítulo, detalhamos os parâmetros musicais e os corpos musicais estabilizados pelos processos de dessemantização que construíram e ainda constroem os sistemas musicais compartilhados pela sociedade. Convém, agora, empreender uma reflexão sobre uma estética que privilegia aspectos sensíveis da percepção (ou quase lhes dá exclusividade). Gisèle Brelet (1949) faz uma extensa investigação sobre a face sensível e temporal da apreensão musical. A respeito do tipo de elo que a música costuma estabelecer com o ouvinte que a percebe, ela declara:

> nesta hierarquia de múltiplos seres que são as obras de arte das diferentes artes, a obra musical, mais do que qualquer outra, é dócil e transparente ao **espírito** e à **alma** do seu contemplador; porque a música é infinitamente próxima de nós, sua substância é a nossa substância e, ao viver por meio da nossa vida, ela exalta a sua própria vida. A obra musical não coloca entre nós uma tela do parecer sob a qual se descobre o seu espírito: desde o início, ela busca em nós a fonte de nós mesmos e está tão profundamente inscrita na **alma** que temos certeza de que não nos deixará mais...
> (Brelet, 1949, p. 1, tradução nossa, grifo nosso)

Analisando esse excerto, reconhecemos que o contato fácil (ou "dócil e transparente") que a música institui com os aspectos sensíveis (o "espírito"[12] e a "alma") dos ouvintes é o que estamos chamando de **força musical**. Os efeitos da dessemantização intensa da linguagem musical privilegiam a apreensão sensível do sujeito em lugar da percepção dos arranjos de conteúdo que ele possa construir na percepção de uma obra. É a prevalência da percepção sensível das formas sonoro-musicais que, organizadas e realizadas pela linguagem musical, conforma o caráter mais abstrato da apreensão estética da música. Por isso, resolvemos chamá-la, assim como fizeram diversos autores, de **estética do inefável**.

Vladimir Jankélévitch, na esteira de Brelet, aponta para certa multiplicidade na construção de conteúdos considerando-se o caráter inefável da música, já que o "inefável desencadeia no homem o estado de inspiração. Sobre o inefável haverá o que falar e cantar até a consumação dos séculos..." (Jankélévitch, 2018, p. 120). A prevalência do sensível e a (quase) ausência de conteúdo nas obras musicais faz surgir múltiplas possibilidades de interpretação inteligível:

> Penetra-se, sem fim, nessas profundezas transparentes e nessa jubilosa plenitude de sentido que, caso seja infinitamente inteligível, é também infinitamente **equívoca**. O exprimível-inefável, ao ser exprimível ao infinito, é, assim, portador de uma "mensagem" ambígua e assemelha-se, neste ponto, ao não-sei-quê de Henri Bremond. (Jankélévitch, 2018, p. 121, grifo nosso)

...
12 Há inúmeras discussões filosóficas e estéticas que partem de diferentes acepções dos conceitos de espírito e alma. *Grosso modo*, estamos lidando com a tensão que constitui a dependência entre a presença sempre concomitante dos aspectos **sensíveis** (espírito, alma, inconsciência, sensibilidade etc.) e **inteligíveis** (consciência, mente, racionalidade etc.) de qualquer percepção humana.

As obras e os autores podem delimitar localmente um conteúdo para determinada organização sonoro-musical considerando formas musicais cristalizadas nas práticas, estilos, títulos das obras ou, mesmo, textos extramusicais contidos nos programas de concerto ou apresentação. Entretanto, trata-se apenas de uma marcação local de uma obra específica que pode ser contrariada por outro autor. Portanto, não se trata de um conteúdo inerente aos mecanismos gerais da linguagem. Um sentimento como a felicidade ou, ainda, os sentidos que causam o prazer ou desprazer estético, por exemplo, podem ser muito diferentes de uma obra para outra, de um autor para outro, de um estilo para outro, de um período para outro etc. Com isso, reforçamos que a principal atuação da força musical ocorre na condução sensível da apreensão estética. Portanto, ela rege com mais clareza como ocorrem as medidas subjetivas de mais ou menos tonicidade perceptiva (Zilberberg, 2011).

Segundo a abordagem tensiva da semiótica discursiva, desenvolvida principalmente por Claude Zilberberg (2011), os graus do sensível podem ser medidos pela **força de impacto sensível** (tonicidade) e pela **velocidade sensível** (andamento[13]) com que um fenômeno se constrói no campo de percepção. A linguagem musical, caracteristicamente, conduz, mais diretamente, as modulações desses graus do sensível e não se preocupa tanto com a construção de arranjos mais ou menos complexos do conteúdo. Em suma, a significativa prevalência da construção das direções sensíveis torna a música, do ponto de vista do conteúdo, a mais abstrata das linguagens artísticas.

...

13 Apesar de inspirado no andamento musical, categoria referente às relações de velocidade pressupostas pelas durações e pelos agrupamentos dos sons musicais, o **andamento tensivo** diz respeito à velocidade das apreensões sensíveis, ou seja, ao quão acelerada ou desacelerada é a percepção de um fenômeno.

Assumindo-se a estética do inefável como uma estética mais geral da linguagem – isto é, da predominância do sensível que resulta em conteúdos mais abstratos e ao mesmo tempo mais plurais –, passa a ser possível buscar outras estéticas mais específicas dentro da linguagem musical: a estética de um autor, de um estilo, de um período, de um modo de circulação, e assim por diante. Os aspectos que constituem as estéticas podem estar em uma ou em algumas dimensões que apresentamos neste capítulo.

Síntese

Neste capítulo, explicamos que a trajetória de conquista de uma autonomia estética corresponde à invenção da música instrumental como linguagem. Expusemos a espessura que forma essa linguagem, ou seja, demonstramos os níveis e as dimensões que podem servir de filtros na apreensão estética de uma música instrumental qualquer.

Em razão de seu caráter inefável e do alto grau de abstração, a música instrumental é a mais permeável das linguagens artísticas. Isso significa que ela tem facilidade e histórico de interação com outras linguagens. De modo bastante geral, a música instrumental faz parte das manifestações da dança, da canção, das artes cênicas, das artes cinéticas, do cinema e das *performances* contemporâneas. As artes visuais e a literatura escrita são as únicas manifestações artísticas que não preveem formas sonoras em sua generalidade. A música ou as formas sonoras começaram a se relacionar com as artes visuais apenas recentemente, fazendo surgir o que chamamos de *arte sonora*. Talvez seja por isso que muitos autores indicam uma espécie de "transparência" e "docilidade" da música. Por produzir conteúdos mais abstratos, a música acaba aceitando e potencializando os conteúdos mais específicos de outras práticas artísticas. Ademais, ela oferece um percurso sensível mais contundente (ou explícito) para o conteúdo que está sendo abordado por outras formas expressivas: verbal-oral, visual, cênica, somática etc.

Além de analisarmos as apreensões estéticas autônomas da música instrumental, os filtros que propusemos podem funcionar com as interações entre a música e outras linguagens. Assim, evidenciamos a força que a permeabilidade da música fornece para as percepções sensíveis das obras de música e das outras artes.

Atividades de autoavaliação

1. A relação entre o músico e o instrumento musical é dividida em quantos e em quais corpos?
    a) Quatro: corpo-matéria, corpo-gesto, corpo-timbre e corpo-som.
    b) Quatro: corpo-matéria, corpo-melódico, corpo-timbre e corpo-som.
    c) Três: corpo-matéria, corpo-gesto e corpo-harmonia.
    d) Dois: corpo-altura e corpo-melódico.
    e) Três: corpo-matéria, corpo-gesto e corpo-rítmico.

2. Quais são os parâmetros musicais tradicionais estudados na linguagem musical?
    a) Intensidade, duração e altura.
    b) Intensidade, ritmo, altura e timbre.
    c) Dinâmica, ritmo e altura.
    d) Dinâmica, ritmo, melodia e harmonia.
    e) Dinâmica, ritmo, altura e timbre.

3. O corpo-expandido é a combinação de dois ou vários músicos que tocam juntos em uma *performance*. As combinações podem ser classificadas em
   a) material ou corporal.
   b) gestual ou material.
   c) homogêneas ou heterogêneas.
   d) rítmicas ou harmônicas.
   e) melódicas ou rítmicas.

4. Além das categorias que pertencem somente às presenças musicais, como corpo-timbre, corpo-som e os agrupamentos, há categorias que pertencem apenas às presenças cênicas das *performances* de música. Quais são elas?
   a) Corpo-matéria e corpo-gesto.
   b) Iluminação, figurino e corpo-matéria.
   c) Espaço palco-plateia e corpo-gesto.
   d) Iluminação, figurino, espaço palco-plateia e força cênica.
   e) Iluminação, figurino, espaço palco-plateia e encenação.

5. Como se denomina a estética predominante na linguagem musical?
   a) Estética da harmonia.
   b) Estética do belo.
   c) Estética do abstrato.
   d) Estética do inefável.
   e) Estética da fruição.

Atividades de aprendizagem

1. Com base nas discussões sobre a circulação das obras de música instrumental e considerando as diferenças entre práticas centrais e periféricas da linguagem musical, responda: Quais são os modos de perceber as diferentes estéticas musicais?

2. Como as percepções do ouvinte-observador referentes às obras de música instrumental são afetadas pela ideia de corpo musical e seus desdobramentos (matéria, gesto, timbre, som, expandido)?

Atividades aplicadas: prática

1. Analise duas partituras em que você perceba diferentes graus de precisão e de maleabilidade da representação musical.

2. Analise o seguinte trecho da peça "Choros n. 5", de Villa-Lobos, considerando as categorias musicais (dinâmica, ritmo, altura e timbre) apresentadas neste capítulo. Aplique tais categorias de análise musical separadamente, a fim de filtrar diferentes modos de perceber a música.

Figura A – "Choros n. 5", de Villa-Lobos

Fonte: Villa-Lobos, 1925.

Capítulo 5

REFLEXÕES SOBRE AS RELAÇÕES ENTRE MÚSICA E SOCIEDADE

Douglas Henrique Antunes Lopes

Neste capítulo, versaremos sobre os elementos da tradição filosófica que servem de ferramenta para tratar da relação entre arte e sociedade. Num primeiro momento, recorreremos à perspectiva estética de György Lukács, que se apoiou nos estudos de Marx para desenvolver suas contribuições acerca da estética. Com isso, demonstraremos que a compreensão do cotidiano é crucial para rever as estruturas sociais mais profundas e para formular soluções a fim de superar a hegemonia cultural – cujo objetivo é manter e perpetuar as ferramentas de alienação. Portanto, para ilustrarmos tais elementos, tomaremos alguns exemplos do cinema mundial que operam com vista a superar a indústria cinematográfica hollywoodiana, justamente por meio de retratos do cotidiano da sociedade.

Em seguida, apresentaremos o pensamento de Arthur Schopenhauer, sem o qual seria impossível avançar no debate estético, pois esse filósofo concebe a possibilidade de compreender o mundo mediante representações desse mundo.

A obra de Schopenhauer influenciou outro pensador importante, que teceu uma contundente crítica à cultura ocidental, trouxe à tona a necessidade da experiência e atribuiu um papel importante à expressão artística: Friedrich Nietzsche. Problematizaremos sua relação com o compositor alemão Richard Wagner, a partir da qual Nietzsche fez profundas críticas à racionalidade, ressaltando que ela não poderia resolver todos os problemas da realidade. Nessa esteira, o filósofo alemão influenciou os estudiosos da Escola de Frankfurt, a qual avançou em relação às críticas à racionalidade instrumental. Tais filósofos qualificaram a arte como ferramenta para a massificação da cultura e o fizeram por meio o conceito de indústria cultural.

Por fim, desdobraremos a compreensão acerca da indústria cultural considerando o trabalho de Walter Benjamin, que problematizou o desenvolvimento da arte massificada, o que levou à perda de sua aura e à transformação das maneiras de consumir cultura.

5.1 Perspectiva estética em György Lukács

Neste capítulo, abordaremos algumas das concepções da estética filosófica que dizem respeito às relações entre arte, em geral, e sociedade. Em vez de seguirmos um percurso cronológico, adotaremos uma ordem conceitual que abrange essa temática. Logo, tomamos como norteadores os conceitos dos autores discutidos e suas chaves de leitura acerca das implicações da produção artística no meio social. Ao final dessa trajetória, teremos subsídios para dimensionar a relevância dos debates sobre as implicações da produção artística e sua relação com a constituição da cultura.

Iniciamos esta abordagem expondo as contribuições do filósofo húngaro György Lukács (1885-1971), que também foi um historiador literário influente. Apoiado nas ideias de Marx, Lukács formulou ideias importantes para os estudos de estética, levando em consideração a compreensão do cotidiano e da esfera do trabalho, assim como a necessidade de superação da cultura hegemônica que sustentava os mecanismos de alienação e perpetuação da exploração do trabalho.

Aqui, exporemos uma síntese da filosofia estética de Lukács (1966). Acerca das influências que recebeu de Marx, o autor menciona que essa é uma relação contraditória, pois, ao mesmo tempo que se apoia no legado marxista e nas obras de autores que se alinham ao pensamento deste, faz-se necessário atingir uma proposta estética nova e, com efeito, criar tal proposta. No entanto, ao se calar no materialismo histórico-dialético, esse paradoxo é dissipado. Sobre disso, Santos (2017, p. 41) argumenta:

> Apenas a realização desse método, orientado pela própria investigação, garantirá que o caminho pode oferecer a possibilidade de encontrar o que se busca, de construir corretamente a estética marxista ou, ao menos, aproximar-se da sua essência verdadeira. Fracassará quem conservar a ilusão de poder, com uma simples interpretação das obras de Marx, reproduzindo a realidade e, ao mesmo tempo, a concepção dela, dada pelo filósofo alemão. Isto é, os objetivos apenas serão alcançados mediante considerações sem preconceito sobre a realidade, bem como mediante sua elaboração com os métodos descobertos por Marx: fiéis à realidade e fiéis ao marxismo. Para Lukács, a fidelidade ao marxismo significa que se está dando continuidade às grandes tradições do domínio intelectual da realidade social.

Lukács não arroga para sua obra o estatuto da originalidade, mas entende que suas contribuições advêm dos fundamentos das teorias de Marx e de outros pensadores posteriores a este. No entanto, Lukács adverte que, apesar de sua fundamentação teórica, trata-se de uma pesquisa desenvolvida de forma autônoma.

No âmbito da estética, Lukács (1966) compreende que a arte tem um papel privilegiado no contexto da dialética das transformações sociais, dada sua importância para a condição humana e sua riqueza teórica. Para ele, não é possível definir esse campo com precisão, sendo essencial entendê-lo considerando a proximidade e o distanciamento em relação a outros complexos sistemas sociais, tais quais as ciências e as religiões. Levando em conta esses pressupostos, Lukács assume que o cotidiano é o campo em que brotam todas as características humanas superiores e é para onde elas retornam – fato que o torna ainda mais rico. Por essas características, a arte é vista como a mais privilegiada, pois seu movimento dialético sobre a vida cotidiana determina a autoconsciência da humanidade.

Para além do entretenimento, portanto, a arte tem o papel de fazer o indivíduo se reconhecer em seu cotidiano. Dialoga com essa perspectiva o álbum *Sobrevivendo no inferno*, dos Racionais MC's, lançado em 1997; as letras das canções que o compõem expõem a realidade das periferias de São Paulo e foram reconhecidas por ouvintes das periferias de outras grandes cidades brasileiras. A música *Rapaz comum* (Rock, 1998), por exemplo, remete ao que se passa na cabeça de um homem negro após ter levado um tiro; está explícita ali a crítica à naturalização da violência nas periferias. Eis um trecho da letra:

> "Eu fico atacado, mó neurose, o tempo tá esgotando.
> Não quero admitir, meus olhos vão abrir.
> Vou chorar, vou sorrir, vou me despedir.
> Não quero admitir que sou mais um.
> Infelizmente é assim, aqui é comum.
> Um corpo a mais no necrotério, é sério.
> Um preto a mais no cemitério, é sério."
> (Rock, 1998)

Poderíamos elencar um universo de exemplos que evidenciam a necessidade de a arte elaborar e provocar reflexões. Nessa ótica,

Rapaz comum debate a realidade e qualifica os sujeitos como seus agentes transformadores.

Em suas investigações sobre a centralidade do trabalho, Lukács (1966) dedica-se a identificar reflexos da vida cotidiana e explicar como estes se aproximam ou se distanciam dos demais, podendo atingir um nível superior de objetividade.

Nesse contexto, o trabalho é o elemento central para a compreensão da vida social, conforme se depreende de Magalhães (2020, p. 144):

> Assim, o trabalho, entendido como categoria fundante do ser social, sua objetivação pode revelar um ser social autêntico ou um ser social inautêntico. Essas contradições foram refletidas por Marx, nos Manuscritos econômico-filosóficos [...]. Lembra-nos que o homem, quando está intensificado seu estranhamento em relação a si, foge do trabalho como se foge da peste, constrói palácios para outros e constrói uma caverna para si; na relação social-capitalista, o trabalhador é a mercadoria de menor valor, pois quanto mais riqueza produz para quem detém a propriedade privada dos meios de produção, mais miserável o trabalhador se torna. São essas contradições proporcionadas pelo trabalho, entre outras, que permitiram Lukács se aproximar de uma reflexão materialista histórico-dialética [...] e ter a compreensão dos aspectos fundantes do ser social a partir da totalidade e de suas múltiplas contradições.

Os esforços de Lukács (1966) para compreender o ser social o levaram a qualificar a arte como uma das objetivações humanas que permitem a esse ser social se revelar em sua plenitude, pois é em contato com a experiência estética que o indivíduo tem a possibilidade de se deslocar do contexto do trabalho.

Para o filósofo, a ciência e a arte são objetivações humanas advindas do pragmatismo cotidiano, sendo capazes de retornar a esse pragmatismo para transformá-lo, possibilitando a superação da mediocridade. No entanto, essa perspectiva não pode ser generalizada para todo tipo de arte, uma vez que nem toda objetivação artística é capaz de levar à autoconsciência por meio da compreensão da realidade. O autor faz menção ao Realismo na literatura, porque, nesse movimento estético, a vida cotidiana se encontra refletida. A cultura, por meio da ciência ou da arte, engendra alternativas com vista a uma melhor atuação no cotidiano. A respeito das diferenças da objetivação científica e da objetivação artística, Santos (2017, p. 347) esclarece:

> A historicidade objetiva do ser social e seu modo específico de manifestação na sociedade humana apresentam consequências importantes para a recepção da peculiaridade principal do estético. Portanto, há a necessidade de se demonstrar que o reflexo científico da realidade procura se libertar de todas as determinações antropológicas, tanto as derivadas da sensibilidade como as que procedem da natureza intelectual. Em outras palavras, tal reflexo se esforça para reinventar os objetos e suas relações, do mesmo modo como são em si, independente da consciência do ser, isto é, de maneira desantropomorfizante. O que ocorre com o reflexo estético é completamente distinto. Ele tem origem nas pessoas e orienta sua finalidade para elas, parte do mundo humano e volta para ele: trafega de um sujeito para outro; portanto, é antropomórfico.

A antropomorfização (ou humanização) se torna possível por meio da tomada de autoconsciência, ou seja, do reconhecimento de si e da inserção na realidade circundante, o que possibilita a superação da cultura hegemônica. A essa cultura, os frankfurtianos se refeririam como *indústria cultural*. Isto é, o mercado do entretenimento vende distrações, estimula os processos de alienação. É nesse contexto que se justifica a defesa de Lukács ao Realismo. Como o Realismo literário retrata os cotidianos, possibilita o alcance da clareza. Quando o reflexo do cotidiano é produzido pela via da arte emancipadora, os espectadores têm subsídios para tomar consciência de si mesmos.

Para ilustrar esse contexto, mencionaremos alguns movimentos cinematográficos. O primeiro deles é o Neorrealismo italiano, que surgiu em 1945 e se estendeu pela década de 1950. Desse movimento, podemos indicar diretores renomados, como Rossellini e Vittorio De Sica. Este último roteirizou e rodou *Ladrões de bicicletas*, lançado em 1948 (Figura 5.1), apresentando o contexto de desemprego e de desigualdade social que assolou a Itália depois da Segunda Guerra Mundial.

Figura 5.1 – Cena do filme *Ladrões de bicicletas*

O filme contou com a atuação de atores não profissionais e foi gravado nas ruas, ou seja, sem recorrer a *sets* montados em estúdios, o que conferiu maior impacto realista à projeção. A narrativa conta a saga de Antonio Ricci (interpretado por Lamberto Maggiorani), que representa um pai que consegue um emprego (bastante disputado) de colador de cartazes. Para se manter no emprego, ele precisa retirar sua bicicleta da penhora. Com isso, a família vende seus últimos objetos de valor, mas, no primeiro dia de trabalho, Ricci tem sua bicicleta roubada. Demonstrando um imenso lirismo, essa produção cinematográfica retrata a realidade italiana daquele contexto, de modo que o espectador pode se reconhecer em tela, uma vez que pois o filme retrata o cotidiano de pessoas comuns, e não a saga de heróis mitológicos ou de personagens distantes da realidade social.

Outro movimento cinematográfico que vale ser mencionado é o Cinema Novo brasileiro, capitaneado por diretores como Glauber Rocha e Nelson Pereira dos Santos. Deste último, citamos o longa *Rio, 40 graus*, lançado em 1955. Nessa obra, cinco meninos do Morro do Cabuçú saem para vender amendoins e encontram vários personagens de camadas sociais distintas; ficam evidentes ao longo do filme suas interações e contradições. Esse filme chegou a ser censurado sob a alegação de que apresentava apenas os lados negativos da capital carioca; no entanto, sua potência era justamente representar muito bem a realidade daquele momento. Inspirado no Neorrealismo italiano, Nelson Pereira dos Santos mesclou atores profissionais e não profissionais. A produção também foi gravada nas ruas, e não em estúdios. As dificuldades técnicas para rodá-lo em externa são compensadas pelo resultado estético e pela aproximação do real.

Os dois filmes revelam a possibilidade de realizar um cinema emancipatório, o qual, por meio do reflexo da realidade, impele o espectador para a autoconsciência e a reformulação de condutas no enfrentamento do cotidiano.

Considerando o exposto nesta seção, a obra de Lukács apresenta elementos relevantes para a compreensão dos conflitos sociais que podem ser analisados mediante a experiência estética. Os esforços do autor influenciaram pensadores e pensadoras, com destaque para Ágnes Heller, ex-aluna de Lukács.

5.2 O mundo como vontade e como representação em Schopenhauer: as relações entre ética e estética

Pensador alemão do séc. XIX, reconhecido principalmente por seu célebre texto *O mundo como vontade e como representação*, Arthur Schopenhauer (1778-1860) deixou um legado importante para a história do pensamento. Com base na leitura da obra kantiana, ele desenvolveu uma metafísica ateia e ética que é vista por muitos pensadores como um marco do pessimismo. Schopenhauer também ficou conhecido por recorrer a elementos dos pensamentos budista e indiano, além de ter sido um dos primeiros filósofos europeus a estruturar suas filosofias em culturas não europeias.

Os estudos de estética também fizeram parte do escopo de pesquisa e análise desse filósofo, que demarcou as características de uma filosofia contemporânea e influenciou diversos autores clássicos, como Nietzsche e Freud.

Já na abertura de *O mundo como vontade e como representação*, Schopenhauer (2005, p. 13) demarca seu posicionamento filosófico por meio da seguinte premissa: "o mundo é minha representação".

Para ele, essa máxima vale para qualquer ser capaz de viver e conhecer. No entanto, o autor adverte que apenas o homem pode aplicá-la à consciência abstrata. Assim, não se conhece de fato os objetos da realidade, mas as representações deles, as quais são percebidas individualmente pelos sentidos. Desse modo, em um horizonte ontológico, o ser existente é o ser que pode ser percebido.

A esse respeito, é válido refletirmos sobre como uma obra de arte é capaz de gerar representações por meio da percepção sensível. Tomando os títulos de músicas instrumentais, por exemplo, podemos questionar de que modo as notas musicais podem gerar representações nomináveis. Nessa ótica, A primavera, música de Antonio Vivaldi, ao recorrer a seus tons altos, comunica a sensação de alegria e remete a características da estação, como as floradas, a agitação dos animais e a geração de frutos. Por seu turno, a música Lamentos, de Pixinguinha e Moraes (1980), remete à melancolia. Esse chorinho, lançado em 1928, foi apresentado ao público em sua versão instrumental. Posteriormente, Vinicius de Moraes lhe atribuiu uma letra capaz de representar as mensagens que Pixinguinha certamente quis transmitir com a canção. Eis um trecho:

> "Mas, ai, o meu tormento é tanto
> Que eu vivo em prantos, sou tão infeliz
> Não há coisa mais triste meu benzinho
> Que esse chorinho que eu te fiz"
> (Pixinguinha; Moraes, 1980)

Alinhando-se a Berkeley e Descartes, Schopenhauer desdobra suas teorias do conhecimento e da representação. De acordo com ele, a modalidade inicial da representação inicia-se com a distinção entre sujeito e objeto (Schopenhauer, 2005). Este, portanto, corresponde ao princípio da razão, o que sugere a possibilidade de haver uma cognoscibilidade da realidade externa. Decorre daí que cada objeto pode ser conhecido por um sujeito. Desse modo, a relação entre sujeito e objeto corresponderia ao princípio do conhecimento. Sobre isso, Jair Barboza (2006, p. 35) assim argumenta:

> Analisar o conceito de sujeito leva necessariamente ao conceito de objeto, e vice-versa. Trata-se de uma ligação analítica entre os dois termos. O sujeito, porém, não se confunde com o princípio de razão. Aquele que tudo conhece não é ele mesmo objeto de conhecimento. O sujeito é o "sustentáculo do mundo", a condição universal e sempre pressuposta de tudo o que aparece, pois tudo o que existe, existe para o sujeito; contudo, ocorre com o sujeito o mesmo que com o olho, que tudo vê, mas não é visto. Isto porque o sujeito atua em cada entendimento que representa, encontra-se em cada corpo animal, em cada indivíduo, que são plurais, situados no tempo e no espaço, mas o sujeito ele mesmo não se encontra fragmentado em nenhuma dessas formas, que, antes, já o pressupõem via princípio de razão. O sujeito do conhecer é uno e indivisível.

Nessa perspectiva, o mundo é entendido por Schopenhauer como a representação do sujeito. Eis aí a influência da obra kantiana *Crítica da razão pura* na filosofia de Schopenhauer; estaríamos limitados a conhecer apenas as aparências, sendo o conhecimento possível no limite em que a sensibilidade é capaz de perceber a realidade que se apresenta externamente.

Schopenhauer defende haver outra possibilidade de conhecer o mundo que não delimitada pela razão; esse meio seria a intuição estética. A esse respeito, Barboza (2006, p. 41) declara que:

Pode-se, por conseguinte, concluir dessas linhas o poder crítico da estética schopenhauereana à soberania do logos científico, pois o que Schopenhauer aponta é que há outro modo de conhecer o mundo, que não segue necessariamente a razão, mas a intuição estética e que, em termos metafísicos, satisfaz mais a quem conhece pois é um modo que opera um corte vertical na cadeia horizontal dos objetos condicionados, tornando-se uma "decifração do enigma do mundo". É uma intuição que atravessa o Véu de Maia dos fenômenos e deixa o espectador ver o íntimo da natureza, logo, o "quê" do "como" do mundo; indizível nele mesmo, mas que se mostra na experiência do belo ao claro olho cósmico. Trata-se aí ao mesmo tempo do olhar místico para o cosmo, de uma experiência de totalidade que não pode ser negada por todos aqueles que se aprofundaram na fruição do belo, de forma que a racionalidade científica é colocada em claros limites em suas pretensões de dizer o sentido do mundo. O sentido do mundo é indizível, é inefável, apreensível apenas na experiência mística, que não pode ser comunicada, nem mesmo pelo filósofo, mas somente vivenciada. No fundo, o filósofo nos interroga sobre se de fato alguma vez experienciamos em toda a sua magnitude uma autêntica obra da arte ou da natureza. Se o fizemos, sabemos que o enigma do mundo não se resolve pelo princípio de razão, mas numa mirada unitotal e não verbalizável do claro olho cósmico.

Para Schopenhauer, o conhecimento estético é entendido como objetivo, pois realiza-se na objetivação das ideias, partindo de um sujeito que conhece e que é livre da relação de objetos que se relacionam no campo da ciência ou do senso comum – ou seja, mediante os elementos da racionalidade. Diz respeito, portanto, a uma representação peculiar, em que um sujeito pode se referir a um objeto "puro", isto é, desvinculado das relações causais encontradas nas representações intuitivas ou abstratas. Schopenhauer designa esse tipo especial de sujeito como "gênio", no sentido de ser capaz de relacionar sujeito e objeto por meio da ideia estética, desvinculado do princípio de razão. Cacciola (2012, p. 33) clarifica essa ideia:

> O que marca o gênio é, pois, a possibilidade de desinteressar-se, isto é de destacar seu conhecimento da multiplicidade de objetos que só existe enquanto ligada entre si e que constitui o teatro das aparências. A liberdade e a contemplação permitem chegar à Ideia, objetivação da própria vontade, ou seja, atravessar o mundo fenomênico e o véu de Maia, que o encobre e olhar as coisas tais como são. O gênio, olho do mundo, o vê na sua verdade, porém, quando o revela, se reporta necessariamente aos outros espectadores que, para ver o que se produz nessa representação devem poder também ser dotados dessa capacidade, embora num grau menor e diferenciado, que permite a receptividade para o belo e o sublime, e portanto a fruição das obras de arte [...].

Portanto, para Schopenhauer (2005), o conhecimento não se reduz à racionalidade ou à causalidade entre objetos, fenômenos ou ideias. A fruição estética, a experimentação da obra de arte por meio dos sentidos, é uma possibilidade de contemplação do sublime, da experiência do que é indizível.

5.3 Nietzsche e o caso Wagner

Friedrich Wilhelm Nietzsche (1844-1900) foi um importante pensador alemão. Apesar de ser mais conhecido por suas contribuições para a filosofia, também foi filólogo e poeta. Ao se referir a si mesmo, Nietzsche (2008, p. 102) diz: "Eu não sou um homem, sou uma dinamite", o que caracteriza bem sua filosofia "feita a golpes de martelo". Dos seus textos, podemos destacar *Humano, demasiado humano, Ecce Homo, Assim falou Zaratustra* e *Além do bem e do mal*. Suas obras são marcadas pela crítica à cultura, à ciência e à tradição filosófica, sobretudo àquela de veio socrático-platônico que foi cristianizado na Idade Média por autores como Plotino e Agostinho. As contribuições de Nietzsche no campo da estética são consideradas fundamentais. Nesta seção, vamos nos deter aos textos *A origem da tragédia proveniente do espírito da música* (Nietzsche, 1992), um elogio à obra de Richard Wagner, e *O caso Wagner* (Nietzsche, 2016), acerca da ruptura da amizade que teve com o clássico compositor alemão. A análise de ambas nos fornecerá elementos para compreender as críticas à razão instrumental e ao funcionamento da indústria cultural segundo os filósofos da Escola de Frankfurt.

A origem da tragédia é predicada por Jean Lacoste (1986, p. 67) como um "ato de vassalagem em relação ao autor de Tristão e Isolda", de modo que Nietzsche se refere à obra de Wagner como um novo renascimento da tragédia grega. A música de Wagner, avaliada provisoriamente como uma revelação dionisíaca, possibilita vislumbrar uma nova perspectiva sobre as origens da tragédia grega, isto é, a respeito do espírito dionisíaco inerente à própria música. Mais tarde, em *Ecce Homo*, o filósofo vislumbraria as manifestações dionisíacas entre os gregos, o que permitiu desenvolver uma nova perspectiva do trágico e da superação do pessimismo – com efeito, possibilitou ao filósofo a refutação de Wagner (Nietzsche, 2008).

Para aprofundarmos essa discussão, temos de clarificar duas concepções elementares na obra nietzschiana: o conceito de apolíneo e a noção de dionisíaco. Sobre isso, Lacoste (1986, p. 67) informa:

Nietzsche introduz desde logo na estética dois princípios a que dá o nome de dois deuses gregos. Apolo e Dioniso encarnam, com efeito, duas "pulsões artísticas da natureza". Cada uma dessas pulsões manifesta-se na vida humana por meio de estados psicológicos. O sonho manifesta e satisfaz a pulsão apolínea, e a embriaguez a pulsão dionisíaca. Nietzsche, que fala aqui a linguagem de Schopenhauer, descobre na contemplação serena do sonhador que deixou de lutar e de querer, uma confiança inquebrantável no *principium individuationis*[1]: Apolo será, portanto, o deus da individualidade, da medida, da consciência. "Conhece-te a ti mesmo" e "Nada de excesso" não são o anverso e o reverso de uma mesma sabedoria deífica? A embriaguez dionisíaca, pelo contrário, rasga esse "véu de Maya" da individualidade e essa ilusão da consciência, para celebrar selvaticamente a reconciliação do homem e da natureza.

Para Nietzsche (1992), todo homem lida com estes dois elementos: (1) o apolíneo, ligado à racionalidade, ao equilíbrio e ao sonho; e (2) o dionisíaco, que se manifesta por meio da embriaguez, possibilitando a superação da individualidade ilusória e a integração com a natureza. Isso pode até parecer simplista ou exotérico. Ocorre que, valendo-se de tais conceitos, Nietzsche logrou fazer uma crítica à tradição cristã, arraigada às premissas socrático-platônicas, as quais associam o encontro da verdade à libertação da alma em um *post-mortem*. Para Nietzsche (1992), essa ideia corresponde a uma loucura, tendo em vista que não podemos constatar a existência de algo chamado *alma*. O filósofo sustenta, ainda, que o intelecto é uma ilusão, de modo que os homens o superestimam, acreditando ser superiores.

• • •
1 Expressão que significa "petição de princípio", remete a um sofisma clássico mencionado na lógica aristotélica.

> É notável que o intelecto seja capaz disso, justamente ele, que foi concedido apenas como meio auxiliar aos mais infelizes, delicados e perecíveis dos seres, para firmá-los um minuto na existência, da qual, sem essa concessão, eles teriam toda razão para fugir tão rapidamente quanto o filho de Lessing. Aquela altivez associada ao conhecer e sentir, nuvem de cegueira pousada sobre os olhos e sentidos dos homens, engana-os pois sobre o valor da existência, ao trazer em si a mais lisonjeira das estimativas de valor sobre o próprio conhecer. Seu efeito mais geral é engano – mas mesmo os efeitos mais particulares trazem em si algo do mesmo caráter. (Nietzsche, 1873)

Por ser o intelecto uma ilusão, também o é a verdade. Segundo Nietzsche (2006), os homens anseiam por viver em rebanho, de modo que a aceitação de certos valores e hábitos lhes permite viver em grupo. Nesse contexto, aplicam-se as características dionisíacas do ser humano, as quais, libertas das ilusões do intelecto, proporcionam ao sujeito a invenção de si mesmo. Assim, seria possível vislumbrar uma vida livre do atrelamento aos valores preestabelecidos pelos grupos – trata-se isso de uma transvaloração dos valores.

A superação dos parâmetros de uma sociedade apolínea tem como fundamento importante a arte, considerada dionisíaca por excelência. Quanto a isso, Lacoste (1986, p. 69) explicita:

> A música será, portanto, a arte dionisíaca por excelência, a que exprime o querer em sua unidade, ao passo que a epopéia e a escultura (e, portanto, o Olimpo) eram criações apolíneas. Nietzsche retoma assim a grande descoberta de Schopenhauer: a música não faz parte das belas-artes e não procura dar aquele prazer que se pode auferir nas belas formas. Na linguagem platônica que é, por vezes, a de Nietzsche, pode-se dizer que as belas-artes reproduzem os fenômenos individuais, conferindo-lhes uma espécie

de eternidade no instante, ao passo que a música é o espelho da própria Idéia, do querer eterno.

Para Nietzsche (2008), a arte viabilizaria a superação da tradição socrático-platônica no sentido de desprender-se dos valores apolíneos, sendo a música capaz de exprimir a própria ideia.

A mudança de postura de Nietzsche (2016) em relação a Wagner se justifica pela percepção da decrepitude em sua obra. O filósofo identifica nele uma decadência relacionada ao atrofiamento do instinto, o qual, do mesmo modo que a tradição socrático-platônica, tenta negar as sensações e sublimar os instintos. Acerca disso, Lacoste (1986, p. 74) assim argumenta:

> Assim, longe de ser o iniciador de um renascimento alemão pela música, Wagner também seria um artista da decadência europeia e estaria, por isso mesmo, próximo do "pessimismo literário francês": Flaubert, Zola, os Goncourt, Baudelaire. Uma carta capital para Peter Gast (26 de fevereiro de 1888) põe em evidência as afinidades entre Wagner e o Baudelaire de Moncœur *mis à nu*, libertino, místico, satânico, "mas sobretudo wagneriano": "o tipo decadente" (*Ecce Homo*). Mas o que é a decadência? Uma atrofia do instinto.

Ao criticar a cultura alemã do século XIX, vislumbrando as composições de Wagner como apolíneas e decrépitas, a filosofia nietzschiana fomenta o que mais tarde seriam as críticas dos frankfurtianos à racionalidade instrumental, que mobilizou algumas das atrocidades do século XX. A busca pela perfeição apolínea pode ser identificada nos discursos dos nazifascistas, defensores de uma cultura pretensamente superior, capaz de se sobrepor a todas as outras.

5.4 Arte e sociedade: a Escola de Frankfurt

A Escola de Frankfurt representou uma corrente filosófica vinculada à Universidade de Frankfurt, na Alemanha. No início do século XX, ela aglutinou vários pensadores marxistas, entre os quais destacamos Theodor W. Adorno (1903-1969), Max Horkheimer (1895-1973), Erich Fromm (1900-1980) e Herbert Marcuse (1898-1979). Tais filósofos julgavam que os neomarxistas avançavam pouco em suas contribuições teóricas, de modo que havia a necessidade de elaborar novas perspectivas para compreender a composição da sociedade do início do século XX. Para tanto, eles concentraram seus esforços no desenvolvimento da perspectiva teórica que ficaria conhecida como *teoria crítica*. Sobre isso, eis o que explica Mogendorff (2012, p. 153):

> A teoria crítica se desenvolveu em grande parte em torno do Instituto. Como afirma Wiggershaus (2002, p. 97), "desde o ensaio de Horkheimer *Traditionelle und kritische Theorie*' (1937), a expressão 'teoria crítica' tornou-se a designação preferida dos teóricos [...]. Era também uma espécie de camuflagem para a teoria marxista.". Não apenas em Marx a Escola de Frankfurt estabeleceu seus alicerces, mas sua filosofia era também herdeira de Freud e Nietzsche, pensadores que mudaram a maneira de ver a sociedade e refletir sobre o homem e sobre a cultura. E é justamente sob a direção de Horkheimer que o Instituto alcançou visibilidade como instituição de pesquisa e voz crítica ao desenvolvimento da indústria cultural.

A expressão *Escola de Frankfurt* começou a ser usada na década de 1960. Os trabalhos dos pensadores a ela vinculados se voltavam para campos múltiplos. Assim, havia intelectuais ligados à filosofia, outros à sociologia ou às artes etc.

Em 1944, Horkheimer e Adorno (1985) publicaram a obra *Dialética do esclarecimento*, considerada um marco para a compreensão dos fenômenos políticos em torno da comunicação de massas. Nesse texto, os autores apresentam o conceito de indústria cultural, que se refere, *grosso modo*, à produção e à transmissão da cultura em larga escala, o que favorece a padronização dos modos de comportamento. As popularizações do cinema e do rádio ocorreram rapidamente e deram origem a um mercado massivo referente ao consumo desses bens. Nas conjunturas sociais em que o texto foi escrito (em meio à Segunda Guerra Mundial), os autores indagavam por que a humanidade prefere encaminhar-se a uma nova espécie de barbárie em vez de buscar um estado autenticamente humano.

De acordo com esses filósofos, a indústria cultural atua com vista à manutenção da obediência e à exploração do trabalho (Horkheimer; Adorno, 1985). Logo, malgrado o progresso da razão devesse retirar o homem do estado de barbárie, é ela (a razão) que perpetua a barbárie, e a noção de "avanço" se encontra atrelada à sujeição. A indústria cultural, assim, é compreendida como uma implicação da passagem entre os séculos XIX e XX, momento em que surgiram novas estruturas sociais e econômicas. Tal fato desencadeou um processo de massificação por meio do aprofundamento das dinâmicas de mercado que foram inseridas na vida social. Sobre isso, Mogendorff (2012, p. 153) manifesta:

> É interessante atentar para a terminologia, pois a expressão "indústria cultural" por vezes pode se confundir com as indústrias produtoras ou mesmo com as técnicas utilizadas para difundir esses bens. A indústria cultural se refere sim ao processo social de

transformação da cultura em bem de consumo tendo como plano de fundo uma sociedade imersa no capitalismo avançado. Segundo Rüdiger [...], a terminologia foi escolhida pelos frankfurtianos para se diferenciar da expressão "cultura de massa", que talvez desse uma falsa impressão de que seria uma cultura que imana do povo.

Desse modo, segundo os pensadores de Frankfurt, a cultura de mercado vinculou a subjetividade à posse de bens de consumo. Como implicação, o deleite está atrelado mais à compra do que à satisfação das necessidades humanas, tendo em vista que é o mercado que deve impor quais produtos devem ser usados – e o faz por meio da indústria cultural.

A pretensão dos teóricos de Frankfurt não era analisar a comunicação como fenômeno isolado. Isto é, a indústria cultural está atrelada ao desenvolvimento de uma teoria crítica mais ampla, pois a transformação da cultura em produto mercadológico deve ser investigada levando-se em consideração as relações sociais no sistema capitalista.

As novas leituras acerca do conceito de indústria cultural apontam para o aperfeiçoamento da massificação na era da comunicação, de modo que as mídias podem ser distribuídas mais amplamente, o que não indica necessariamente uma democratização, mas sim uma mercantilização da cultura, uma vez que as grandes plataformas se configuram em conformidade com o contexto mercadológico. A produção artística desenvolve obras que são críticas a esse movimento. Podemos citar, por exemplo, o álbum *Da lama ao caos* (1994), da banda pernambucana Chico Science & Nação Zumbi, que mescla elementos da cultura brasileira, como o maracatu e a embolada, com música afro, *funk rock* e psicodelia. Em razão da mistura de elementos das matrizes culturais brasileiras, esse álbum é revolucionário, inscrevendo-se no meio musical e cultural como vanguardista e contemporâneo. *Da lama ao caos* foi contestatório ao que a indústria fonográfica produzia na época e lançou ao solo sementes que germinariam como uma espécie de síntese entre o passado e o futuro.

Como podemos notar, as contribuições da Escola de Frankfurt permanecem bastante atuais, já que fornecem elementos para compreendermos o uso da arte como mercadoria. Além disso, esse processo (da arte na condição de mercadoria) abarca as possibilidades de manutenção dos processos de alienação, dominação e exploração do trabalho. No entanto, para clarificarmos esse processo, recorreremos às contribuições de Walter Benjamin.

5.5 Walter Benjamin e a obra de arte na era de sua reprodutibilidade técnica

Walter Benedix Schönflies Benjamin (1892-1940) foi um filósofo judeu-alemão que publicou diversos ensaios e críticas literárias e, sobretudo, contribuiu com a teoria crítica da Escola de Frankfurt. Buscaremos em sua obra elementos para esclarecer a composição da indústria cultural e a problemática referente à perda da aura da obra de arte.

Benjamin pautava-se na crítica kantiana como uma forma de viabilizar a reflexão nos âmbitos da estética e da política, de modo que a crítica teria o potencial de abarcar os elementos culturais e suas relações econômicas.

Em "A obra de arte na era da sua reprodutibilidade técnica", Benjamin (1987) debate a problemática do advento das técnicas modernas, o que ensejou uma relação inédita na estrutura das massas. Vale lembrar, na transição do século XIX para o XX, fortaleceram processos como a industrialização, a urbanização e a expansão demográfica; concomitantemente, amplificou-se o acesso aos meios de comunicação em massa, entre eles o cinema e o rádio. Esse contexto possibilitou o desenvolvimento da propaçanda, e a imagem filmada se apresentava como uma nova forma de comunicação com as massas. As tecnologias de comunicação que emergiram na primeira metade do século XX propiciaram a distribuição de conteúdo em larga escala. Assim, milhões de pessoas passaram a ter acesso aos mesmos filmes nas salas de cinema ou às mesmas músicas e programas jornalísticos no rádio, fomentando a "padronização da cultura". Nessa perspectiva, o contato com a obra de arte recebeu novas possibilidades de relações com o público.

A arte, portanto, também tem de ser analisada pelo viés das massas no que diz respeito ao mercado e à produção massiva, bem como no que concerne ao mercado da produção de massa. Vale ressaltar que tanto o nazifascismo quanto o capitalismo recorreram à nova relação entre público e obra para explorar a construção do sujeito por meio da imagem técnica.

Os Estados totalitários do início do século XX foram perspicazes em explorar o potencial ideológico da indústria cultural para desenvolver uma reprodução técnica das massas do modo que lhes era conveniente. Nesse ponto, Benjamin discorda de outros autores da Escola de Frankfurt, pois sustenta que, assim como a comunicação de massas é usada para a padronização da barbárie, esse mesmo processo técnico poderia servir a outros fins. As imagens em movimento do cinema poderiam contribuir para a transformação das massas. Portanto, o desenvolvimento da técnica é central para que Benjamin desenvolva suas reflexões envolvendo arte e política.

Ressaltamos que a abordagem benjaminiana está intimamente atrelada a seu contexto histórico, o que possibilita uma compreensão mais profunda de suas perspectivas. A esse respeito, Miguel (2018, p. 197-198) expõe:

> Benjamin, sendo um judeu marxista, se vê diretamente implicado por esse contexto e se revela um crítico extremamente atento a esse campo. Por isso, toma posições radicais contra o fascismo, evidentemente, mas também contra certo "esquerdismo" (a *intelligentsia* da esquerda burguesa). Para se compreender a posição crítica benjaminiana, é preciso considerar esse campo de batalha enquanto uma luta pela ocupação de certos territórios semânticos: trata-se de interferir, de capturá-los, por vezes de retomar, por vezes de destruir certos conceitos, noções, palavras, expressões que circulam no campo discursivo. A batalha é também pela definição e pela utilização de significantes e enunciados que fundam a própria política.

Por mais que a produção dos conteúdos culturais queira justificar a superação das ideologias, Benjamin advoga que temos de estar atentos a isso, pois todo produto artístico ou midiático transmite mensagens, as quais não se destacam da apresentação de formas de comportamento massificadas.

Benjamin (1987) esclarece que toda obra de arte pode ser reproduzida/imitada inicialmente por alunos, que buscam reproduzir o trabalho de seus mestres, pelos próprios mestres, que procuram divulgar seus trabalhos, ou por copistas, que buscam obter lucro por meio das cópias.

Em um esforço de reconstrução dialética, Benjamin recorre aos processos de imitação utilizados anteriormente na história, a exemplo de técnicas como fundição, cunhagem, xilogravura, impressão e litografia. Sobre esta, Benjamin salienta sua importância, pois a litografia capacitou a mídia impressa a produzir conteúdo em massa mediante publicações diárias. Ele acrescenta que as artes gráficas foram superadas pela fotografia, arte que possibilitou o registro e a reprodução de imagens de maneira quase instantânea. Portanto, ela possibilita mais rapidez nos processos de reprodução (Benjamin, 1987).

Benjamin (1987) se refere ao que designa como *valor de culto* e à amplificação do valor de exposição, de modo que os novos meios de reprodução passaram a exigir que as obras fossem mais amplamente acessíveis para exposição, estando inseridas em um fluxo mercantil, reduzindo a arte a produto.

A produção de cópias e a mercantilização delas resulta na supressão do que o filósofo chama de *aqui e agora* da obra de arte (Benjamin, 1987). Assim, o que antes tinha uma existência única, passou a ser reproduzido. Um exemplo é a *Monalisa*, de Da Vinci. Antes da fotografia, ela poderia ser vista apenas no museu ou como uma cópia feita por outro pintor. Contudo, com a invenção da fotografia, ela pode ser reproduzida em larga escala e, ainda, ser adquirida por qualquer pessoa. A *Quinta sinfonia*, de Beethoven, que anteriormente poderia ser ouvida somente em uma apresentação de orquestra, passou a ser gravada em discos e difundida em emissoras de rádio.

Sob essa perspectiva, há uma problemática ambígua que envolve o fenômeno da reprodutibilidade, pois a arte se torna mais acessível às massas, mas perde em qualidade e autenticidade. Diante dessa constatação, Benjamin (1987) explica qual é o sentido de "aura" da obra de arte: o que antes tinha uma existência única, marcada por autenticidade e originalidade, perde seu *status* em meio à reprodutibilidade. Trata-se de um processo que figura para além do âmbito da arte e da caracterização das técnicas de reprodução. Quando se multiplica uma obra por meio da reprodução técnica, a ocorrência que anteriormente era única se torna massiva.

A reprodutibilidade técnica envolve diversas problemáticas que se mostram cada vez mais atuais. A reprodução volumosa de cópias amplia o acesso às obras artísticas. No entanto, para além da perda de seu caráter aurático, deparamo-nos com a transformação da arte em produto de mercado. Assim, para o artista, que também se encontra inserido nas relações de mercado e que, para sobreviver, precisa se submeter à monetização de seu trabalho, não basta criar algo original ou de qualidade artística, uma vez que necessita vender o máximo de cópias de sua produção. A arte passa à condição, portanto, de produto que deve ser amplamente aceito pelo público. Nesse contexto, Benjamin (1987) argumenta que a solução para esse fenômeno está em uma dimensão de ambiguidade, pois a arte e as novas formas de reprodução técnica não necessariamente devem servir à alienação e à manutenção da barbárie; elas podem, sim, segundo ele, ser usadas para a emancipação.

Na música, não são raras as produções que se relacionem com as massas para além do puro entretenimento, mostrando-se comprometidas com a autonomia e a crítica. Como exemplo, citamos as composições de Noel Rosa, que, no início do século XX, já versavam sobre problemas sociais, corrupção, crise econômica, violência e desigualdade social. Vale conferir um trecho da letra da canção *Onde está a honestidade?*:

> "O seu dinheiro nasce de repente
> E embora não se saiba se é verdade
> Você acha nas ruas diariamente
> Anéis, dinheiro e felicidade...
> Vassoura dos salões da sociedade
> Que varre o que encontrar em sua frente
> Promove festivais de caridade
> Em nome de qualquer defunto ausente?"
> (Rosa, 1968b)

No samba em questão, Noel debate o problema da corrupção, o qual parece crônico. Essa canção repercutiu amplamente nas estações de rádio na década de 1930. Mesmo tendo reprodução massiva, *Onde está a honestidade?* convida a refletir sobre elementos crônicos de nossa constituição social.

Em um exemplo mais recente, dessa vez no âmbito do cinema (um dos objetos de investigação mais caros para Benjamin), mencionamos o filme *Bacurau* (Figura 5.2), dirigido por Kleber Mendonça Filho e Juliano Dornelles e lançado em 2019. A trama se passa em uma pequena vila do sertão, e a narrativa configura-se como uma crítica à nossa subserviência cultural, sobretudo em relação aos valores da moral norte-americana, amplamente difundida pelo cinema hollywoodiano.

Figura 5.2 – Cena do filme *Bacurau*

A obra de Benjamin é elementar para entendermos os processos de massificação, pois atribui à arte a possibilidade de humanização e superação da alienação e da barbárie. Temos de registrar que, da primeira metade do século XX para cá, a indústria cultural passou por aperfeiçoamentos e se tornou ainda mais ampla e impactante – basta lembrar que antes, para assistir a um filme, era necessário ir ao cinema; para ouvir uma música, era preciso dispor de um rádio ou um aparelho de som. Agora, todas essas mídias estão nos celulares e são dispensáveis as cópias físicas, uma vez que os serviços de *streaming* são capazes de reproduzir os produtos da cultura de maneira ainda mais ampla. Por isso, temos de nos manter atentos e críticos diante do que consumimos e produzimos culturalmente.

Síntese

Neste capítulo, analisamos alguns importantes elementos que possibilitam a compreensão das relações entre arte e sociedade.

Iniciamos a apresentação dessa temática com comentários sobre a obra de Lukács. A crítica desse autor dirigida à hegemonia cultural concebe as culturas de modo heterogêneo, fomentando o reconhecimento do indivíduo por meio de seu cotidiano e, com efeito, lançando luz sobre problemas sociais, bem como inscrevendo a possibilidade de reinventá-los.

Em seguida, debruçamo-nos sobre o pensamento de Arthur Schopenhauer, para quem a compreensão humana e sua relação com a realidade ocorrem por intermédio de representações; nessa esteira, a arte tem o papel de reconfigurá-las. Discutimos, também, as críticas de Nietzsche à cultura ocidental por meio do *Caso Wagner*. O trabalho realizado pelo filósofo alemão foi levado adiante pelos pensadores de Frankfurt mediante a crítica à razão instrumental. Ressaltamos que os frankfurtianos contavam com outras influências filosóficas, a exemplo de Kant – com a discussão sobre a autonomia – e de Marx – quanto ao conceito de alienação.

Por fim, apresentamos a filosofia de Walter Benjamin e versamos a respeito dos processos de massificação da cultura. Ao contrário de seus contemporâneos de Frankfurt, Benjamin era otimista com relação ao uso da arte para estimular os sujeitos a atingir a autonomia.

Atividades de autoavaliação

1. Sobre os estudos de estética de Lukács, assinale a alternativa que apresenta a ideia defendida por esse autor:
   a) A arte é uma fuga da realidade.
   b) A arte restringe as habilidades humanas.
   c) A arte impele os sujeitos à tomada de consciência de si mesmos.

d) A arte é usada exclusivamente para consolidar os processos de alienação.

e) A arte restringe a tomada de autoconsciência.

2. Sobre a filosofia da arte em Schopenhauer, é correto afirmar que
   a) arte e representação são elementos distintos.
   b) o conhecimento é constituído de categorias puramente abstratas, independentes do sujeito.
   c) o conhecimento do mundo se dá pela formação das representações.
   d) as possibilidades de constituição do conhecimento se desvinculam da percepção estética.
   e) o conhecimento da realidade ocorre apenas pela racionalidade abstrata.

3. A respeito da filosofia da arte em Nietzsche, é correto afirmar que esse filósofo defende
   a) uma visão neoplatônica.
   b) a concepção de verdade.
   c) os valores tradicionais da cultura ocidental.
   d) que a verdade é ilusória, sendo a arte a possibilidade de consolidação do espírito dionisíaco.
   e) que a concepção de *mimesis* em Platão é irrefutável.

4. Sobre a filosofia da arte para os teóricos da Escola de Frankfurt, assinale a alternativa correta:
   a) A indústria cultural é utilizada como ferramenta de alienação.
   b) A indústria cultural é positiva, pois amplifica o acesso às obras de arte.

c) Os meios de comunicação de massa estão comprometidos com a concepção de verdade.

d) É impossível produzir filosofia sobre os produtos da indústria cultural, tais como cinema e rádio.

e) O consumo da arte é impróprio à emancipação.

5. Acerca dos estudos de arte em Walter Benjamin, assinale a alternativa correta:

    a) A teoria de Benjamin concorda com as contribuições dos seus colegas de Frankfurt.

    b) Para Benjamin, a arte pode contribuir para o espírito emancipatório.

    c) A reprodução técnica das obras mantém o caráter aurático das obras de arte.

    d) A única arte a ser considerada emancipatória é o cinema, pois retrata a realidade da forma como ela é.

    e) A humanidade deve superar o consumo de arte para chegar ao estado de emancipação.

Atividades de aprendizagem

1. De que modo o retrato do cotidiano na obra de arte pode contribuir para a problematização e para a compreensão dos problemas sociais?

2. Quais são as implicações relacionadas ao consumo da obra de arte que foi reproduzida massivamente?

Atividade aplicada: prática

1. Reúna-se com seus pares e escolham uma obra de arte amplamente conhecida pela cultura de massa. Converse com eles sobre os impactos dessa obra na cultura e registre o áudio, lançando-o nas redes sociais no formato de *podcast*.

Capítulo 6
ESTÉTICAS
CONTEMPORÂ-
NEAS

Douglas Henrique Antunes Lopes

Neste capítulo, voltaremos nossa atenção a algumas das filosofias estéticas contemporâneas. Começaremos com o estudo do filósofo Herbert Marcuse. Também integrante da Escola de Frankfurt, esse pensador teceu críticas ao marxismo ortodoxo e ao capitalismo. Ele compreendia que a arte vinculada ao entretenimento é um simples mecanismo de controle social.

Na sequência, analisaremos as possibilidades de reflexão estética para além dos autores europeus. Mignolo (2010) relata que historicamente o estudo da estética restringiu-se às compreensões europeias. É como se a arte e a cultura praticadas nesse continente devessem ser universalizáveis para o restante do mundo. Reconhecendo essa falta, apresentaremos a distinção entre centro (europeu) e periferias (como América Latina, África e Ásia), sendo tal modelo não apenas geográfico, mas também cultural. Ademais, abordaremos as noções de cultura e arte locais, as quais têm o potencial de evidenciar os problemas peculiares do continente em que vivemos.

Buscando, ainda, descolonizar o pensamento e a cultura, apresentaremos as contribuições africanas expressas por Naiara Paula e Claudia Wer, que relacionam ética e estética. Enfocando a cultura Yorubá, que chegou ao Brasil por meio de um violento processo de escravização, explicitaremos o senso de comunidade e suas dimensões estéticas.

Por fim, abordaremos a obra de Gilles Deleuze e Pierre-Félix Guatarri no que diz respeito às possibilidades de elaborar reflexões estéticas com base nas obras não clássicas, a exemplo da música popular, do cinema, da literatura marginal e dos quadrinhos.

6.1 Herbert Marcuse, Eros e civilização

Herbert Marcuse (1898-1979) foi um pensador alemão, posteriormente naturalizado norte-americano, também vinculado à Escola de Frankfurt e que propôs análises diferentes das de seus colegas. Em sua obra, Marcuse teceu críticas importantes ao capitalismo e ao marxismo ortodoxo, opondo-se à concepção de arte como forma de entretenimento, pois sustentava que essa nova representação da arte seria apenas uma nova forma de se estabelecer o controle social. Por ser de origem judia, migrou para a Suíça e, depois, para os Estados Unidos, em 1933. Trabalhou no Instituto para a Pesquisa Social de Frankfurt e, posteriormente, para o governo dos Estados Unidos, no Escritório de Serviços Estratégicos – em um projeto de "desnazificação". O autor foi uma referência importante para o surgimento de movimentos estudantis (especialmente, o ocorrido na França na Revolução de Maio de 1968) e de outros movimentos sociais em países como a Alemanha Ocidental, a França e os Estados Unidos.

De acordo com o filósofo, a arte (ou a dimensão estética) é fundamental para o processo revolucionário tanto da consciência quanto do comportamento dos sujeitos (Marcuse, 2007). Suas investigações sobre arte figuram em boa parte de seus trabalhos. Além disso, Marcuse tinha em Hegel uma influência importante; com ele compartilhava a ideia de que a arte tem o potencial de conduzir os indivíduos à consciência de si.

No ensaio intitulado "A dimensão estética", de 1977, é possível delinear o esforço de contribuição com a estética marxista. Seu propósito era denunciar compreensões vulgares defendidas pelos autores do marxismo ortodoxo. Apesar de Marcuse não nomeá-los, é possível notar que sua crítica se refere principalmente aos marxismos leninista e maoísta.

Para Marcuse (2007), as aproximações entre arte e sociedade são bastante evidentes. Em razão disso, a arte constitui a modalidade criativa da consciência inserida em dado contexto histórico; trata-se, pois, de um desdobramento da vida e da sensibilidade dos sujeitos. Nessa ótica, o trabalho seria a objetivação do sujeito. Assim, Marcuse qualificou o papel do ser humano como central na obra de Marx – na sociedade capitalista, somos levados à alienação e ao fetichismo. Essa questão, de acordo com Marcuse, não é distinta da arte, ou seja, não há uma relação dicotômica entre esses elementos.

Outro pensador com quem Marcuse travou diálogo foi Freud, em um esforço de entender o trabalho e a dimensão da subjetividade e da arte na sociedade industrial. Quanto a esse debate, Chaves e Rodrigues (2014, p. 13) explicam que:

> Embora Marcuse [...] reconheça a cisão entre arte e trabalho como um dado histórico, ele adverte que a contraposição não pode ser hipostasiada, pois é resultado de uma cultura que supervaloriza a arte, como expressão estética diferenciada, e, por isso perde a tensão com a possibilidade de essa manifestação da cultura se reverter-se em uma mercadoria da indústria cultural. Esse movimento encobre aspectos importantes da realidade como o fato das obras de arte serem sucumbidas aos valores e às normas da sociedade capitalista. Ao mesmo tempo, perde-se também a contradição existente na possibilidade da objetivação-trabalho ser experiência formativa, mesmo no capitalismo.

Conforme Marcuse (2007), há uma relação dicotômica que envolve a produção artística na sociedade capitalista. Contudo, mesmo nesse contexto, o trabalho pode ser prazeroso e criativo. Por reunir a subjetividade e a universalidade, a produção da arte pode ser emancipatória. No entanto, no âmbito do capitalismo, a arte é transformada em mercadoria. Nesse sentido, como definir se uma obra de arte é ou não mera mercadoria? Essa questão conduz à outra: Como saber se a uma obra de arte pode constituir autonomia, tendo em vista que o mercado se apropria da cultura?

Portanto, deparamo-nos com os parâmetros para definir o que é ou não arte e distingui-la de um mero produto mercadológico. Sobre isso, Marcuse (2007) aponta que é necessário pensar certas qualidades da arte que independam das mudanças ocasionadas pelos períodos históricos e estilos. Um exemplo disso é o aspecto político da arte, considerando seu potencial revolucionário, sua universalidade e sua transcendência, além de sua capacidade de estimular a sensibilidade. Tais características, para Marcuse (2007), encontram-se relacionadas à possibilidade de romper com a lógica predominante e unidimensional da sociedade mercadológica.

Dessa forma, de acordo com o filósofo, por ser tão profundamente arraigada, a cultura capitalista praticamente impossibilita a superação da lógica de passividade e resignação que envolve os indivíduos. Sob essa ótica, Chaves e Rodrigues (2014, p. 14) afirmam: "Com o intuito de contribuir para a estética marxista, Marcuse [...] critica a ortodoxia marxista, predominante em sua época, afirmando que a arte não precisa configurar os interesses de uma determinada classe e nem sua verdade se localiza no contexto das relações de produção existentes". Assim, Marcuse acreditava que a arte essencialmente política seria, em sua forma estética, aquela que "rompe com a consciência dominante e revoluciona a experiência" (Chaves; Rodrigues, 2014, p. 14).

Na direção contrária do que pregavam as filosofias marxistas ortodoxas, Marcuse não se importou com o período ou com quem produziu determinada obra, tampouco com o fato de ela ter sido realizada por trabalhadores ou destinada intencionalmente ao proletariado. Dessa forma, seriam relevantes apenas sua qualidade estética e a possibilidade de contestar a cultura em voga.

Portanto, segundo Marcuse (2007), a arte não deve servir necessariamente a propósitos políticos, pois isso pode sequestrar a liberdade que a ela é inerente. Nessa perspectiva, Marcuse (2007, p. 14) ressalta: "quanto mais imediatamente política for a obra de arte, mais ela reduz o poder de afastamento e os objetivos radicais e transcendentes de mudança. [...] Pode haver mais potencial subversivo na poesia de Baudelaire e de Rimbaud do que nas peças didáticas de Brecht".

Sob essa ótica, a arte pode ser revolucionária em vários sentidos: em uma perspectiva restrita, em que se apresenta uma transformação radical envolvendo estilos e técnicas, como no caso das vanguardas, capazes de antecipar ou refletir mudanças mais significativas; e em um sentido estritamente estético, quando apresenta uma ausência de liberdade, representando que as forças são capazes de se rebelarem contra isso e romperem com a realidade, indicando possibilidades de transformação.

Um exemplo de obra com potencial revolucionário é o disco-manifesto *Tropicalia* (ou *Panis Et Circenses*), de 1968. Esse álbum é considerado um pilar do movimento cultural brasileiro denominado *Tropicalismo*, formado no final da década de 1960 com o objetivo de fornecer novas referências à música popular brasileira e, ao mesmo tempo, salientar elementos da cultura nacional. Entre as figuras mais marcantes desse movimento, estão Caetano Veloso, Gilberto

Gil, Gal Costa, Nara Leão, Tom Zé e a banda Os Mutantes. O álbum citado há pouco tem influências que vão da Banda de Pífanos de Caruaru até os Beatles. As roupas coloridas, a postura contestadora e a mescla de ritmos fizeram da Tropicália uma vanguarda.

Dos vários acontecimentos que marcaram esse contexto, citamos o III Festival da TV Record, que propunha renovar a música popular brasileira (MPB). Na apresentação, Gil e Caetano cantaram com Os Mutantes, e o uso da guitarra elétrica foi visto como uma ameaça à cultura nacional; Elis Regina liderou a Marcha Contra a Guitarra Elétrica em 1967, alegando a preservação da cultura nacional. A reação do público e de artistas importantes revela que a arte pode promover transformações tanto no âmbito de sua composição estética quanto na esfera social.

Com essa exposição, está evidenciada a relevância e a atualidade da obra de Marcuse, uma vez que a arte simboliza capacidade de expressar a subjetividade e a universalidade em consonância. Além disso, o filósofo chama a atenção para a necessidade de promover uma liberdade na produção artística, a fim de criar novos horizontes sociais.

6.2 Uma estética para a descolonização da cultura latino-americana

A colonização no Ocidente representou uma eficiente estratégia de expansão dos territórios europeus por meio do povoamento e da exploração em outros continentes. Nos processos coloniais empreendidos entre o final do século XV e o início do século XVI, as transferências culturais ocorreram de modo hierarquizado, pois as culturas das metrópoles se sobrepunham às das colônias. Mesmo com as independências políticas e econômicas dos países anteriormente colonizados, uma problemática persistiu: nos processos históricos, os valores dos colonizadores permaneceram na cultura, na mentalidade e no comportamento das sociedades atuais. Hoje, as discussões acerca da descolonização (ou decolonização) têm se fortalecido e atingem vários campos de investigação, entre eles, a filosofia, a cultura e a antropologia. Nesta obra, concentraremos nossa atenção na colonialidade da arte.

O termo *colonização* se refere à prática de instituir colônias. Trata-se da instalação de um grupo de pessoas em dada região, com o objetivo de expandir territórios e explorar matérias-primas mediante a ocupação dessa região. As orientações políticas estabelecidas nas colônias tiveram a finalidade de manter o domínio das terras colonizadas. Assim, o mecanismo utilizado foi o da sujeição das populações nativas por meio de mecanismos de controle como a violência. De acordo com Rodrigues e Brandão (2014, p. 676):

> Desde a antiguidade sabemos que os egípcios, fenícios, gregos, romanos e outros povos, mantiveram colônias. No século XVI, tivemos, da ótica europeia, a "descoberta" das Américas, e deste movimento estamos aqui hoje, cidadãos brasileiros. A partir do século XVIII os investimentos coloniais europeus alcançam a Oceania. E já no século passado, o XX, o chamado neocolonialismo vitima a África e a Ásia. Agora, não só a exploração dos recursos naturais a fim da obtenção de matéria-prima para indústria interessa, a colônia precisa tornar-se também mercado consumidor para os produtos fabricados/comercializados pela metrópole.

Atualmente, em que pesem seus processos de independência, os países outrora colonizados mantêm o legado da colonização, assim como o pensamento e os hábitos das antigas metrópoles. Apesar de o passado histórico evidenciar os esforços feitos para a concessão da independência aos atuais Estados-nação, as ideias coloniais ainda brotam em diferentes manifestações, como no ser, no saber e no sentir.

Assim, os valores das metrópoles são reforçados pelas heranças das concepções iluministas do século XVII, que perpetuaram concepções como as de ordem, progresso, desenvolvimento e universalidade, justificando elementos como racismo, desigualdade sexual e os preconceitos com os quais convivemos de forma acrítica.

Retomando a hipótese kantiana, sujeitamo-nos a uma ética do dever mas sem questionar por quê. Assim, comprometidos com o que deveríamos ser, negamos ou reprimimos o que somos, de modo que o que se manifesta é podado pela opressão.

Detendo-nos precisamente à questão da estética, ressaltamos que, ao mantermos os valores das metrópoles, sempre pensamos que as produções artísticas de nossos centros coloniais são aquelas válidas ou superiores, como se as artes realizadas pelas culturas nativas fossem inferiores ou não passassem de decoração (enfeite) ou artesanato (utilidade prática). Tratando desse assunto, Mignolo (2010) assinala que, no Ocidente, a estética, como já comentamos, é a área da filosofia que se dedica ao estudo da arte e da beleza, sendo o conceito de arte reivindicado pelos europeus como um padrão universalizável a ser seguido – assim, o que é feito fora da Europa pode não seguir os mesmos padrões. Nesse sentido, Rodrigues e Brandão (2014, p. 679) argumentam que no seu berço grego a *aesthesis* não é pensada como categoria. Aristóteles faz reflexões a respeito da arte em sua obra *Poética* e trata de poética/*poiesis*, mimese/*mimesis* e catarse/*catarsis*. Grosso modo, entendemos por poiesis (ποίησις) a capacidade de fazer alguma coisa, sobretudo de forma criativa; por *mimesis* (μίμησις), representação ou imitação; e *catarsis* (κάθαρσις) a purgação, purificação das emoções. Analisando mais especificamente cada um desses temas, pode-se dizer que se na poética está embutida a ideia de criação, o que supõe a liberdade e o movimento em direção ao novo, não se pode dizer o mesmo da Estética, que ao fixar UM pensamento sobre a arte restringe as possibilidades de artes outras. Na mimese encontramos também a presença da variação e da diferença, pois a representação não é o mesmo, é uma espécie de cópia que finge, que imita ser ou outro, ou substitui-lhe o lugar; "la representación tiene varias caras". E por fim, a catarse volta-se especificamente para as emoções, que por sua vez não são frutos de processos meramente racionais, evocando a sensação.

Portanto, em seu sentido original, os estudos de estética remetem às sensações. Podemos ainda recorrer à *República*, de Platão, que "expulsou" os poetas da cidade ideal justamente por recriminar as sensações que a arte é capaz de provocar – estas seriam imitações (*mimesis*). Sua recriminação, no entanto, corrobora a ideia de que a arte é plural e diversa. Para nenhum dos autores clássicos gregos o debate sobre a natureza da arte escapa à relação com as sensações. Ocorre que o Iluminismo estabeleceu a existência de padrões para designar o que seria belo. Segundo essa perspectiva, conforme os critérios da razão, o belo seria um predicado da arte europeia e, portanto, as artes produzidas por outros povos não teriam essa qualidade.

O artifício da universalidade, assim, representou uma eficiente estratégia colonial para reprimir subjetividades, de modo que a racionalidade europeia sequestrou para si o que é a estética e determinou padrões para estabelecer o que seria belo.

Desse modo, faz-se necessário pensar uma arte decolonial, a fim de nos desvencilharmos das amarras da cultura colonial europeia e de nos reconhecermos e nos valorizarmos, o que não se trata de uma empreitada nova. O cineasta Glauber Rocha (2004), por exemplo, escreveu o texto "Uma estética da fome", apresentado no Congresso Terceiro Mundo e Comunidade Mundial, na cidade de Gênova, Itália, em 1964. Seu propósito era discutir o paternalismo europeu sob o cinema latino-americano. Na ocasião, ele defendeu que elementos como a violência, a fome e a miséria são constituintes da realidade latino-americana, não podendo ser relegados. O cinema latino-americano, portanto, precisaria abordar esses temas inclusive por meio de formas que lhes sejam próprias, ou seja, distintas das formas europeias de filmar e narrar histórias, fazendo emergir nossa riqueza cultural e a reflexão sobre nossas desigualdades.

Assim, o Cinema Novo, liderado por Glauber e abraçado por cineastas como Nelson Pereira dos Santos, Cacá Diegues e Leon Hirszman, viu-se compromissado com a desvelação de nossas desigualdades e a valorização de nossa cultura. O filme 5× *Favela*, por exemplo, reúne cinco curtas realizados pelos diretores do Cinema Novo, os quais se organizaram coletivamente para rodar e editar suas narrativas. Participaram desse projeto os diretores Marcos Farias, Miguel Borges, Cacá Diegues, Joaquim Pedro de Andrade e Leon Hirszman, além das trilhas feitas por Carlos Lyra. As narrativas foram todas rodadas na cidade do Rio de Janeiro e versam sobre as mazelas sociais da capital carioca. Desses filmes, podemos destacar *Couro de gato*, de Joaquim Pedro de Andrade, que mostra as desventuras dos garotos da favela na tentativa de apanhar gatos, cujas peles seriam usadas no carnaval que se aproximava. Nesse curta-metragem, o carnaval é visto como a possibilidade temporária e periódica de triunfo dos pobres ante as mazelas às quais são submetidos diariamente.

Couro de gato é uma produção artística comprometida com os processos de libertação das amarras coloniais que nos detêm e nos mantêm obedientes e resignados a valores que nos foram impostos, naturalizando elementos como a desigualdade e a violência.

6.3 Cosmovisão africana e as relações entre ética e estética

Como um desdobramento do debate acerca dos processos de decolonização, é urgente considerarmos outras filosofias que não a europeia. Para o caso brasileiro, não poderíamos deixar de indicar uma perspectiva africana, pois ela se encontra arraigada em nossa existência. Por mais que ela seja recusada, oprimida ou ignorada, é nosso papel indicar suas contribuições.

Nesta seção, exporemos os elementos éticos que se desdobram na estética africana. Para isso, recorreremos, sobretudo, ao artigo de Naiara Paula e Claudia Wer (2019) intitulado "Filosofia africana: um estudo sobre a conexão entre ética e estética".

De acordo com as autoras, os povos africanos têm um modo peculiar de viver e representar a realidade na qual estão inseridos. Tal cosmovisão se fundamenta em uma estrutura ética e filosófica. Nesse ponto, é imperioso mencionar o trabalho de S. B. Oluwole, que remete à tradição oral yorubá para explanar a cosmovisão africana e permite realizar um estudo comparativo entre Sócrates e Òrúnmìlà. Talvez cause estranhamento o fato de fazermos referência a uma cultura oral, e não escrita. Isso ocorre porque a tradição ocidental tende a valorizar apenas o que foi registrado graficamente. No entanto, vale lembrar que Sócrates, considerado um dos pais da cultura ocidental, também não deixou nada escrito, e o que se sabe dele foi exposto por seus discípulos.

Sobre Òrúnmìlà-Ifá, Paula e Wer (2019, p. 129) afirmam:

> O Culto de Òrúnmìlà-Ifá é originário da África Ocidental e, mais especificamente, da cultura Yorubá que concebe o mundo como formado por elementos físicos, humanos e espirituais. Os elementos físicos amplamente divididos em dois planos de existência: ayé (terra) e òrun (céu), que durante uma fase ancestral da mitologia compartilhavam um território comum.

Desse modo, para compreender a filosofia de Òrúnmìlà-Ifá, é indispensável considerar sua cosmovisão, que tem uma complexa estrutura de divindades hierarquizadas abaixo de um Ser Supremo, chamado de Òlódùmarè, o líder e organizador da estrutura e do movimento que envolve a terra e o céu. O governo dessa divindade é fundamental para a articulação do sentido do bem e da paz, bem como para a organização das demais divindades ancestrais e dos fenômenos da natureza.

Na mitologia yorubá, Òrúnmìlà-Ifá é considerado um orixá, tendo sido enviado pelo próprio criador (Òlódùmarè) para acompanhar o desenvolvimento dos homens e de outras espécies. Òrúnmìlà-Ifá é respeitado por sua sabedoria e por sua compreensão profunda da realidade.

Nessa cultura, a ancestralidade exerce uma profunda influência, de modo que as figuras dos ancestrais (pessoas ou entidades divinas) são reverenciadas por sua sabedoria e seus ensinamentos éticos. Assim, normalmente cumpre aos anciãos transmitir os valores às gerações seguintes, firmando uma intensa tradição oral por meio da qual se estabelecem a formação do caráter e da convivência com os demais e o respeito à natureza. Nesse contexto, Paula e Wer (2019, p. 130), argumentam:

> No trabalho de Oluwole, contudo, é importante compreender que Òrúnmìlàe [e] as outras figuras do Corpus Literário Ifá não são deuses no significado ocidental do termo, também não apenas figuras mitológicas, como são deuses no Monte Olimpo na tradição grega [...] Òrúnmìlà [é visto] como ser humano histórico, que foi reverenciado e "deificado" após sua morte, por causa de sua contribuição para a filosofia, ciência política e diversos conhecimentos que aprimoraram o conjunto de saberes do povo.

Oluwole reconhece a importância da filosofia ocidental, entendendo que Sócrates é um grande sábio. No entanto, há um elemento peculiar: o pensamento ocidental, desde a tradição socrático-platônica, costuma ser dualista (quando pensamos, por exemplo, na dualidade entre mundo sensível e mundo suprassensível), e, para o pensamento africano, os elementos são complementares. Nesse caso, terra e céu são complementares, e não excludentes. Sobre isso, Paula e Wer (2019, p. 131) explicam:

> Assim, a filosofia africana pode contribuir para superar a oposição binária via a Complementaridade Binária, sua proposta trata-se de um conceito que reabilita uma visão de mundo sistêmica e integrada, capaz de fazer o ser humano se entender e se colocar sempre "em relação a", como explica a pensadora: "... como pode

a 'cara' e a 'coroa' de uma moeda existir independentemente uma da outra? Quão significativa é a ideia de uma montanha que não é complementada pela ideia de um vale? O lado frontal de uma medalha existe separadamente da parte de trás? O fato de que cada aspecto pareado dessa existência apareça como o oposto do outro, não justifica a crença de uma existência independente ou ainda, o funcionamento correlato de duas existências de oposição irreconciliável. A experiência humana é da existência pareada com aspectos complementares entre si".

Nessa ótica, no pensamento africano, o imanente e o transcendente não se dividem, mas se complementam; igualmente, a ideia de sujeito não é binária, pois é integralmente complementar, isto é, suas existências física e espiritual estão em consonância. Para a filosofia ubuntu, da mesma forma, o indivíduo é visto de modo integral em relação a si, ao outro e à natureza, o que desconstrói a perspectiva ocidental que erroneamente nos compreende como superiores ou independentes da natureza. A filosofia africana revela que, pelo contrário, somos integrados a ela. Desse modo, no âmbito da estética, essa integração também se torna evidente: a produção da arte é, ao mesmo tempo, imanente e transcendente.

6.4 Filosofia *pop* de Deleuze e Guattari

Gilles Deleuze (1925-1995) foi um filósofo francês de significativa importância para o pensamento contemporâneo. Ele promoveu algumas abordagens inaugurais, a exemplo de sua teoria da filosofia *pop*, segundo a qual é possível produzir filosofia da arte não somente tendo como referência obras clássicas, mas também as da cultura popular, como filmes e músicas – papel importante para o que chamamos hoje de *filosofia do cinema*. Outra de suas abordagens inovadoras é a concepção da filosofia como criadora de conceitos, o que propicia o avanço das teorias filosóficas. Não se trata de uma recusa aos clássicos, mas de um esforço de fazer filosofia acerca dos problemas da realidade circundante.

Seu trabalho costuma ser dividido em dois grupos. O primeiro se refere à produção de monografias em que interpreta pensadores modernos, como Spinoza, Leibniz, Hume, Kant e Nietzsche. O segundo diz respeito à pesquisa de temáticas filosóficas ecléticas, pautadas na criação de conceitos, tais como diferença e sentido.

Em muitos trabalhos, Deleuze fez parceria com Pierre-Félix Guattari (1930-1992), pensador francês que também desenvolveu um grande volume de textos e foi um militante político ativo nas organizações tradicionais, além de ter abordado temas como transversalidade, ecofilosofia e desterritorialização.

Sobre os debates estéticos, Deleuze e Guattari (2010) advogam que o pensamento não pode ser dissociado de uma experiência que estimule a reflexão. Isso significa que o aprendizado deve ocorrer por meio do estabelecimento de problemas, os quais estão vinculados a um ato de criação capaz de atualizar as ideias tanto em obras (no caso da arte) quanto em conceitos (no que concerne à filosofia).

Apesar de filosofia e arte serem campos distintos, têm em comum a transformação dos modos de sentir. Atendo-nos a esse tema, explicaremos brevemente o que é a faculdade da sensibilidade em Deleuze e abordaremos a filosofia *pop* para ele e Guattari.

Sobre a gênese do pensamento e da formação das ideias, Araújo (2017, p. 138-139) argumenta:

A filosofia de Gilles Deleuze nos dá muito que pensar sobre tais questões, em um caminho que leva a conceber a gênese do pensamento como inseparável de um ato de criação. Isso implica [...] uma crítica da redução do pensamento a reflexão. Antes mesmo que a *Ideia* possa se atualizar em uma obra, aquela é, para Deleuze, engendrada na sensação e, portanto, na experiência. O que sustenta tal empirismo – no qual a *Ideia* aparece como um produto estético – é a proposição crítica que o filósofo assume em relação ao que chamará de imagem dogmática do pensamento. Tal crítica parte da concepção de que não pensamos o tempo todo, de que a boa vontade do pensador não é suficiente para que a razão o "ilumine" com as ideias; ao contrário, o pensamento seria um acontecimento raro, digno de celebração, que se dá conforme sejamos violentados em nossas faculdades levando-as à discórdia. Trata-se, para Deleuze, portanto, de pensar inicialmente com Kant uma gênese do pensamento através de certos acordos e desacordos entre faculdades (memória, imaginação, entendimento, razão etc.).

Para Deleuze (1997), a gênese do pensamento está atrelada à experiência estética, abarcando a variação de estados estéticos. Segundo ele, não pensamos espontaneamente, mas somos capazes de exprimir o pensamento em determinadas condições, de tal forma que pensar caracteriza-se como uma violência. Pensar, então, é correr o risco para não se permanecer restrito àquilo que foi pensado anteriormente, ou seja, para que seja possível superar os clichês.

Dito de outra forma, trata-se de um risco bilateral: de um lado, estão as opiniões tradicionais, as quais costumam se apresentar como visões restritas de mundo, incapazes de alterar perspectivas; de outro, estaria a loucura ou a impossibilidade de expressar algo com a mesma intensidade de estados estéticos que possam ser discordantes, o que nos levaria à construção de uma subjetividade vinculada ao consenso irrefletido. Assim, a subjetividade deve criar sua poética.

> É o gênio aquilo que Deleuze encontra em Kant como princípio criador que concretiza essa aparição da **Ideia** no sensível, na medida em que une "a intuição criadora, como intuição de uma outra natureza, e os conceitos da razão, como **Ideias racionais**" [...] Passamos, então, de uma *estética do espectador* subjetivado pela natureza, onde o sublime era colocado como momento fundamental, para uma **estética do artista e da obra de arte** em que essa subjetivação aparece refletida como uma "outra natureza". (Araújo, 2017, p. 142-143, grifo do original)

De acordo com Deleuze (1997), portanto, a sensibilidade está relacionada à constituição das ideias racionais. A experiência possibilita-nos superar a condição de observadores passivos e nos elevar ao patamar de criadores. Arte e filosofia, nesse sentido, caminham juntas e promovem a ampliação de perspectivas.

É nesse mesmo horizonte que Deleuze se concentra no desenvolvimento de um conceito de filosofia *pop*. Para esclarecê-lo, recorreremos à passagem de Souza (2015, p. 19, grifo do original):

> Deleuze intitula pop'filosofia a relação entre o pensar e o sentir, entre a ideia e a sensação, entre o conceito e a imagem. "Pop" como **popular**. O popular não é o massificado, o popular não é o que custa barato. Ao contrário, custa muito o popular: custa não em moeda ou capital, mas em modéstia e gosto. O popular não é o que vende muito: o popular é o que não se deixa vender, seja pelo mercado seja pela *potesta* do Estado. O popular não se opõe ao erudito. O popular não se confunde com classe ou gênero. O popular não é a classe C, D ou E. O popular é inclassificável: **multitudo**. O popular é

composto pelo povo que a Terra, a grande desterritorializada, pede para si. Povo bastardo, mestiço, despossuído, "Ninguém", como diria Manoel de Barros: "Falar a partir de ninguém/ Faz comunhão". "Comunhão" como produção de um **agente coletivo de enunciação**. Povo ao mesmo tempo nobre e *menor*, como a cartola do Angenor, como o sax de Pixinguinha. **Nomadologias**: agenciamento do pop com o "geo" de uma *geofilosofia*, para assim potencializar o gosto pela **Terra**. O popular é o **devir-minoritário** de cada um: "escreve-se em função de um povo por vir e que ainda não tem linguagem".

As contribuições de Deleuze ampliam as possibilidades de investigação filosófica. A relação estabelecida entre os sentidos e a formação de ideias nesse campo tornam, de certo modo, as práticas da reflexão e da criação mais acessíveis, expandindo os horizontes da subjetividade.

Síntese

Neste capítulo, analisamos algumas estéticas contemporâneas, iniciando com as perspectivas de Herbert Marcuse e suas críticas ao capitalismo e ao marxismo ortodoxo, além de sua compreensão do entretenimento como mecanismo de controle social.

Em seguida, refletimos a respeito da importância de se fomentar um pensamento latino-americano, reconhecendo e legitimando os aspectos de nossa cultura como não inferior àquela do centro europeu.

Depois, analisamos as contribuições da cultura e do pensamento africano, as quais relacionam ética e estética, considerando a vivência humana como coletiva.

Por fim, debruçamo-nos sobre os estudos de Delleuze e Guattari, percebendo que é possível produzir uma estética para além das obras clássicas, ou seja, que reside nas obras populares.

Atividades de autoavaliação

1. Sobre a filosofia da arte em Marcuse, assinale a alternativa correta:
   a) A arte deve ter um aspecto revolucionário.
   b) A obra de arte é estritamente um produto de mercado.
   c) A obra de arte é alheia à emancipação.
   d) A arte deve ser concebida como produto.
   e) A validade da obra de arte depende de seu valor de mercado.

2. Qual é o papel dos estudos decoloniais?
   a) Reforçar os valores da cultura europeia.
   b) Provocar um renascimento dos valores europeus na América Latina.
   c) Desdenhar das artes inferiores produzidas pelos povos nativos da América Latina.
   d) Combater o processo de colonização da cultura europeia.
   e) Reavivar os valores iluministas.

3. A respeito da cosmovisão yorubá, é correto afirmar:
   a) Apresenta terra e céu como forças antagônicas.
   b) Coloca-se não como opositora, mas como conciliadora de elementos distintos.
   c) Òrúmmìlà e Sócrates são a mesma pessoa.

d) A cultura yorubá deve se submeter à superioridade da cultura grega clássica.

e) Os mitos africanos pouco podem contribuir para o pensamento ocidental.

4. Acerca da ética yorubá, assinale a alternativa correta:
    a) Trata-se de uma ética desapegada da ancestralidade.
    b) Refere-se a uma ética estritamente racional, que não necessariamente está vinculada ao comportamento.
    c) Ética e estética são elementos excludentes para as tradições africanas.
    d) Pauta-se na ancestralidade, na oralidade e na formação do caráter.
    e) A ética yorubá é individualista.

5. A respeito da filosofia da arte em Deleuze, assinale a alternativa correta:
    a) Arte e reflexão são elementos dissociáveis.
    b) O papel da arte reside na manutenção dos valores tradicionais.
    c) A arte cumpre um papel fundamental na formação do pensamento.
    d) Deleuze foi reprodutor da filosofia de Kant.
    e) Para Deleuze, a arte tem características de sustentação da alienação.

Atividades de aprendizagem

1. É possível estabelecer uma relação entre estética e ética? Se sim, de que modo?

2. Como a dicotomia centro-periferia influencia a cultura latino-americana? Exemplifique.

Atividade aplicada: prática

1. Escolha uma música internacional e escreva uma paródia de sua letra, a fim de refletir sobre a realidade que você vivencia, e não a estrangeira.

CONSIDERAÇÕES FINAIS

A experiência estética, antes de tudo, é uma experiência sensível, e a *performance* artística é o lugar por excelência do fenômeno estético. No ato artístico – especificamente nesta abordagem, no ato musical –, o que proporciona o efeito estésico é um encontro dos modos de organização dos elementos do objeto com a intercomunicação entre os sujeitos implicados em tal ato: de um lado, o enunciador do objeto, e de outro, o enunciatário previsto e que delineia o modo como o enunciador diz o que diz – ou seja, como organizou os elementos do objeto. Trata-se de uma cadeia sem fim e é, sempre, um ato coletivo.

Como explicamos, tanto na canção quanto na música instrumental, a **força musical** colabora para que os elementos sensíveis sejam mais explícitos e contundentes. Considerando as categorias que citamos neste livro reúnem certos "filtros" mediante os quais a percepção dos objetos sonoro-musicais ganham amplitude. Desse modo, arrolamos configurações estéticas mais específicas e que se relacionam a movimentos sociais mais contemporâneos, como é o caso do *rap*, o qual é operado pela **oralização** e por uma **estética do plausível**.

Esperamos que professor e aluno sigam se familiarizando com os conceitos discutidos aqui e deixem de ser meras ferramentas externas para se tornarem uma extensão de seus sentidos – tal como um instrumento musical pode ser visto como uma espécie de novo membro do corpo. Assim, esperamos que os caminhos desenhados nesta obra ofereçam uma base teórica e metodológica para observar e perceber uma grande variedade de estéticas musicais.

REFERÊNCIAS

6NOTAS. **Luciano Berio**: Folk songs. Disponível em: <https://6notas.wordpress.com/2013/12/02/luciano-berio-folksongs-score-pdf>. Acesso em: 5 jun. 2023.

AGOSTINHO, D. L. O absoluto em Hegel. In: SEMINÁRIO DOS ESTUDANTES DA PÓS-GRADUAÇÃO EM FILOSOFIA. 10., 2013, São Carlos. **Anais...** São Carlos: UFSCar, 2013.

ANDRADE, M. de. **O ensaio sobre a música brasileira**. São Paulo: M. Fontes, 1962.

ARAÚJO, A. V. N. Deleuze e Kant: a experiência estética e a gênese do pensamento. **Perspectiva Filosófica**, Recife, v. 44, n. 1, p. 137-156, 2017. Disponível em: <https://periodicos.ufpe.br/revistas/perspectivafilosofica/article/view/230362/24521>. Acesso em: 7 jun. 2023.

ARISTÓTELES. **De Anima**. São Paulo: Editora 34, 2006.

ARISTÓTELES. **Poética**. Lisboa: Fundação Calouste Gulbenkian, 2008.

BARBOZA, J. Modo de conhecimento estético e mundo em Schopenhauer. **Trans/Form/Ação**, São Paulo, v. 29, n. 2, p. 33-42, 2006. Disponível em: <https://www.scielo.br/j/trans/a/xKkN6D6qb4DzGh8kByRt4jK/?format=pdf&lang=pt>. Acesso em: 7 jun. 2023.

BARROS, M. **Poesia completa**. São Paulo: Leya, 2010.

BAUMGARTEN, A. G. **Estética**: a lógica da arte e do poema. Petrópolis: Vozes, 1993.

BAUMGARTEN, A. G. **Esthétique, précédée des méditations philosophiques sur quelques sujets se rapportant à l'essence du poème et de la métaphysique**. Paris: L'Herne, 1988. p. 501-623.

BENJAMIN, W. A obra de arte na era de sua reprodutibilidade técnica. In: BENJAMIN, W. **Magia e técnica, arte e política**: ensaios sobre literatura e história da cultura. 3. ed. São Paulo: Brasiliense, 1987. p. 165-196. (Obras Escolhidas, v. 1). Disponível em: <https://psicanalisepolitica.files.wordpress.com/2014/10/obras-escolhidas-vol-1-magia-e-tc3a9cnica-arte-e-polc3adtica.pdf>. Acesso em: 4 jun. 2023.

BERIO, L. Folk Songs: Rossignolet du bois. Intérprete: Cath Berberian. In: BERBERIAN, C. **Luciano Berio, BBC Symphony Orchestra, The Juilliard Ensemble**. Roma: RCA Red Seal, 1971. Faixa 5.

BETHGE, H.; MAHLER, G. Das Lied von der Erde. Intérprete: Nan Merriman e Ernst Haefliger. In: MAHLER, G. **Das Lied Von Der Erde**. Berlin: Deutsche Grammophon, 1963. Faixa 1.

BONIN, G. C. Modos de contato na música cênica contemporânea. **Estudos Semióticos**, São Paulo, v. 15, p. 1676-1832, abr. 2019. Disponível em: <https://www.revistas.usp.br/esse/article/view/153770/152327>. Acesso em: 7 jun. 2023.

BONIN, G. C. **Quadro a quadro**: música cênica brasileira. 148 f. Dissertação (Mestrado em Musicologia) - Universidade de São Paulo, São Paulo, 2018. Disponível em: <https://www.teses.usp.br/teses/disponiveis/27/27157/tde-03122018-145246/publico/GustavoCardosoBoninVC.pdf>. Acesso em: 6 jun. 2023.

BRAHMS, J. Die Schwestern. Intérprete: Janet Baker. In: BAKER, J. **Sings Schumann, Schubert & Brahms**. Reino Unido: Saga, 1966. Faixa 5.

BRELET, G. **Le Temps Musical**: essai d'une esthétique nouvelle de la musique. Paris: Presses Universitaires de France, 1949.

BUARQUE, C. Samba do grande amor. Intérprete: Chico Buarque. In: BUARQUE, C. **Chico Buarque**. Rio de Janeiro: Barclay/Polygram/Philips, 1984. Faixa 5.

CACCIOLA, M. L. Sobre o gênio na estética de Schopenhauer. **ethic@**, Florianópolis, v. 11, n. 2, p. 31-42, 2012. Disponível em: <https://periodicos.ufsc.br/index.php/ethic/article/view/1677-2954.2012v11nesp1p31/22939>. Acesso em: 7 jun. 2023.

CAMPBELL, J. **O herói de mil faces**. São Paulo: Cultrix/Pensamento, 1997.

CARMO JUNIOR, J. R. **Melodia e prosódia**: um modelo para interface música-fala com base no estudo comparado do aparelho fonador e dos instrumentos musicais reais e virtuais. 192 f. Tese (Doutorado em Semiótica e Linguística Geral) – Universidade de São Paulo, São Paulo, 2007. Disponível em: <https://www.teses.usp.br/teses/disponiveis/8/8139/tde-12112007-141109/publico/TESE_JOSE_ROBERTO_CARMO_JUNIOR.pdf>. Acesso em: 4 jun. 2023.

CARRASQUEIRA, M. J. **O melhor de Pixinguinha**. Rio de Janeiro: Irmãos Vitale, 1997.

CARVALHO, M. V. C. O surgimento da estética: algumas considerações sobre seu primeiro entrincheiramento dinâmico. **Paideia – Revista do Curso de Pedagogia da Universidade Fumec**, Belo Horizonte, ano 7, n. 9, p. 71-83, jul./dez. 2010. Disponível em: <http://revista.fumec.br/index.php/paideia/article/view/1292>. Acesso em: 4 jun. 2023.

CAYMMI, D. Modinha para Gabriela. Intérprete: Gal Costa. In: Costa, G. **Gabriela**. Rio de Janeiro: Som Livre, 1975. Faixa 7.

CAYMMI, D. O que é que a baiana tem?. Intérprete: Dorival Caymmi. In: CAYMMI, D. **Eu não tenho onde morar**. Rio de janeiro: EMI-Odeon, 1960. Faixa 8.

CHAVES, J. C.; RODRIGUES, D. R. Arte em Herbert Marcuse: a formação e resistência à sociedade unidimensional. **Psicologia & Sociedade**, v. 26, n. 1, p. 12-21, 2014. Disponível em: <https://www.scielo.br/j/psoc/a/NLFCy3NvTW6tNXqZpBcthYL/?format=pdf&lang=pt>. Acesso em: 7 jun. 2023.

DEBUSSY, C. **3 Chansons de Bilitis**. 1897-1898. 1 partitura. Disponível em: <https://imslp.org/wiki/3_Chansons_de_Bilitis_(Debussy%2C_Claude)>. Acesso em: 4 jun. 2023.

DEBUSSY, C.; LOUYS, P. Trois Chansons de Militais: Le Chevelure. Intérprete: Maggie Teyte. In: MAGGIE, M. **Debussy Mélodies**. Paris: Angel Records, 1962. Faixa A2. Lado B.

DELEUZE, G. **Crítica e clínica**. Tradução de Peter Pál Pelbart. São Paulo: Ed. 34, 1997.

DELEUZE, G.; GUATTARI, F. **O que é a filosofia?** Tradução de Bento Prado Jr. e Alberto Alonso Muños. São Paulo: Editora 34, 2010.

DIRECTIONS for performance. Disponível em: <http://ciufo.org/classes/114_fl11/readings/SteveReich-PianoPhase.pdf>. Acesso em: 6 jun. 2023.

DYLAN, B. It's all over now baby blues. Intérprete: Bob Dylan. In: DYLAN, B. **Baby Blues**. Berlim: Decca, 1973. Faixa 1.

DYLAN, B; VELOSO, C; CAVALCANTI, P. Negro Amor. Intérprete: Gal Costa. In: COSTA, G. **Caras & Bocas**. Rio de Janeiro: Phonogram/Philips, 1977. Faixa 7.

ECO, U. **Kant et l'ornithorynque**. Paris: Grasset, 1999.

FERNEYHOUGH, B. **String Quartet Nº 2**. Leipzig: Edition Peters, 2002.

FERRAZ, S. **Música e repetição**: a diferença na música contemporânea. São Paulo: Educ, 1998.

FONTANILLE, J. **Soma et Sema**. Paris: Maisonneuve & Larose, 2003.

GIL, G. Aqui e agora. Intérprete: Gilberto Gil. In: GIL, G. **Refavela**. Rio de janeiro: WEA, 1977. Faixa 3.

GIL, G. Ladeira da preguiça. Intérprete: Elis Regina. In: REGINA, E. **A bossa maior de Elis Regina**. Rio de Janeiro: Opus, 1985. Faixa 11.

GIL, G.; DONATO, J. Lugar comum. Intérprete: Gilberto Gil. In: GIL, G. **Gilberto Gil ao vivo 1974**. Rio de Janeiro: Polygram/Philips, 1974. Faixa 3.

GREIMAS, A. J. **Da imperfeição**. São Paulo: Hacker, 2002.

GREIMAS, A. J.; COURTÉS, J. **Dicionário de semiótica**. São Paulo: Contexto, 2008.

GUINGA; KNEIP, E. Via Crúcis. Intérpretes: Guinga e Paula Santoro. In: GUINGA. **Casa de vila**. Rio de Janeiro: Biscoito Fino, 2007. Faixa 5.

HEGEL, G. W. F. **Estética**. São Paulo: Nova Cultural, 1999. (Coleção Os Pensadores).

HJELMSLEV, L. **Ensaios linguísticos**. São Paulo: Perspectiva, 1971.

HJELMSLEV, L. **Ensaios linguísticos**. São Paulo: Perspectiva, 1991.

HJELMSLEV, L. **La categoría de los casos**. Madrid: Gredos, 1978.

HJELMSLEV, L. **Prolegômenos à uma teoria da linguagem**. São Paulo: Perspectiva, 1975.

HORKHEIMER, M.; ADORNO, T. W. **Dialética do esclarecimento**: fragmentos filosóficos. Tradução de Guido Antonio de Almeida. Rio de Janeiro: J. Zahar, 1985.

JANGADA FESTIVAIS. **Couro de gato**. Disponível em: <https://www.jangada.org/movies-pt/couro-de-gato>. Acesso em: 20 dez. 2022.

JANKÉLÉVITCH, V. **A música e o inefável**. São Paulo: Perspectiva, 2018.

JOBIM, T.; MORAES, V. Eu não existo sem você. Intérprete: Elizeth Cardoso. In: CARDOSO, E. **Canção do amor demais**. Rio de Janeiro: Festa/RGE, 1958. Faixa 7.

JOCENIR, J.; BROWN, M. Diário de um detento. Intérprete: Mano Brown. In: BROWN, M. **Sobrevivendo no inferno**. São Paulo: Zambia, 1998. Faixa 7.

KANT, I. **Crítica da razão prática**. Tradução de Valério Rohden. São Paulo: M. Fontes, 2002.

KANT, I. **Crítica da razão pura**. São Paulo: Nova Cultural, 1987. (Coleção Os Pensadores, v. I).

KANT, I. **Crítica da razão pura**. São Paulo: Nova Cultural, 1988. (Coleção Os pensadores, v. II).

KANT, I. Primeira introdução à crítica do juízo. In: KANT, I. **Duas introduções à crítica do juízo**. São Paulo: Iluminuras, 1995. p. 152-295.

LACOSTE, J. **A filosofia da arte**. Rio de Janeiro: Jorge Zahar, 1986.

LUKÁCS, G. **Estética 1**: la peculiaridad de lo estético. Barcelona: Grijalbo, 1966. v. 1.

MAFRA, M. H. **Um álbum de canções**: reflexões semióticas sobre Canções Praieiras. 164 f. Dissertação (Mestrado em Semiótica) – Universidade de São Paulo, São Paulo, 2019. Disponível em: <https://www.teses.usp.br/teses/disponiveis/8/8139/tde-03092019-140851/publico/2019_MatheusHenriqueMafra_VCorr.pdf>. Acesso em: 6 jun. 2023.

MAGALHÃES, C. H. F. A estética de Georg Lukács: pressupostos para a prática escolar. **Conjectura: Filosofia e Educação**, Caxias do Sul, v. 25, p. 142-154, 2020. Disponível em: <http://www.ucs.br/etc/revistas/index.php/conjectura/article/view/7527/pdf>. Acesso em: 7 jun. 2023.

MARCUSE, H. **A dimensão estética**. Lisboa: Edições 70, 2007.

McCARTNEY, P.; LENNON, J. Hello, Goodbye. Intérprete: The Beatles. In: THE BEATLES. **The Beatles**. Bélgica: Parlaphone, 1987. Faixa 1.

MELLO, B.; ANTUNES, A. Eu não sou da sua rua. Intérprete: Arnaldo Antunes. In: ANTUNES, A. **Qualquer**. Rio de Janeiro: Biscoito Fino, 2006. Faixa 9.

MESSIAEN, O. **Quatour Pour La Fin Du Temps**: Score & Parts. New Hampshire: Durand Press, 2011.

MIGNOLO, W. Aiesthesis decolonial. **Calle14**, Bogotá, v. 4, n. 4, p. 10-25, 2010. Disponível em: <https://dialnet.unirioja.es/descarga/articulo/3231040.pdf>. Acesso em: 7 jun. 2023.

MIGUEL, M. O corpo das massas na era da reprodutibilidade técnica. **Kriterion**, Belo Horizonte, n. 139, p. 195-214, 2018. Disponível em: <https://www.scielo.br/j/kr/a/ywkv3mqqf5Z6y3jhFgRRG5r/?format=pdf&lang=pt>. Acesso em: 7 jun. 2023.

MOGENDORFF, J. R. A Escola de Frankfurt e seu legado. **Verso e Reverso**, Porto Alegre, v. XXVI, n. 63, 2012. Disponível em: <https://revistas.unisinos.br/index.php/versoereverso/article/view/ver.2012.26.63.05/1178>. Acesso em: 7 jun. 2023.

MOZART, W. A. **Symphony Nº 40 in G minor**, K. 550. 1 partitura. Disponível em: <https://imslp.org/wiki/Symphony_No.40_in_G_minor%2C_K.550_(Mozart%2C_Wolfgang_Amadeus)>. Acesso em: 6 jun. 2023.

NIETZSCHE, F. **A origem da tragédia proveniente do espírito da música**. São Paulo: Companhia das Letras, 1992.

NIETZSCHE, F. **Ecce Homo**. Covilhã: Universidade da Beira Interior, 2008.

NIETZSCHE, F. **O caso Wagner**: um problema para músicos. São Paulo: Companhia de Bolso, 2016.

NIETZSCHE, F. **Sobre verdade e mentira no sentido extramoral**. 1873. Disponível em: <http://filoescola.blogspot.com/2011/03/nietzsche-verdade-e-metafora.html>. Acesso em: 7 jun. 2023.

NIETZSCHE, F. Verdade e mentira num sentido extramoral. In: MARÇAL, J. M. (Org.). **Antologia de textos filosóficos**. Curitiba: Secretaria do Estado da Educação, 2006. p. 530-541.

OLIVEIRA, J. V. G. de. Estética em Aristóteles. **Phoînix**, Rio de Janeiro, v. 15, n. 1, p. 91-113, 2009. Disponível em: <https://revistas.ufrj.br/index.php/phoinix/article/view/33024/18498>. Acesso em: 4 jun. 2023.

PASCOAL, H.; COLLOR, F. Pensamento positivo. Intérprete: Fernando Collor e Hermeto Pascoal. In: PASCOAL, H. **Festa dos deuses**. Rio de Janeiro: Polygram/Philips, 1992. Faixa 5.

PAULA, N.; WER, C. Filosofia africana: um estudo sobre a conexão entre ética e estética. **Voluntas: Revista Internacional de Filosofia**, Santa Maria, v. 10, p. 128-138, 2019. Disponível em: <https://periodicos.ufsm.br/voluntas/article/view/39890/21266>. Acesso em: 7 jun. 2023.

PESSOA, F.; COSTA, R. da. **Estética**. Vitória: Edufes, 2016. p. 9-69.

PIXINGUINHA, P.; LACERDA, B. Devagar e Sempre. Intérprete: Pixinguinha e Benedicto Lacerda. In: PIXINGUINHA, P.; LACERDA, B. **Benedicto Lacerda e Pixinguinha**. Rio de Janeiro: BMG, 2004. Faixa 9.

PIXINGUINHA, P.; MORAES, V. Lamentos. Intérprete: MPB-4. In: MORAES, V. **A mulher, o amor, o sorriso e a flor**. Rio de Janeiro: Polygram, 1980. Faixa 6.

PUCCINI, G. **Turandot, SC 91**. 1 partitura. Disponível em: <https://imslp.org/wiki/Turandot%2C_SC_91_(Puccini%2C_Giacomo)>. Acesso em: 4 jun. 2023.

PURCELL, H.; TATE, N. Dido's lament. Intérprete: Jessye Norman. In: NORMAN, J. **La mort de Didon (Dido's Lament)**. Paris: Philips Digital Classics, 1986. Faixa 1.

ROCHA, G. **Revolução do Cinema Novo**. São Paulo: Cosac & Naify, 2004.

ROCK, E. Rapaz Comum. Intérprete: Racionais MCs. In: RACIONAIS, M. **Sobrevivendo no inferno**. São Paulo: Zambia, 1998. Faixa 5.

RODRIGUES, A. C.; BRANDÃO, L. de L. A colonização da aesthesis. In: SEMINÁRIO DO ICHS - HUMANIDADES EM CONTEXTO: SABERES E INTERPRETAÇÕES, 2014, Cuiabá. **Anais...** Cuiabá: UFMT, 2014. Disponível em: <https://eventosacademicos. ufmt.br/index.php/seminarioichs/seminarioichs2014/paper/viewFile/1619/372>. Acesso em: 7 jun. 2023.

ROSA, N. Feitiço da vila. Intérprete: Elizeth Cardoso. In: CARDOSO, E. **Elizeth Cardoso, Zimbo trio, Jacob do bandolim - Época de ouro**. Rio de janeiro: MIS, 1968a. Faixa 24.

ROSA, N. Onde está a honestidade? Intérprete: Noel Rosa. In: ROSA, N. **Noel Rosa e sua turma da Vila**. Rio de Janeiro: Imperial, 1968b. Faixa 4.

ROSSINI, G. **Il Barbiere di Siviglia**. 1 partitura. Disponível em: <https://imslp.org/wiki/Il_barbiere_di_Siviglia_(Rossini,_Gioacchino)>. Acesso em: 4 jun. 2023.

ROSSINI, G.; STERBINI, C. Contro un cor che accende amore. Intérprete: Ricardo Chailly. In: CHAILLY, R. **Il Barbiere di Siviglia**. Roma: CBS Masterworks, 1983. Disco 3, Faixa 4.

SANTOS, D. Trabalho, cotidiano e arte: uma síntese embasada na Estética de Georg Lukács. **Estudos Avançados**, v. 31, n. 89, p. 341-359, 2017. Disponível em: <https://www.scielo.br/j/ea/a/wLTkHDHmZXt8vfDjdR9MPVx/?format=pdf&lang=pt>. Acesso em: 7 jun. 2023.

SCHAEFFER, P. **Traité des objets musicaux**: essai interdisciplines. Paris: Seuil, 1966.

SCHOPENHAUER, A. **O mundo como vontade e como representação**. Tradução de Jair Barbosa. São Paulo: Edunesp, 2005.

SCHUMANN, R.; HEINE, H. Die rose, die filie, die taube. Intérprete: Cesare Valletti. In: VALLETTI, C. **Schumann**: Dichterliebe (Poet's Love). Estados Unidos: RCA Victor Red Seal, 1960. Faixa 3.

SEGRETO, M. **A canção e a oralização**: sílaba, palavra e frase. 433 f. Tese (Doutorado em Semiótica e Linguística Geral) – Universidade de São Paulo, São Paulo, 2019. Disponível em: <https://teses.usp.br/teses/disponiveis/8/8139/tde-26062019-103725/publico/2019_MarceloSegreto_VCorr.pdf>. Acesso em: 4 jun. 2023.

SHIMODA, L. T. **O estatuto conotativo do timbre em semiótica da canção**. 230 f. Dissertação (Mestrado em Linguística) – Universidade de São Paulo, São Paulo, 2014. Disponível em: <https://www.teses.usp.br/teses/disponiveis/8/8139/tde-26052014-121524/publico/2014_LucasTakeoShimoda_VCorr.pdf>. Acesso em: 4 jun. 2023.

SILVIO, C.; SILVIO, G. Noturno. Intérprete: Raimundo Fagner. In: FAGNER, R. **Beleza**. Rio de Janeiro: CBS, 1979. Faixa 1.

SOUZA, E. L. L. de. Deleuze e Guattari: o gosto filosófico. **Revista Trágica: estudos de filosofia da imanência**, Rio de Janeiro, v. 8, n. 3, p. 18-37, 2015. Disponível em: <https://revistas.ufrj.br/index.php/tragica/article/view/26828/14914>. Acesso em: 7 jun. 2023.

SPOTIFY. Disponível em: <https://www.spotify.com/br>. Acesso em: 8 jun. 2022.

STRAVINSKY, I. **The Rite of Spring, K015**. 1 partitura. Disponível em: <https://imslp.org/wiki/The_Rite_of_Spring,_K015_(Stravinsky,_Igor)>. Acesso em: 6 jun. 2023.

SUASSUNA, A. **Iniciação à estética**. Rio de Janeiro: José Olympio, 2012.

TAKEMITSU, T. **Rain Spell**: Performance Score. Japan: Schott, 2005.

TATIT, L. **A canção**: eficácia e encanto. São Paulo: Atual, 1986.

TATIT, L. **Estimar canções**: estimativas íntimas na formação do sentido. Cotia: Ateliê, 2016.

TATIT, L. **O cancionista**: composição de canção no Brasil. São Paulo: Edusp, 2002.

TATIT, L. **Passos da semiótica tensiva**. Cotia: Ateliê, 2019.

TATIT, L. **Por uma semiótica da canção popular**. 245 f. Dissertação (Mestrado em Semiótica) - Universidade de São Paulo, São Paulo, 1982.

TATIT, L. **Semiótica à luz de Guimarães Rosa**. São Paulo: Ateliê, 2010.

TATIT, L. **Semiótica da canção**: melodia e letra. São Paulo: Escuta, 2008.

TATIT, L. **Todos entoam**: ensaios, conversas e canções. São Paulo: Publifolha, 2007.

TATIT, L.; LOPES, I. **Elos de melodia e letra**: análise semiótica de seis canções. Cotia: Ateliê, 2008.

VADICO, O.; ROSA, N. Conversa de botequim. Intérprete: Noel Rosa. In: ROSA, N. **Noel por Noel**. Rio de Janeiro: EMI, 2003. Faixa 12.

VELOSO, C. Fora da Ordem. Intérprete: Caetano Veloso. In: VELOSO, C. **Circuladô**. Rio de Janeiro: Polygram/Philips, 1991. Faixa 1.

VILLA-LOBOS, H. **Bachianas brasileiras Nº 4, W264, 424**. 1 partitura. Disponível em: <https://imslp.org/wiki/Bachianas_brasileiras_No.4%2C_W264%2C_424_(Villa-Lobos%2C_Heitor)>. Acesso em: 6 jun. 2023.

VILLA-LOBOS, H. **Chôros Nº 5, W207**. 1925. 1 partitura. Disponível em: <https://imslp.org/wiki/Ch%C3%B4ros_No.5%2C_W207_(Villa-Lobos%2C_Heitor)>. Acesso em: 6 jun. 2023.

VILLA-LOBOS, H.; VASCONCELLOS, D. Melodia sentimental. Intérprete: Elizeth Cardoso. In: CARDOSO, E. **A enluarada Elizeth**. Rio de Janeiro: Copacabana, 1967. Faixa 10.

VILLA-LOBOS, H.; VASCONCELLOS, D. Melodia sentimental. Intérprete: Maria Bethânia. In: BETHÂNIA, M. **Brasileirinhos**. Rio de Janeiro: Biscoito Fino, 2003. Faixa 12. Lado B.

WEBERN, A. **Concerto, Op. 24**. 1 partitura. Disponível em: <https://imslp.org/wiki/Concerto,_Op.24_(Webern,_Anton)>. Acesso em: 6 jun. 2023.

WEST, M. **Ancient Greek Music**. Oxford: Clarendon Press, 1992.

ZILBERBERG, C. As condições semióticas da mestiçagem. In: CAÑIZAL, E. P.; CAETANO, L. E. (Org.). **O olhar à deriva**: mídia, significação e cultura. São Paulo: Annablume, 2004. p. 69-101.

ZILBERBERG, C. **Elementos de semiótica tensiva**. São Paulo: Ateliê, 2011.

ZILBERBERG, C.; FONTANILLE, J. **Tensão e significação**. São Paulo: Discurso Editorial, 2001.

BIBLIOGRAFIA COMENTADA

SUASSUNA, A. **Iniciação à estética**. Rio de Janeiro: José Olympio, 2012.

A obra *Iniciação à estética*, de Ariano Suassuna (um dos mais importantes escritores e pensadores brasileiro), nasceu de suas aulas no Curso de Filosofia da Universidade Federal de Pernambuco (UFPE). O autor apresenta várias correntes estéticas, por meio de uma linguagem acessível.

TATIT, L. **Estimar canções**: estimativas íntimas na formação do sentido. Cotia: Ateliê, 2016.
TATIT, L. **O cancionista**: composição de canção no Brasil. São Paulo: Edusp, 2002.
TATIT, L. **O século da canção**. Cotia: Ateliê, 2004.
TATIT, L. **Semiótica da canção**: melodia e letra. São Paulo: Escuta, 2008.

As obras *Semiótica da canção* e *Estimar canções*, de Luiz Tatit, oferecem ao leitor um panorama da proposta metodológica desenvolvida pelo autor. Outras obras de Tatit podem elucidar áreas da linguagem da canção, como o percurso histórico apresentado no livro *O século da canção*, assim como a descrição do fazer cancionístico tratado no livro *O cancionista*.

CARMO JUNIOR, J. R. **Melodia e prosódia**: um modelo para interface música-fala com base no estudo comparado do aparelho fonador e dos instrumentos musicais reais e virtuais. 192 f. Tese (Doutorado em Semiótica e Linguística Geral) – Universidade de São Paulo, São Paulo, 2007. Disponível em: <https://www.teses.usp.br/teses/disponiveis/8/8139/tde-12112007-141109/publico/TESE_JOSE_ROBERTO_CARMO_JUNIOR.pdf>. Acesso em: 4 jun. 2023.

COELHO, M. L. G. **O arranjo como elemento orgânico ligado à canção popular brasileira**: uma proposta de análise semiótica. 226 f. Tese (Doutorado em Semiótica e Linguística Geral) – Universidade de São Paulo, São Paulo, 2007. Disponível em: <https://www.teses.usp.br/teses/disponiveis/8/8139/tde-27112007-153845/publico/tese_adobe.pdf>. Acesso em: 4 jun. 2023.

MACHADO, R. **Da intenção ao gesto interpretativo**: análise semiótica do canto popular brasileiro. 192 f. Tese (Doutorado em Semiótica e Linguística Geral) – Universidade de São Paulo, São Paulo, 2012. Disponível em: <https://www.teses.usp.br/teses/disponiveis/8/8139/tde-02082012-132557/publico/2012_ReginaMachado_VRev.pdf>. Acesso em: 4 jun. 2023.

MAFRA, M. H. **Um álbum de canções**: reflexões semióticas sobre canções praieiras. 164 f. Dissertação (Mestrado em Semiótica) – Universidade de São Paulo, São Paulo, 2019. Disponível em: <https://www.teses.usp.br/teses/disponiveis/8/8139/tde-03092019-140851/publico/2019_MatheusHenriqueMafra_VCorr.pdf>. Acesso em: 4 jun. 2023.

SEGRETO, M. **A canção e a oralização**: sílaba, palavra e frase. 433 f. Tese (Doutorado em Semiótica e Linguística Geral) – Universidade de São Paulo, São Paulo, 2019. Disponível em: <https://teses.usp.br/teses/disponiveis/8/8139/tde-26062019-103725/publico/2019_MarceloSegreto_VCorr.pdf>. Acesso em: 4 jun. 2023.

SHIMODA, L. T. **O estatuto conotativo do timbre em semiótica da canção**. 230 f. Dissertação (Mestrado em Linguística) – Universidade de São Paulo, São Paulo, 2014. Disponível em: <https://www.teses.usp.br/teses/disponiveis/8/8139/tde-26052014-121524/publico/2014_LucasTakeoShimoda_VCorr.pdf>. Acesso em: 4 jun. 2023.

SHIMODA, L. T. **Por um estudo semiótico do timbre na fala, na canção e na música**. 235 f. Tese (Doutorado em Semiótica e Linguística Geral) – Universidade de São Paulo, São Paulo, 2020. Disponível em: <https://www.teses.usp.br/teses/disponiveis/8/8139/tde-17072020-120538/publico/2020_LucasTakeoShimoda_VCorr.pdf>. Acesso em: 4 jun. 2023.

Os desdobramentos atuais da semiótica da canção podem ser acompanhados em trabalhos de diversos autores, entre os quais os ora indicados: José Carmo Jr., Márcio Coelho, Lucas Shimoda, Regina Machado, Marcelo Segreto e Matheus Mafra.

FERRAZ, S. **Música e repetição**: a diferença na música contemporânea. São Paulo: Educ, 1998.

Sobre a música instrumental, indicamos o livro *Música e repetição*, de Silvio Ferraz. Trata-se de um trabalho que colabora para se familiarizar com os caminhos estéticos da música nova, assim como desenvolve uma aproximação com os conceitos filosóficos desenvolvidos por Deleuze.

BENJAMIN, W. A obra de arte na era de sua reprodutibilidade técnica. In: BENJAMIN, W. **Magia e técnica, arte e política**: ensaios sobre literatura e história da cultura. 3. ed. São Paulo: Brasiliense, 1987. p. 165-196. (Obras Escolhidas, v. 1). Disponível em: <https://psicanalisepolitica.files.wordpress.com/2014/10/obras-escolhidas-vol-1-magia-e-tc3a9cnica-arte-e-polc3adtica.pdf>. Acesso em: 4 jun. 2023.

Em "A obra de arte na era da sua reprodutibilidade técnica", Walter Benjamin explica as implicações da reprodução das obras de arte em grande escala e discute quais são os reflexos desse processo na cultura de massa.

MIGNOLO, W. D. Cambiando las éticas y las políticas del conocimiento: lógica de la colonialidad y postcolonialidad imperial. **Tabula Rasa**, Bogotá, n. 3, p. 47-72, 2005. Disponível em: <http://www.ceapedi.com.ar/imagenes/biblioteca/libreria/29.pdf>. Acesso em: 4 jun. 2023.

No artigo "Cambiando las éticas y las políticas del conocimiento: lógica de la colonialidad y postcolonialidad imperial", Walter Mignolo debate profundamente as implicações da manutenção do pensamento colonial nas periferias do mundo.

RESPOSTAS

Capítulo 1

Atividades de autoavaliação

1. e
2. b
3. e
4. b
5. b

Capítulo 2

Atividades de autoavaliação

1. e
2. c
3. b
4. c
5. a

Capítulo 3

Atividades de autoavaliação

1. d
2. d
3. b
4. c
5. e

Capítulo 4

Atividades de autoavaliação

1. a
2. e
3. c
4. e
5. d

Capítulo 5

Atividades de autoavaliação

1. c
2. c
3. d
4. a
5. b

Capítulo 6

Atividades de autoavaliação

1. a
2. d
3. b
4. d
5. c

SOBRE OS AUTORES

Douglas Henrique Antunes Lopes é doutorando pelo Programa de Pós-Graduação em Educação da Universidade Federal do Paraná (PPGE/UFPR); mestre em Filosofia (2012) pela Pontifícia Universidade Católica do Paraná (PUCPR), com pesquisas sobre a obra de John Searle (Título da dissertação: *Searle e a irredutibilidade da consciência*); e licenciado em Filosofia (2006) pela PUCPR. É membro do Núcleo de Estudos e Pesquisas sobre o Ensino de Filosofia da Universidade Federal do Paraná (NESEF/UFPR). Em 2014, atuou como técnico pedagógico de filosofia no Núcleo Regional de Educação de Curitiba. É professor dos cursos de Bacharelado e Licenciatura em Filosofia do Centro Universitário Internacional Uninter, atuando na coordenação do Cineclube Luz, Filosofia e Ação, atividade extensionista da Escola Superior de Educação. É professor de Filosofia pela Secretaria de Estado da Educação (SEED) e *podcaster* no Hiperbólico (https://hiperbolico.com.br/).

Gustavo Bonin é doutorando e mestre em Música pela Escola de Comunicação e Artes da Universidade de São Paulo (ECA/USP) e licenciado em Música pela Faculdade de Artes do Paraná (Unespar/FAP). Cursou Composição na Escola de Música do Estado de São Paulo (Emesp) de 2014 a 2016. Foi professor substituto de Percepção Musical na Universidade Federal do Rio de Janeiro (UFRJ) em 2018 e 2019. Na perspectiva da abordagem tensiva da semiótica francesa, estuda os objetos performáticos em que a linguagem musical estabelece contato com outras linguagens artísticas diversas, cuja proposta foi inicialmente desenvolvida na pesquisa de mestrado, em que se circunscreveu a música cênica como uma prática artística híbrida na qual interagem presenças musicais e cênicas nas *performances*. Desenvolve trabalhos como compositor (música contemporânea e canção brasileira) e instrumentista (clarinete). Integra o Coletivo Capim Novo e o Núcleo Enxertia, ambos grupos de compositores, instrumentistas e artistas que desenvolvem pesquisa, criação e prática em música e arte contemporânea.

Impressão:
Setembro/2023